Lichtspuren

Predigten und Bibelarbeiten
von
Gerd Theißen

Chr. Kaiser
Gütersloher
Verlagshaus

Der Kirchengemeinde Sexau
als Dank für die Verleihung des
Sexauer Gemeindepreises für Theologie
1993

Die Deutsche Bibliothek – CIP-Einheitsaufnahme

Theissen, Gerd:
Lichtspuren : Predigten und Bibelarbeiten / Gerd Theissen. –
Gütersloh : Kaiser, 1994
ISBN 3-579-03009-4

ISBN 3-579-03009-4
© Chr. Kaiser/Gütersloher Verlagshaus, Gütersloh 1994

Satz: Weserdruckerei Rolf Oesselmann GmbH, Stolzenau
Druck und Bindung: MZ-Verlagsdruckerei GmbH, Memmingen
Umschlaggestaltung: Ingeborg Geith, München
Umschlagmotiv: Edward Hopper (1882–1967),
Summer in the City, 1949
Printed in Germany

Inhaltsverzeichnis

Vorwort 9

»Du sollst nicht ehebrechen!«
Eine moralische Predigt gegen den Moralismus
(2 Mose 20,14) 11

Fremdenschutz und Fremdenhaß
Über einen häßlichen Widerspruch in Bibel und Leben
(2 Mose 23,1-13) 19

Das Wirken des heiligen Geistes im Judentum
Die Pfingstgeschichte des Alten Testaments
(4 Mose 11,1-35) 34

Verführung zum Leben
Eine Frauengeschichte aus männlicher Sicht
(Das Buch Ruth) 48

*Die Verwandlung von Jammern und Klagen in das Bekenntnis
von Schuld*
(Psalm 51,1-15) 62

Das Leben – ein Hymnus auf Gott im Angesicht des Todes
(Psalm 118,17-19) 67

*Träume, Sterne und die Unterscheidung von falscher und
wahrer Prophetie*
(Jeremia 23,16-29) 70

»Selig sind die Armen im Geiste.«
Die erste Seligpreisung zwischen Links- und
Rechtsprotestantismus
(Matthäus 5,3) 78

Lichtspuren
Von der Ungemütlichkeit, das Licht der Welt zu sein
(Matthäus 5,13-16) 86

*Von der Sorglosigkeit der Vögel und Lilien und
unseren Sorgen um sie*
(Matthäus 6,25-34) 93

Die Macht des Konsenses
oder: Gibt es eine humane Kirchendisziplin?
(Matthäus 18,15-20) 97

»Was ihr meinen geringsten Brüdern getan habt ...«
Von der Gerechtigkeit in einer ungerechten Welt
(Matthäus 25,31-46) 102

Jesus und Hippokrates
Über das Ende der Dämonenangst
(Markus 9,14-29) 117

»Wir Menschen sollten mehr als Affen sein!«
Eine antiautoritäre Predigt
(Markus 10,35-45) 132

»Ihr seid kein Dreck, ihr seid Samen!«
Von der Weisheit meiner Großmutter
(Lukas 8,4-8) 139

Gottesverehrung im Geist und in der Wahrheit
Über die Mystik des Johannesevangeliums und den Dialog
der Religionen
(Johannes 4,1-41) 147

*Der Traum von einem Leben, das nicht auf Kosten anderen
Lebens lebt*
(Römer 5,8) 163

Ist die Kritik des Paulus am Gesetz antijüdisch?
Eine Predigt zum Israelsonntag
(Römer 9,1-5.9,30-10,4) 167

Ehe zwischen Cornflakes und Gott
Eine Traupredigt
(Römer 15,7) 175

Von den sympathischen Seiten des katholischen Eheverständnisses
Predigt zu einer ökumenischen Trauung
(Römer 15,7) 180

Wenn die Masken fallen
Protestantischer Aschermittwoch nach der Wende?
(2 Korinther 3,16-18) 185

*Die Kleinkriege des Alltags und die Sehnsucht Gottes
nach dem Menschen*
(Jakobus 4,1-10) 189

Musik – ein Gleichnis Gottes
Predigt zu einem Musikgottesdienst
(1 Korinther 4,1-15) 196

Kunst als Zeichensprache des Glaubens
Theologische Meditationen zu den Heidelberger
Fensterentwürfen von Johannes Schreiter 203

Vorwort

Warum wollen die hier gesammelten Texte »Lichtspuren« sein? Die Metapher »Licht« hat in biblischer Tradition eine klare Bedeutung. Gott ist Licht. In seinem Lichte sehen wir das Licht. Diese Predigten und Bibelarbeiten wollen Leben, Gesellschaft und Welt in seinem Lichte erhellen. Sie haben ihr Ziel erreicht, wenn eine Spur dieses Lichtes in den Hörern und Lesern aufleuchtet.

Wenn ich diese Texte »Lichtspuren« nenne, so verbindet sich mit dieser Grundbedeutung der Metapher ganz unmittelbar noch mehr; zunächst ein Wunschbild, das mich bei der Arbeit an diesen Texten leitete. Ich wünschte oft, mit meinen Predigten Licht in manches sich verfinsternde Leben zu bringen, zumindest eine kleine Lichtspur. Oft standen mir konkrete Schicksale und Probleme vor Augen. Ich war glücklich, wenn ich ahnte, daß ein Funke übergesprungen war – und sei es nur ein kleiner glimmernder Funke.

»Licht« ist für mich ferner ein Bild für Aufklärung. »Licht« ist in jedem konstruktiven Gedanken zu elementaren Lebensfragen. Emotionale Impulse vergehen, Gedanken bleiben. Gedanken gehen in den inneren Dialog der Menschen ein. Sie wirken nach. Konstruktive Gedanken sind die Voraussetzung für positive Gefühle und Stimmungen. Mit manchen Themen habe ich mich gedanklich daher bei der Vorbereitung lange beschäftigt, auch wenn nur eine kleine Auswahl dieser Gedanken in die Predigten eingegangen ist: nur das, was für einen konstruktiven Umgang mit den angesprochenen Problemen wichtig ist.

Das Wort »Lichtspuren« läßt schließlich auch an »Spuren« denken. »Spuren« sind kleine Wege, sie führen irgendwohin. Wo Lichtspuren im Leben aufgedeckt werden, erhält das Leben Orientierung. Es werden mögliche Ziele für das Handeln sichtbar. Konkrete Appelle habe ich stets vermieden. Sie bevormunden Hörer und Hörerinnen. Sie verärgern die besten unter denen, die gleicher Meinung sind. Aber Grundorientierungen darf und soll die Predigt vermitteln, und sie soll und darf es klar und deutlich tun.

Das Wort »Lichtspuren« ist eine Metapher, die ich in diesem Vorwort zu einer kleinen Schilderung der Entstehung dieser Predigten und Bibelarbeiten entfaltet habe. In vielen Texten bin ich ähnlich vorgegangen.

Metaphern und Bilder sind offen, vieldeutig, flexibel. Deshalb eignen sie sich dazu, in Texten als Leitmotive, Gliederungshilfen oder Pointen zu dienen.

In diesem Sammelband finden sich drei eng verwandte Gattungen: Die kürzeren Predigten, die man »Andachten« nennen kann, wurden meist im Mittwochmorgengottesdienst in der Heidelberger Peterskirche gehalten. Er findet um 7.00 Uhr in der Frühe statt und wird mit einem gemeinsamen Frühstück fortgesetzt. Die längeren Predigten wurden im Sonntagsgottesdienst der Peterskirche gehalten – oft in etwas gekürzter Form. Die Bibelarbeiten wurden für die Kirchentage im Ruhrgebiet 1991 und in München 1993 geschrieben. Diese umfangreicheren Texte ermöglichen eine Aufnahme gedanklicher Reflexion und ein Spiel mit Form und Phantasie über das in den kürzeren Texten Mögliche hinaus. Grundsätzlich aber gibt es m.E. keine großen Unterschiede zu Predigten. Die Bibeltexte sind im folgenden, wenn nichts anderes angegeben ist, der Zürcher Übersetzung entnommen.

Ich danke allen, die bei der Vorbereitung geholfen haben. Erhard J. Wiedenmann hat die Korrekturen gelesen und die in den Anmerkungen genannten Sachverhalte recherchiert. Wega Schmidt-Thomée und Helga Wolf haben die verschiedenen Fassungen des Manuskripts ins Reine geschrieben. Vor allem danke ich den Hörern und Hörerinnen der Predigten und Bibelarbeiten – sowohl für positives Echo wie für Kritik.

Das Buch ist der Ev. Gemeinde Sexau als Dank für die Verleihung des Gemeindepreises für Theologie gewidmet.

Heidelberg, im September 1993   Gerd Theißen

Du sollst nicht ehebrechen!
Eine moralische Predigt gegen den Moralismus

(2 Mose 20,14)

Unter den zehn Geboten hat das Verbot des Ehebruchs eine Sonderstellung. Das zeigt die folgende Erzählung:

»Mendel kommt zum Wunderrabbi: ›Rabbi‹, klagt er, ›jemand hat meinen Regenschirm gestohlen, meinen neuen Regenschirm. Es muß jemand in meiner Familie sein: der Schwager, die Schwiegermutter, das Dienstmädchen, vielleicht sogar der Vater oder mein eigener Bruder. Es ist unerträglich: ein Dieb in der eigenen Familie!‹

Der Rabbi überlegt. Dann sagt er: ›Hör gut zu, Mendel. Lad die ganze Familie zu Kaffee und Kuchen ein. Und wenn ihr Kaffee getrunken und Kuchen gegessen habt, dann hole das ›Gute Buch‹ von nebenan und zünde die Kerzen an. Und lies langsam die zehn Gebote vor. Wenn du zum 8.Gebot kommst: ›Du sollst nicht stehlen!‹, so blicke die Runde verstohlen aus dem Augenwinkel an: den Schwager, die Schwiegermutter, das Dienstmädchen, den Vater, den Bruder – und du wirst sehen, der Dieb wird sich verraten.‹

Schon nach zwei Tagen kommt Mendel mit leuchtenden Augen zurück und berichtet: ›Es war großartig, Rabbi, genau wie du vorausgesagt hast. Nach dem Kaffee und Kuchen habe ich die Kerzen angezündet und aus dem ›Guten Buch‹ die zehn Gebote vorgelesen: dem Schwager, der Schwiegermutter, dem Dienstmädchen, dem Vater und dem Bruder. Und wie ich ans siebte Gebot komme: ›Du sollst nicht ehebrechen!‹ – da ist mir eingefallen, wo ich den Schirm hab stehen lassen.«

Uns allen geht es wie Mendel. Wir stellen bei den zehn Geboten gerne moralische Betrachtungen über andere Menschen an. Das siebte (oder in anderer Zählung: das sechste) Gebot weist aber auf uns selbst. Es ist ein Wegweiser mit vier Pfeilen – und auf allen steht: »Du selbst«.

Der erste Wegweiser führt zur Einsicht: Niemand ist vollkommen, auch du nicht. Auch Theologen nicht. Auch nicht die beiden größten systematischen Theologen dieses Jahrhunderts, Karl Barth und Paul Tillich. Sie waren alles andere als vorbildliche Ehemänner. Der erste lebte in einer konstanten Dreierbeziehung, der andere bewegte sich auch hier auf der Grenze – zwischen Ehe und Promiskuität. Bei beiden ist persönliche Tragik erkennbar. Durch ihr Leben legten sie authentisch das 7.Gebot aus. Und ihre Auslegung lautet schlicht: Wir sind allzumal Sünder.

Das sagen auch die empirischen Verhaltensforscher. Fast mit Nostalgie liest man den Kinsey-Report aus den 40er Jahren. Damals gaben von den 35jährigen verheirateten Frauen 20% an, schon einmal untreu gewesen zu sein. In den 80er Jahren waren es schon 50%. Bei Männern liegen die Zahlen weit, weit höher.

Kein Wunder, sagen die Soziobiologen: Ehebruch sei evolutionär eine erfolgreiche Strategie, die eigenen Gene zu verbreiten – für Männer lohnender als für Frauen, die schon mit einem einzigen Partner maximale Fortpflanzungserfolge erzielen können.

Kein Wunder, sagen die Ethnologen: Von den ca. 850 bekannten menschlichen Gesellschaften kennen nur 16% Monogamie als Norm. Die lebenslange Treue zu einem Partner ist schon als Gebot etwas Unwahrscheinliches. Ihre Verwirklichung aber ist erst recht unwahrscheinlich.

Kein Wunder, sagen wir Theologen. Der Mensch ist aus krummem Holz geschnitzt. Wer ohne Sünde ist, werfe den ersten Stein! Der, der dazu provokativ aufgefordert hat, war sich auch ohne empirische Forschung 100%ig sicher: Keiner hat ein Recht, einen Stein zu werfen, keiner! Schon eine Gewißheit von nur 99% wäre ein tödliches Risiko gewesen!

Kein Wunder, wenn man die Radikalisierung des Gebots in der Bergpredigt liest: »Wer eine Frau ansieht, um sie zu begehren, der hat mit ihr in seinem Herzen schon die Ehe gebrochen!« Auch die treuesten Ehepartner verweilen in ihren sexuellen Tag- und Nachtphantasien oft bei anderen. Das sollte niemanden erschrecken und beunruhigen. Es ist normal.

Zweifellos, es gibt viele unbestreitbare und kluge Argumente, die sagen: Der Mensch ist nicht zur Treue in der Ehe geboren! Um so größer wird das Rätsel, warum uns die Verpflichtung zur Treue trotzdem so stark anspricht. Warum wir gegen unsere Verhaltenstendenzen den Imperativ hören: Du sollst treu sein! Oder erlebe nur ich das in dieser Weise – bedingt durch meine altmodische Gefühls- und Gedankenwelt?

Damit komme ich zum zweiten Wegweiser. Auch er ein Wegweiser zu uns selbst. Er führt auf den Weg zur Einsicht, daß wir beim 7.Gebot immer von uns selbst ausgehen, von unseren ganz persönlichen Erfahrungen, von unseren Gefühlen, Sehnsüchten und Verletzungen. Wir sitzen in ihnen wie in unserer eigenen Haut. Menschen, die ihre Ehe nach dem

Motto »Streiten verbindet!« gestalten, können sich nur schwer vorstellen, daß es in einer Partnerschaft friedlich zugehen kann. Mit dem ganzen Gewicht ihrer Lebenserfahrung fragen sie listig die anderen: »Na, welche Probleme habt ihr denn unter den Teppich gekehrt?« Weil wir alle in unsere persönlichen Erfahrungen eingesperrt sind, können wir schnell andere verletzen, wenn wir über Ehe und Partnerschaft reden. Das läßt mich heute zögern bei jedem Wort!

Vielleicht habe ich schon jemanden verletzt, als ich die Normalität des Ehebruchs betonte. Wirkt das nicht wie eine Bagatellisierung großer menschlicher Tragödien?

Ich denke an die unter uns, die einmal erlitten haben, wie sich ihr Partner einem anderen zuwandte. Das hinterläßt tiefe Wunden! Die quälende Frage: Bin ich nicht wert – nicht attraktiv genug?

Ich denke an die unter uns, die in eine fremde Partnerschaft hineingerieten und ein Glück erfuhren, das anderen etwas wegnahm, oder die sich dieses Glück aus dem Herzen rissen, weil sie eine andere Beziehung nicht zerstören wollten. Beides ist schmerzlich.

Ich denke an die unter uns, die zwischen zwei geliebten Menschen stehen. Es sind oft sehr sympathische Menschen, die diesen Konflikt durchleiden müssen.

Ich denke aber auch an die, für die das Zusammenleben mit ihrem Partner eine Qual ist. Es gibt Ehen (und auch viele freie Partnerschaften), für die müßte das 7.Gebot lauten: »Du sollst keine Ehe und keine Partnerschaft schließen, die gebrochen werden muß.«

Für alle würde ich gerne etwas Hilfreiches sagen – auch für die, die keinen Partner haben oder die eine gescheiterte Beziehung hinter sich haben. Mir ist bewußt: Wenn alle Menschen, die in dieser Kirche versammelt sind, ihre Erfahrungen zusammenfließen ließen – es gäbe einen gewaltigen Strom von Leid. In diesem Strom schwimmen unsere Beziehungskisten dahin, treiben ans Ufer des Lebens und werden zum Strandgut des Unglücks. Aber gerade, wenn ich mich in diesen Strom versenke, dann wird um so wunderbarer, daß es in ihm auch geglückte Beziehungen gibt: Warum strahlen sie so viel Wärme und Licht aus? Warum freuen wir uns, wenn wir spüren, daß zwei Menschen miteinander glücklich sind? Warum fasziniert es uns, wenn Treue gelebt wird? Wenn sie zum selbstverständlichen Indikativ wird? Warum stört uns allenfalls, daß sie als Imperativ gefordert wird? Manchmal frage ich mich: Kann man zu diesem Thema überhaupt etwas Hilfreiches sagen, indem man ein Gebot aus alten Zeiten auslegt? Wäre es nicht wichtiger, zu verstehen, mitzufühlen, mitzuleiden – aber auch: sich mitzufreuen! Sind hier Imperative über-

haupt am Platz? Zerstört die Konfrontation mit einem fremden »Du sollst!«
nicht vorschnell das Gespräch?

Damit sind wir beim dritten Wegweiser zu uns selbst. In einer Welt, in der
alles schon normiert und geregelt ist, haben wir Sehnsucht nach einem Bereich, der durch uns selbst bestimmt ist, in den keine Öffentlichkeit, kein
Staat, keine Kirche, keine Nachbarn hineinreden. In Ehe und Partnerschaft
wollen wir uns selbst Normen und Verpflichtungen geben. Wir wollen die
Form unserer Beziehungen selbst bestimmen – als Ehe oder als Partnerschaft,
auf Zeit oder auf Dauer, gleichgeschlechtlich oder heterosexuell. Die Man-
nigfaltigkeit der Lebensformen nötigt uns zu einer Wahl. Wir müssen wählen.
    Ein Blick in die Geschichte zeigt uns: Es gibt keine notwendigen Le-
bensformen. Was heute Unmoral ist, war gestern Moral. Wäre Karl Barth
ein alttestamentarischer Patriarch gewesen, seine Dreierbeziehung hätte
als legitim gegolten. Polygamie war damals erlaubt. Das 7.Gebot schloß
ursprünglich nicht das Verhältnis zu zwei Frauen aus!
    Auch Paul Tillich stünde besser da, soweit er Beziehungen zu anderen
unverheirateten Frauen aufnahm. Die galten im Alten Testament nicht als
Ehebruch. Ehebruch war nur der Einbruch in eine fremde Ehe!
    Erst die weitere Entwicklung im Judentum, die im Neuen Testament
ihren Niederschlag und Höhepunkt gefunden hat, führte zu einem Verständnis des 7.Gebots als Verpflichtung zur lebenslangen, gegenseitigen
Treue zwischen zwei Ehepartnern – unter Ausschluß aller anderen sexuellen Beziehungen. Historisch gesehen ist das etwas Unwahrscheinliches,
etwas Riskantes. Manche meinen, dies Experiment einer exklusiven, gegenseitigen Treue sei historisch schon gescheitert.
    Ich bin da skeptisch. Aber unbestreitbar ist: Heute existieren verschie-
dene Lebensformen nebeneinander. Und viele zweifeln, ob man überhaupt
verbindliche Normen für alle Lebensformen formulieren kann. Muß man
etwa das 7.Gebot so umformulieren, wie es die feministische Theologin
Elga Sorge getan hat, die aus diesem Gebot zwei entgegengesetzte Er-
laubnisse macht:
    »Du darfst ehebrechen, Du kannst ja gar nicht anders, weil jede, die
einen anderen Mann ansieht, seiner zu begehren, in ihrem Herzen schon
die Ehe gebrochen hat. Aber natürlich darfst du auch treu sein!«
    Was soll man dazu sagen: Darf man treu sein? Oder soll man treu sein?
Mich stört an beiden Formulierungen, daß sie unabhängig vom Konsens
des jeweiligen Partners formuliert sind. Denn unabhängig davon, in welchen Lebensformen wir leben, gibt es für uns alle ein Gebot, das lautet:
»Steht treu zu dem, worin ihr gegenseitig übereingekommen seid.«

Es gibt Paare, die sind darin übereingekommen, sich sozial treu zu bleiben, sich aber sexuelle Freiheit zu geben. Auch das ist eine Treueverpflichtung. Ich will niemand zu so etwas ermutigen. Es ist zu riskant. Und oft hat sich bei solchen Versprechen ein Partner übernommen.

Es gibt andere Paare, die sind auseinandergegangen, aber Treue besteht darin, daß sie die Erinnerung an den anderen nicht beschädigen, anvertrautes Wissen nicht preisgeben, sich um die gemeinsamen Kinder kümmern.

Es gibt schließlich Menschen, die sind übereingekommen, einander treu zu bleiben, bis daß der Tod sie scheide. Ich finde es gut, daß viele unter uns zu ihnen gehören.

Entscheidend ist ja nicht, was jemand abstrakt als Norm oder Erlaubnis formuliert, als absolutes »Du sollst« oder »Du darfst«. Entscheidend ist, worin wir mit unserem jeweiligen Partner übereingekommen sind. Auch die traditionelle Ehe kann so zu einer gegenseitigen freien Verpflichtung werden. Aus diesem Grunde haben meine Frau und ich vor 22 Jahren den Trauspruch gewählt: »Alles ist euer, ihr aber seid Christi«. Mit »Alles ist euer« wollten wir sagen: Unsere Ehe ist Ausdruck unserer Entscheidung. Wir haben diese Lebensform gewählt – wohl wissend, daß es andere Formen des Zusammenlebens gibt.

Aber natürlich wollten wir noch mehr damit sagen. Eine kirchliche Trauung ist mehr als die öffentliche Bekanntgabe einer Selbstverpflichtung. Aber was ist dies Mehr? Was weist über unsere Entscheidung hinaus? Auf dies Mehr weist der vierte Wegweiser.

Das 7. Gebot will, daß wir uns selbst treu bleiben und den Bund mit dem Leben immer wieder erneuern.

Ich weiß, daß ich mich jetzt indiskret in einen inneren Dialog einmische, den jeder verborgen mit sich selbst führt. Ich kann nur für mich sprechen, aus meinem Leben und meinen Erfahrungen heraus. Und da sage ich mir oft:

Wir haben uns dieses Leben nicht ausgesucht. Ohne unser Einverständnis wurden wir geboren. Ohne unser Einverständnis erhielten wir diese und keine anderen Eltern, diesen und keinen anderen Körper. Nachträglich müssen wir ja zu uns sagen – irgendwann einmal und immer wieder zwischen Aktenstaub und Erdgeruch, zwischen Geburtsschrei und Todesstille. Dies Ja ist Antwort auf den Willen des Schöpfers. Nirgendwo erlebe ich seinen Willen so unmittelbar wie in diesem Ja zum Leben. Ich spüre, wie es mit anderen Kräften ringt, mit Kräften des Todes und der Verzweiflung.

Deshalb ist dies Ja oft nur ein abgetrotztes, ein mühsames, ein unversöhntes Ja. Aber es gibt eine Erfahrung, in der es sich in ein versöhntes Ja verwandelt: die Erfahrung von Liebe. Solche Liebe hat viele Gestalten. Sexualität und Ehe sind nur eine besonders intensive Form – eine der vielen Chancen, ein trotziges in ein versöhntes Ja zu verwandeln!

Noch einmal: Uns selbst konnten wir nicht wählen. Aber unseren Partner haben wir gewählt. Unseren Körper mußten wir hinnehmen und bleiben lebenslänglich an ihn gebunden. Den des Partners können wir immer wieder annehmen – mit Haut und Haaren. Und können alle Zärtlichkeiten des Körpers zum Träger einer Botschaft machen, die immer wieder nur eins sagt: Ja! Ja zu einem Leben, das mit dem eigenen frei verbunden ist – und doch so unlöslich uns angehört wie unser eigener Körper.

Noch einmal: Wir haben uns selbst nicht gewählt. Aber wir haben unseren Partner gewählt und wurden von ihm gewählt. Jemand gibt uns zu verstehen: Ich sage Ja zu Dir mit Haut und Haaren, so wie du nun einmal geworden bist, so verquer und so merkwürdig. Das ist eine Chance für uns, das trotzige Ja zum Leben, das ein Ja zu vielen blinden Notwendigkeiten ist, in ein versöhntes Ja zu verwandeln – in ein Ja in Freiheit durch Liebe.

Solch ein Ja kann uns vor Gott verbinden, bis daß der Tod uns scheidet. Du mußt dich nur fragen: Kannst du den anderen ebenso intensiv bejahen wie dich selbst? Spürst du die Kraft, die unvermeidlichen Krisen im Verhältnis zu ihm ebenso zu ertragen und zu bewältigen wie die Krisen im Verhältnis zu dir selbst? Hast du den Willen, ihn ebensolang freiwillig zu bejahen, wie du dich selbst immer wieder bejahen mußt: nämlich ein ganzes Leben lang? Bist du ihm gegenüber so tolerant, wie du es dir selbst gegenüber sein mußt, wenn du dich ertragen willst? Bist du bereit, so ausdauernd an deiner Beziehung zum anderen zu arbeiten, wie du an dir arbeitest – ein ganzes Leben lang?

Wenn du dies Ja gesprochen hast und jeden Tag immer wieder sprichst – dann ist es ein Echo zu dem großen Ja, das Gott in unsere Existenz eingeschrieben hat und das wir ein langes Leben nie ganz entziffern. Gewiß ein unvollkommenes Ja, aber doch ein Echo des göttlichen Ja's. Gewiß kein unbedingtes Ja, aber doch Abglanz eines unbedingten Ja's.

Daß Beziehungen scheitern können, müssen wir alle akzeptieren. Das soll nicht verdrängt werden. Aber du sollst wissen: Mit ihnen scheitert etwas von dir selbst. Wenn dir das bewußt ist, wirst du nicht leichtfertig eine Ehe aufkündigen oder eine Nebenbeziehung aufnehmen oder eine Beziehung beenden. Du wirst durch eine tiefe Krise hindurchmüssen, wenn sie dennoch scheitert. Es ist wie der Tod. Aber dein Ja zu dir selbst wird erneuert werden. Denn es ist nicht allein in dir und im andern begründet.

Es ist Echo eines größeren Ja's, das du gehört hast, ehe du antworten konntest. Du durftest es unvollkommen weitergeben an einen anderen Menschen – und es empfangen durch ihn. Aber es gilt dir unabhängig davon für immer. Denn bevor du dich mit einem anderen Menschen verbunden hast, hat Gott einen Bund mit dir geschlossen – einen unwiderruflichen Bund zum Leben.

Aber gerade bei diesem Bund geht es uns oft wie jenem Mendel. Wir kommen zu Gott und klagen – nicht darüber, daß uns ein Regenschirm abhanden gekommen ist, sondern schlimmer: daß wir uns selbst abhanden kamen. Daß wir fern von uns selbst sind. Wir klagen die Verhältnisse an. Klagen unseren Körper an, unsere Eltern, Lehrer, Mitmenschen! Vielleicht sollten wir es wie Mendel machen und das »Gute Buch« hervorholen. Da könnt ihr von dem Dialog Gottes mit den Menschen lesen, wie er immer wieder um sie wirbt, um ein ehebrecherisches und halsstarriges Geschlecht:

Um Menschen, die sich in ihren Beziehungen oft demütigen und verletzen.

Um Menschen, die untreu sind, die in ihren Beziehungen scheitern.

Mit solchen Menschen schließt Gott einen Bund zum Leben, mit Menschen wie Paul Tillich und Karl Barth, mit Menschen wie dir und mir.

Mit Menschen, die nach wissenschaftlichen Erkenntnissen zur Untreue geboren sind.

Mit Menschen, die aber durch Liebe und Treue immer wieder den Berechnungen der Soziobiologen und Ethnologen entlaufen und entrinnen.

Jedes Jahr, in dem du treu geblieben bist, hast du einen kleinen Schritt getan, aus dem Reich ihrer Notwendigkeit in ein Reich der Freiheit. Du folgst dabei dem Ruf des Gottes, der dich aus jedem Sklavenhaus befreien will, auch aus dem deiner eigenen Untreue und Unzuverlässigkeit. Du wirst auf diesem Weg oft hinken und lahmen. Du wirst murren und versagen. Verzweifle nicht! Denn Gott hat einen Bund zum Leben mit dir geschlossen, der nicht widerrufen wird. Er spricht zu dir in seinem »guten Buch«. Und er spricht dabei nicht zu erträumten, sondern zu real existierenden Menschen, wenn er uns allen zuruft:

»Es sollen wohl Berge weichen und Hügel hinfallen, aber meine Gnade soll nicht von dir weichen und der Bund meines Friedens soll nicht hinfallen.«

Dieser Friede Gottes, welcher höher ist als alle unsere Vernunft, bewahre eure Herzen und Sinne in Christo Jesu. Amen.

Diese Predigt wurde am 24.6.1990 in der Peterskirche in Heidelberg im Rahmen einer Predigtreihe zu den zehn Geboten gehalten. Sie erschien in der Broschüre: Die zehn

Gebote. Eine Heidelberger Predigtreihe, Heidelberg 1990, S.54-62. Den eingangs erzählten jüdischen Witz fand ich bei E.Chr.Hirsch: Der Witzableiter oder die Schule des Gelächters, Hamburg 1985, S.128f. Über Karl Barths Dreiecksverhältnis schweigt sich die offizielle Barth-Literatur aus, während Paul Tillichs Privatleben sehr viel offener diskutiert wird. Man vergleiche die Darstellungen von W.Kreck: Karl Barth, in: M.Greschat (Hg.): Gestalten der Kirchengeschichte 10,2, Stuttgart/Berlin 1986, S.102-122 mit C.H.Ratschow: Paul Tillich, ebd., S.123-149, ferner: Hannah Tillich: Ich allein bin, Gütersloh 1993. Erst eine junge Theologin holte Barths Mitarbeiterin und Freundin Charlotte von Kirschbaum aus ihrem Schattendasein heraus; vgl. Renate Köbler: Schattenarbeit, Charlotte von Kirschbaum. Die Theologin an der Seite Karl Barths, Köln 1987. Einige wertvolle Anregungen zur Predigt fand ich in H.Albertz (Hg.): Die zehn Gebote, Bd 7, Stuttgart 1987. Insbesondere der Aufsatz des Theologen und Ethnologen Volker Sommer: Die Wissenschaft vom außerehelichen Sex. Zur Biologie des Ehebruchs in diesem Sammelband S.63-80 enthält wertvolles Material. Elga Sorges Umformulierung der zehn Gebote kann man nachlesen in: E.Sorge: Religion und Frau, Stuttgart ⁵1988, S.97f.

Fremdenschutz und Fremdenhaß
Über einen häßlichen Widerspruch in Bibel und Leben

(2 Mose 23,1-13)

Du sollst nicht falsches Gerücht vorbringen. Du sollst dem Frevler nicht Beistand leisten, indem du als ungerechter Zeuge auftrittst. Du sollst nicht dem großen Haufen folgen zum Bösen, und auch in deinem Zeugnis vor Gericht sollst du nicht dem großen Haufen folgen, um das Recht zu beugen. Auch den Geringen sollst du in seiner Rechtssache nicht begünstigen. Wenn sich das Rind oder der Esel deines Feindes verirrt hat und du triffst sie an, so sollst du sie ihm wieder zuführen. Wenn du den Esel deines Feindes unter seiner Last erliegen siehst, so sollst du ihn nicht ohne Beistand lassen, sondern ihm aufhelfen. Du sollst das Recht des Armen in seinem Rechtshandel nicht beugen. Von betrügerischer Sache halte dich fern. Du sollst nicht den Unschuldigen, der im Rechte ist, zum Tode verurteilen, und nicht dem, der im Unrecht ist, Recht geben. Bestechung sollst du nicht annehmen; denn die Bestechung macht Sehende blind und verdreht die Sache derer, die im Rechte sind. Einen Fremdling sollst du nicht bedrücken. Ihr wißt, wie dem Fremdling zumute ist; seid ihr doch auch Fremdlinge gewesen im Lande Ägypten.

Sechs Jahre sollst du dein Land bestellen und seinen Ertrag einsammeln. Im siebenten Jahre aber sollst du es brach liegen lassen und freigeben, damit die Armen deines Volkes sich davon nähren können; und was übrigbleibt, mag das Wild des Feldes fressen. Ebenso sollst du es mit deinem Weinberg und deinen Ölbäumen halten. Sechs Tage sollst du deine Arbeit tun, am siebenten Tage aber sollst du feiern, damit dein Rind und dein Esel ruhen und der Sohn deiner Sklavin und der Fremdling aufatmen können. Habt acht auf euch in allem, was ich euch befohlen habe! Den Namen anderer Götter sollst du nicht anrufen, und er soll aus deinem Munde nicht gehört werden.

Die Erzählung vom Sinai ist die Geschichte eines Bundesschlusses. Gott macht Menschen zu Verbündeten, um seine Gerechtigkeit zu verwirklichen. Er verbündet sich dazu mit einem Volk, das aus Sklaverei befreit wurde. Sein Gesetz soll dazu dienen, diese Freiheit zu bewahren.

Das Gesetz wird in zwei Stufen gegeben. Zuerst hört das ganze Volk die zehn Gebote als unmittelbare Stimme Gottes. Es erschrickt über die Majestät dieser Stimme. Daher soll Mose die weiteren Gebote allein empfangen und an das Volk weitergeben. Danach erst wird der Bund geschlossen. Die von Mose zwischen den zehn Geboten (dem Dekalog) und dem Bundesschluß vermittelten Gesetze nennt man das Bundesbuch. Auf dies Buch wird Israel verpflichtet. Aus ihm stammt unser Text. Die vorangehenden zehn Gebote haben als unmittelbare Stimme Gottes einen höheren Rang. Es folgen Anordnungen für das Stiftszelt, für den Gottesdienst. Sie sind nicht ganz so wichtig.

Entscheidend ist eine Episode nach dieser Gesetzgebung: Das Volk verehrt die Goldenen Kälber. Es kündigt das Bündnis mit Gott auf. Mose zerschlägt verzweifelt die Gesetzestafeln. Aber jetzt lernt er Gott wirklich kennen. Jetzt darf er nicht nur seine Stimme hören. Jetzt darf er seine Herrlichkeit von hinten sehen. Und jetzt offenbart sich dieser Gott als Gnade. Er ruft Mose zu: »Ich bin gnädig, dem ich gnädig bin, und wessen ich mich erbarme, dessen erbarme ich mich« (2 Mos 33,19). Seine Gnade zeigt er dadurch, daß er den Bund erneuert und die Tafeln des Gesetzes neu anfertigen läßt. Die Erzähler wollten klarmachen: Gott verbündet sich am Sinai mit Menschen, die real existierende, widerwillige, unzuverlässige, kurz: normale Menschen sind. Mit ihnen, nicht mit erträumten Menschen, will er seine Gerechtigkeit verwirklichen. Ihnen traut er das zu. Deshalb ist sein Gesetz Gnade.

Das kann jedes Kind aus der Sinaierzählung heraushören. Aber wir Theologen haben es nur langsam begriffen. Wir haben lange Gesetz und Gnade, Gesetz und Evangelium einander entgegengesetzt. Der Gott des Alten Testaments galt als ein Gott der Gerechtigkeit und Vergeltung, der Gott des Neuen Testaments dagegen als Gott der Liebe und Vergebung.

Der Text, der für heute ausgewählt wurde, kann solche Vorurteile widerlegen. Eine Reihe von Geboten in ihm zielt darauf, daß alle Menschen vor Gericht gleich behandelt werden. Diese Gebote zielen auf Gerechtigkeit. Einige aber gehen darüber hinaus: Sie wollen, daß man dem Feind hilft, den Fremden nicht bedrückt, den Armen unterstützt. Sie zielen in dieselbe Richtung, in die Jesus das Gebot der Nächstenliebe radikalisiert hat: nämlich zur Liebe zum Feind, zum Fremden, zu den Armen und Deklassierten. Hier wird mehr als Gerechtigkeit verlangt. Hier soll Liebe und Barmherzigkeit geschehen. Fast wünschte man, diese Gebote stünden nicht nur im Bundesbuch, sondern im Dekalog. Wie schön wäre es, wenn alle Kinder unter uns lernten: Du sollst deinem Feind helfen! Du sollst einen Fremden nicht bedrücken! Du sollst Arme unterstützen!

Den Wunsch, die zehn Gebote zu ergänzen, hatte in jüngster Zeit auch der ehemalige Präsident Restjugoslawiens M. Panic. Er meinte, Gott habe ein Gebot vergessen: Du sollst keine ethnischen Säuberungen machen! Panic kennt die Bibel schlecht. Wenn er sie kennte, wäre er erschrocken und irritiert. So wie einige unter uns irritiert sein werden, wenn ich sage, daß im Gesetz vom Sinai eine ethnische Säuberung angekündigt wird. Sie wird nicht etwa verboten, nicht verurteilt, sie wird als etwas Positives verheißen. Wir finden sie am Ende des Bundesbuches. Kurz nachdem wir gehört haben: »Einen Fremden sollst du nicht bedrücken!« lesen wir: »Ich werde die Bewohner des Landes in deine Hand geben, und du wirst sie vor dir vertreiben. Du sollst mit ihnen und mit ihren Göttern kein Abkommen treffen. Sie sollen nicht in deinem Lande wohnen bleiben ...« (2 Mos 23,31f). Wie reimt sich das aufeinander? Auf der einen Seite das Gebot, man solle den Fremden im Lande nicht bedrücken, auf der anderen Seite die Verheißung, sie zu vertreiben.

Ich hätte dies Problem links liegenlassen können. Es wäre wahrscheinlich nur wenigen aufgefallen, daß hier Fremdenfreundliches und Fremdenfeindliches dicht nebeneinander stehen. Dieser fremdenfeindliche Text steht ja nicht im Programmheft des Kirchentags. Und wer liest diese Texte schon zu Hause in ihrem Kontext nach? Aber gerade dies häßliche Problem hat mich bei der Vorbereitung gefesselt. Zwar freue ich mich, daß in der Bibel ein so soziales Gebot steht: Du sollst den Fremden nicht unterdrücken! Aber mich schmerzt, daß gleichzeitig Vertreibungen von Fremden verheißen werden. Ich finde eine solche Vertreibungsverheißung skandalös. Ich habe bei meinen Vorbereitungen manchmal geseufzt: Könnten die im Himmel nicht mal eine Kommission einsetzen, um einige Texte in der Bibel neu zu formulieren? Ich würde einen Antrag an diese Kommission richten, diesen Abschnitt des Bundesbuchs über die ethnischen Säuberungen ersatzlos zu streichen.

Wie ich darüber nachdachte, wurde in mir folgende Theologenphantasie wach. Ein Engel kommt zu mir und sagt: Wir haben schon eine Kommission im Himmel eingesetzt. Es liegt schon ein Antrag zum Problem vor. Wenn du willst, kannst du die Kommissionssitzung verfolgen. Als erstes werden die Vertreter der Antragsteller den Antrag begründen. Dann wird die Kommission drei Gutachter hören: einen Experten für vergleichende Rechtsgeschichte des Alten Orients, einen zweiten für biblische Sozialgeschichte und zuletzt noch einen für theologische Exegese. Danach muß entschieden werden.

Ich sehe also in meinem Geiste vor mir die himmlische Gesetzeskommission. Zwei Engel mit Namen Klosi-el und Schäubli-el vertreten die Antragsteller. Sie sagen:

Unsere Mandanten auf Erden lassen durch uns erklären: Das Gebot, den Fremden nicht zu bedrücken, überfordert uns Menschen. Wir Menschen wollen in einer Umgebung leben, wo wir uns bestätigt fühlen, wo die Men-

schen so sind wie wir, wo sie so sprechen wie wir, wo sie so denken wie
wir. Abweichung und Anderssein irritieren. Sicherheit verleiht nur die Nähe
von Menschen, deren bloße Existenz ohne Worte signalisiert: Du bist normal; du bist wie wir. Werden die materiellen Lebenschancen knapp, so
schließen wir uns unter gleichen Menschen zusammen, um auf Kosten aller, die anders sind, unsere Interessen durchzusetzen. Und wenn wir dabei
erfolglos sind, dann steigert das unseren Haß gegen alles, was anders ist.
Dann gibt es Brandstiftung und Totschlag. Das ist die Realität. Und das
war schon immer so. Da das Fremdengebot des Bundesbuches Menschen
überfordert, schlagen wir eine Korrektur vor. Zum Fremdengebot soll ein
ganz kleiner Zusatz hinzu, der am Ende des Bundesbuches sinngemäß schon
steht. Der neue Bibeltext soll so lauten:

»Einen Fremden sollst du nicht bedrücken. Ihr wißt, wie dem Fremden
zumute ist, seid ihr doch auch Fremde gewesen im Lande Ägypten. Um
anderen dies Schicksal zu ersparen, soll kein Fremder in deinem Lande
wohnen und hineingelassen werden.«

Begründung: Wenn kein Fremder mehr ins Land kommt, kann das
Fremdengebot in vollem Umfang weiter gelten, ohne Schaden anzurichten.
Der Vorteil dieser Änderung ist, daß die Formulierung des Bundesbuchs
voll gewahrt bleibt.

Als Schäubli-el und Klosi-el geendet haben, entsteht unter den Engeln
Unruhe. Ein Zwischenrufer ruft empört: »Zynismus!« Doch der Vorsit-
zende mahnt zur Sachlichkeit. Man müsse sich jetzt erst einmal ein Urteil
darüber bilden, was das Bundesbuch wirklich meine. Deshalb ruft er den
ersten Gutacher auf, den Engel Hammurabi-el, den Fachmann für vergleichende Rechtsgeschichte des Alten Orients. Er soll klarmachen, was
das Besondere des Bundesbuchs im Vergleich zu anderen Rechtssammlungen ist, vor allem, wie sich das Fremdengebot zum Vertreibungsgedanken verhält.

Hammurabi-el fängt wie ein richtiger Gelehrter an, d.h. er kündigt drei
Punkte an, in denen er das Besondere des Bundesbuches und darüber hinaus des altisraelitischen Rechts zusammenfassen will.

1. Alle altorientalischen Rechtskodices sind von Königen erlassen. Israel dagegen führt sein Recht auf Gott zurück, es gilt unabhängig vom Staat.
Daher kann es auch den Zusammenbruch des Staates überleben, wie ihn
Israel nach der Zerstörung Jerusalems und der Deportation der judäischen
Oberschicht erlebt hatte. Daher kann dies Recht die Macht des Staates
einschränken: Das Königsgesetz im sog. Deuteronomium will z.B. verhindern, daß sich der König über seine Brüder erhebe (vgl. 5 Mos 17,14-20).

2. Das israelitische Recht umfaßt gleichzeitig rechtliche, ethische und religiöse Gebote. Ein rechtliches Gebot – also ein »Gesetz« i.e.S. – muß einklagbar sein. Die Verletzung ethischer Gebote löst nur Verachtung bei anderen Menschen aus, aber man kann ihre Einhaltung nicht bei Gericht einklagen. Ein ethisches Gebot ist z.B. die Forderung, dem Esel des Feindes zu helfen, wenn er zusammengebrochen ist. Niemand wird angeklagt und verurteilt, der es nicht tut. Ein ethisches Gebot ist ferner das Fremdengebot. Und gerade bei diesen ethischen Geboten kommt Gott ins Spiel: Mag der Übeltäter menschlichen Gerichten entgehen, so doch nicht Gott. Dies charakteristische Nebeneinander von Recht und Ethik führt dazu, daß das Recht immer wieder im Lichte ethischer Prinzipien neu ausgelegt werden muß. Israels Recht ist daher ein Recht in Entwicklung. Im Alten Testament werden verschiedene Rechtssammlungen aus verschiedenen Entwicklungsstufen nebeneinander aufbewahrt: Das älteste ist das Bundesbuch, dann folgt das Deuteronomium, schließlich das Heiligkeitsgesetz. Auch Widersprüchliches kommt so nebeneinander zu stehen.

3. Der ganze Alte Orient kennt die Verpflichtung des Königs und der Mächtigen, sich für die Schwachen, insbesondere für Witwen und Waisen, einzusetzen. Israels Besonderheit liegt darin, daß es diese Verpflichtung dem ganzen Volk auferlegt. Das ganze Volk hat in Ägypten erfahren, was es heißt, zu den Bedrängten und Rechtlosen zu gehören. Daher wird an das ganze Volk appelliert, Bedrängte und Rechtlose zu schützen. Das ganze Volk rückt in die Rolle von Königen. Das ganze Volk nämlich soll ein »Königreich von Priestern« sein (2 Mos 19,6) – so heißt es am Anfang der Sinaierzählung. Der Kreis der Bedrängten und Rechtlosen wird ebenfalls ausgeweitet. Es sind nicht nur die überall im Orient genannten Witwen und Waisen, sondern auch die Fremden. Im Bundesbuch wird das Fremdengebot gleich zwei Mal eingeprägt, zum ersten Mal in 2 Mos 22,21, wo neben den Fremden Witwen und Waisen genannt werden – und noch einmal an unserer Stelle. Kein anderes Gebot wird im Bundesbuch wiederholt, nur dies eine Gebot. Mose wußte, warum er es tat: Man sündigt besonders leicht gegen dies Gebot. Man möchte ethische und rechtliche Normen auf die Einheimischen beschränken. Diese Ausweitung der Gebote über den Kreis der Israeliten hinaus findet sich auch in späteren Gesetzessammlungen. Höhepunkt dieser Entwicklung ist das Heiligkeitsgesetz. Dort steht in 3 Mos 19,18 das Gebot der Nächstenliebe. Und dies Gebot wird ausdrücklich auf den Fremden ausgeweitet:

»Wenn ein Fremder bei dir wohnt in eurem Lande, so sollt ihr ihn nicht bedrücken. Wie ein Einheimischer aus eurer eigenen Mitte soll euch der Fremde gelten, der bei euch wohnt, und du sollst ihn lieben wie dich selbst – seid ihr doch auch Fremde gewesen im Lande Ägypten; ich bin der Herr« (3 Mos 19,33ff).

Hammurabi-el kommt nun auf den wichtigen Punkt zu sprechen, wie sich das Fremdengebot und der Vertreibungsgedanke zum Zentrum des israelitischen Rechts verhält. Was das Fremdengebot angeht, so steht es in einer engen Verbindung zum ersten Gebot – also zum Hauptgebot Israels. Denn dort heißt es: »Ich bin der Herr, dein Gott, der ich dich aus dem Lande Ägypten, aus dem Sklavenhause, herausgeführt habe; du sollst keine anderen Götter neben mir haben.« Im Bundesbuch wird nur beim Fremdengebot auf dieses erste Gebot zurückgegriffen. Nur hier wird an die Sklaverei in Ägypten erinnert. Weil die Israeliten in Ägypten als Fremde gelebt haben, sollen sie auch jetzt gegenüber Fremden fair sein. Die Achtung vor dem Fremden geht also zweifellos aus dem Zentrum des israelitischen Glaubens hervor, aus der Erinnerung an den Auszug aus Ägypten, aus dem 1. Gebot.

Aber wie ist es mit dem Vertreibungsgedanken? Hammurabi-el kann hier keinen erlösenden Gedanken beitragen. Vielmehr betont er: Sein wissenschaftliches Gewissen verpflichte ihn zu der Feststellung, daß auch der Vertreibungsgedanke im Bundesbuch eng mit dem ersten Gebot verflochten ist, nämlich mit dessen Fortsetzung: »Du sollst keine anderen Götter neben mir haben!« Wegen dieser fremden Götter wird die Vertreibung der Fremden aus dem Land verheißen. Sie sollen nicht im Land bleiben, »damit sie dich nicht zur Sünde wider mich verleiten; denn wenn du ihren Göttern dientest, so würde dir das zum Fallstrick werden!« (2 Mos 23,33). Das wird anderswo anschaulich beschrieben. Man kommt ins Land. Die Söhne und Töchter heiraten die Einheimischen. Diese bringen ihre Götter mit. Sie laden zu ihren Festen ein – und schon verehrt Israel nicht mehr exklusiv den einen und einzigen Gott. Daher soll das Land frei von Fremden sein. Also wegen desselben Gebots, das Grundlage für die Toleranz von Fremden ist.

Die Kommission fragt abschließend, ob Hammurabi-el dafür plädiere, die Vertreibungstexte aus der Bibel zu streichen. Hammurabi-el schüttelt den Kopf. Man kann den Vertreibungsgedanken leider nicht als eine bedauerliche Entgleisung betrachten, als einen Ausrutscher in einer ansonsten hochstehenden ethischen Tradition. Als Gutachter könne er jedoch darauf hinweisen, daß Vertreibungen im Alten Orient gang und gäbe waren. Besonders die Assyrer dehnten auf diese inhumane Weise ihr Herrschaftsgebiet aus. Israel dachte hier nicht anders als seine Nachbarn. Das positive Fremdengebot sei dagegen auffällig. Es wirke auf ihn um so wunderbarer, je mehr man es auf dem Hintergrund fremdenfeindlicher Texte in der Bibel liest. Aber dieser Widerspruch bleibe ein Rätsel.

Hammurabi-els Ausführungen haben Nachdenklichkeit hervorgerufen. Die Kommission braucht noch mehr Information. Der zweite Gutachter wird aufgerufen. Es ist Sozi-el, ein Spezialist für biblische Sozialgeschichte. Er soll Aufklärung darüber bringen, in welcher Situation es in Israel zu dieser widersprüchlichen Verbindung einer hohen Sozialmoral gegenüber Fremden und Vertreibungsphantasien kam. Auch Sozi-el faßt seine Gedanken in drei Punkten zusammen.

1. Die ganze Sinaierzählung ist ein Protest gegen die Verehrung des Goldenen Kalbes. Diese Erzählung will zeigen, wie man Gott in Wahrheit verehren kann – ohne Kultbilder und Tanz um das Goldene Kalb. Wahrer Gottesdienst besteht in sozialem Verhalten und im Gottesdienst in der Stiftshütte. Die Stiftshütte aber steht für den Jerusalemer Tempel. Eine solche Erzählung können wir historisch gut einordnen: Israel war gespalten in Nord- und Südreich. Im Nordreich verehrte man an den Staatsheiligtümern in Dan und Bethel ein Goldenes Kalb, im Südreich war der Tempel von Jerusalem die zentrale Kultstätte. Es gab nur vereinzelte Stimmen des Protestes im Nordreich. Der Prophet Hosea griff dort den Bilderkult an. Er drohte mit einer Katastrophe, die über das Volk kommen werde. Sein Protest verband sich mit dem Protest des Amos gegen soziale Mißstände. Schon vor Hosea hatte er eine Katastrophe vorhergesagt. Sie kam dann tatsächlich: 721 v.Chr. wurde das Nordreich von den Assyrern erobert, die Oberschicht wurde deportiert, viele vertrieben. Fremde Völker wurden im Land angesiedelt. Erst jetzt wurde die Kritik der Propheten allgemein anerkannt: unsoziales Verhalten und falscher Gottesdienst waren die Ursachen der Katastrophe. Der Tanz ums Goldene Kalb war die große Sünde Israels. Erst nach dem Fall des Nordreichs ist die Sinaierzählung so geformt worden, wie sie jetzt vorliegt: Dem Goldenen Kalb des zerstörten Nordreichs wird die Stiftshütte, der Jerusalemer Tempel, entgegengesetzt. Gott wird nur in Jerusalem richtig verehrt. Gott gibt Israel trotz der Katastrophe im Norden noch einmal eine Chance. Er erweist sich als gnädiger Gott, der an Israel trotz Bundesbruchs festhält. Er erneuert seinen Bund. Er hat das kleinere Südreich geschont. Und er wird zu diesem Südreich stehen, wenn die Restisraeliten sich zu dem einen und einzigen Gott bekehren und seine Gebote halten.

2. Nach der Katastrophe des Nordreichs entstanden im Südreich Reformbewegungen. Alles sah ja so aus, als würden die Assyrer bald auch das kleine Südreich schlucken. Das Südreich aber hätte kaum Widerstand geleistet, wenn die Israeliten dort geglaubt hätten, mit den neuen Herren würden nur die Herren ausgetauscht. Es sei gleichgültig, wer regiere – und nach welchen Gesetzen regiert würde. Daher entwarf man zu alten

Gesetzen neue Gesetze, Gesetze, die in einer für die damaligen Zeit ganz erstaunlichen Weise die sozialen Belange des ganzen Volkes wahren wollten. Das Bundesbuch ist der Entwurf solch eines sozialen Gesetzbuches. Alle Israeliten sollten im Gericht gleiche Chancen haben. Die Feindschaften zwischen ihnen sollten durch eine prosoziale Haltung ersetzt, die Armen unterstützt werden. Die Bedrohung von außen und dieser soziale Erneuerungsversuch im Innern gehörten zusammen. In Israel entdeckte man die Wahrheit, daß nicht allein militärische Stärke einem Volk Überlebenschancen gibt, sondern sein sozialer Zusammenhalt, seine Treue gegenüber Grundgeboten der Solidarität, sein Gehorsam gegen Gottes Gebot. Militärisch war das Südreich ohnehin gegenüber den Assyrern, der größten Militärmacht des Alten Orients, hoffnungslos unterlegen. Durch seine Rechtsordnung und seine moralischen Traditionen aber war es überlegen. So kam es im Bundesbuch zu jener im Alten Orient singulären Verbindung von religiösen, rechtlichen und ethischen Normen. Die Hinwendung zu dem einen Gott (d.h. die Absage an Götzendienst und Bilderverehrung) war ebenso Reaktion auf die Katastrophe des Nordens wie die Rechtsgesetze und die Propagierung einer Sozialmoral, die noch über die Gesetze hinausging.

3. Aus dieser Situation läßt sich auch der Widerspruch zwischen dem sozialen Fremdengebot und den Vertreibungsphantasien erklären. Nach dem Ende des Nordreichs flüchteten viele vom Norden in den Süden – nicht nur Israeliten, sondern auch deren Nachbarn, die ebenfalls von den Assyrern unterworfen worden waren. Durch die Flüchtlingswelle wurde das Problem der Fremden akut. Darauf reagierte man mit einem erstaunlich sozialen Fremdengebot, das im Bundesbuch gleich zwei Mal steht. Es war klar: Wenn man den vor den Assyrern flüchtenden Menschen nicht half, so würde man im Inneren den Widerstand gegen die Assyrer schwächen. Man würde viele Israeliten aufgeben. Aber auch viele nicht-israelitische Flüchtlinge. Gleichzeitig aber wurzelten in dieser Situation Vertreibungsphantasien. Die Assyrer hatten viele im Nordreich vertrieben oder deportiert und dafür fremde Völker angesiedelt. Natürlich träumte man im Südreich davon, einmal das Land wieder frei von Eroberern zu finden. Natürlich träumte man davon, das Land wieder in Besitz zu nehmen. Die Vertreibungsphantasien im Bundesbuch sind Gegenphantasien. Sie richten sich gegen die Grausamkeit der assyrischen Vertreibungen und Deportationen. Daher sollen die Vertreibungen, von denen das Bundesbuch träumt, ganz anders vor sich gehen als die assyrischen Vertreibungen: ohne Blutvergießen und Krieg. Gott selbst verheißt es: Wenn man seine Gebote hält (auch die Gebote zum Schutz von Armen, Schwachen,

Fremden), dann werde er die Feinde Israels vertreiben – allein durch seinen Schrecken und durch Hornissen; nicht auf einmal, oder in einem Jahr. Wörtlich heißt es vielmehr: »Ganz allmählich werde ich sie vor dir vertreiben.« Wenn das Bundesbuch an die Vertreibung der Ureinwohner erinnert, so meint es in Wirklichkeit die Eroberer im Norden. Die wollte man wieder loshaben – aber auf eine friedliche Weise, die im Kontrast zur militärischen Eroberungspolitik der Assyrer stand.

Sozi-el zieht aus all dem fast einen philosophischen Schluß. Große Solidarität einer Gemeinschaft entsteht oft als Antwort auf Herausforderungen von außen. Die Menschheit lebt bis heute von der schöpferischen Kraft zweier kleiner Völker, die von weit überlegenen Militärmächten bedroht waren: von den Griechen und von Israel. Das Experiment der athenischen Demokratie entstand als Antwort auf die Herausforderung durch die Perser. Die Vision einer sozialen, auf Solidarität basierenden Gemeinschaft in Israel entstand als Antwort auf die Bedrohung durch altorientalische Großmächte. Wir finden dabei immer schroffe Abwertungen der Feinde: die Verachtung der Barbaren bei den Griechen, feindselige Phantasien gegen die Heiden in Israel. Dabei hatte es Israel schwerer: Die Griechen setzten sich gegen die Perser durch. Sie gehörten eine Zeit lang zu den Gewinnern der Geschichte. Israel gehörte äußerlich zu den Verlierern – und hat dennoch sein Ethos der Barmherzigkeit weiter entwickelt. In beiden Fällen entfalteten sich die neuen Ideen mit einer Eigendynamik, die über ihre Entstehungssituation hinausweist: Wenn einmal der Gedanke der Freiheit formuliert und ansatzweise praktiziert wird, wenn der Gedanke der sozialen Barmherzigkeit ausgesprochen ist und Anklang findet – dann kann er auf Dauer nicht auf eine Gruppe beschränkt werden. Wir finden in griechischen wie israelitischen Traditionen eine Entwicklung hin zur Universalisierung von Freiheit und Barmherzigkeit. In Griechenland setzte sich der Gedanke durch: Nicht nur Griechen, auch Barbaren sind zur Freiheit bestimmte Menschen. Und ebenso verlief die Entwicklung in Israel: Nicht nur Israeliten, alle Menschen sind Nächste. Nicht nur Israeliten, allen Menschen gilt die Forderung der Barmherzigkeit. Diese Entwicklung ist schon im Bundesbuch in Anfängen da: Der Fremde und der Feind werden einbezogen in das Netz prosozialer Normen.

Die Kommission stellt abschließend auch Sozi-el die Frage, ob er für eine Streichung des Vertreibungsgedankens im Bundesbuch plädiere. Sozi-el zögert. Man würde eine wichtige historische Quelle für den Hintergrund des sozialen Fremdengebots verschwinden lassen. Deshalb habe er Bedenken. Vielleicht solle man eine Fußnote in der Bibel machen. Aber er wolle sich am liebsten darauf beschränken, diese Vertreibungsphantasien zu verstehen, historisch zu erklären, ohne eine vergangene Zeit moralisch zu verurteilen. Er selbst lehne natürlich solche Vertreibungsgedanken dezidiert ab. Daran möchte er keinen Zweifel lassen.

Die Kommission berät kurz, wie sie weiter verfahren soll. Das Problem ist für sie: Wie kann sie verhindern, daß irgendein schlichter Bibelleser mit den Vertreibungsphantasien des Bundesbuches seinen Fremdenhaß begründet? Kaum ein Bibelleser hat das Wissen von Hammurabi-el und Sozi-el. Kann man auch ohne ihr Wissen, indem man einfach den Wortlaut der Bibel ernst nimmt, zu einer klaren Absage an alle Formen von Fremdenhaß kommen – oder muß man an einigen Texten der Bibel deutlich Sachkritik üben? Diese Frage soll der letzte Gutachter, der Engel Exegeti-el, beantworten.

Der kommt gleich zur Sache. Er sagt: Der Schluß des Bundesbuches mit seiner Vertreibungsverheißung ist tatsächlich problematisch. Aber auch wörtlich genommen kann man daraus keine Aufforderung ablesen, Fremde zu vertreiben. Es handelt sich nämlich um kein Gebot an Menschen, sondern um eine Verheißung Gottes. Er kündigt an, daß er bei der Landnahme in wunderbarer Weise das Land für die Israeliten frei machen werde. Dabei werden die sechs Völker genau aufgezählt, die von der Vertreibung betroffen sind: Amoriter, Hethiter, Pheresiter, Kanaaniter, Hewiter und Jebusiter. In diese Liste weitere Völker aufzunehmen, ist nicht erlaubt. Denn die Verheißung bezieht sich eindeutig nur auf die Landnahme – also auf den einmaligen Prozeß der Einwanderung Israels in das Gelobte Land.

Das soziale Fremdengebot aber ist im Unterschied zu dieser Vertreibungsankündigung ein Gebot für alle Zeiten. Es ist nicht auf eine einmalige Situation beschränkt. Wenn man den Text wörtlich nimmt, so muß man ihn so verstehen: Wenn Israel im Land angekommen ist, so gilt fortan für immer das Gebot, Fremde im Land zu tolerieren und fair zu behandeln.

Dennoch bleibt ein großes Problem. Derselbe Gott, der Menschen das Gebot gibt, Fremde zu tolerieren, kündigt gleichzeitig an, daß er selbst fremde Völker in seinem Lande nicht tolerieren will. Es könnte schnell jemand hingehen und aus dieser Ankündigung von Gottes Handeln ein Modell für menschliches Handeln machen. Und deshalb müsse man sich klarmachen:

Wie schnell überliest man in diesem Text die einschränkenden Bestimmungen! Die Vertreibung soll friedlich vor sich gehen – auch wenn man sich fragt, ob psychologische Kriegführung durch Panik und biologische

Kriegführung mit Hornissen nicht genauso schlimm sind wie direkte Gewaltanwendung. Aber wichtiger noch ist: Die Vertreibung wird mit der Gefahr begründet, daß Israel durch Kontakte mit den Fremden von Gott abfallen könne, daß es die Alleinverehrung seines Gottes verraten könne. Es wäre also unsinnig, unter Berufung auf solche Vertreibungsphantasien Monotheisten aus dem Land zu jagen. Weder hatten christliche Kreuzfahrer im Mittelalter noch haben nationalistische Israelis heute ein Recht, sich von solchen Texten inspirieren zu lassen, um Araber aus dem Land zu vertreiben. Moslems sind Monotheisten. Sie verleiten niemanden zum Abfall von dem einen und einzigen Gott. In der Alten Welt war dagegen Israel das einzige monotheistische Volk. Es wich mit seinem Glauben an den einen Gott von allen anderen ab.

Dennoch empfindet Exegeti-el solche Überlegungen als makaber. Denn sie könnten suggerieren, ethnische Säuberungen seien nicht an sich verwerflich, sondern nur unter bestimmten Bedingungen: Wenn Gott sie selbst vollzieht, wenn sie mit einem Minimum von Gewalt geschehen usw. Daher stellt er nachdrücklich fest: Wir können nicht einerseits für Menschen ein ethisches Gebot formulieren, gegenüber Fremden tolerant zu sein – und andererseits religiöse Intoleranz widerspruchslos hinnehmen, z.B. ein Gottesbild bewahren, das fremdenfeindliche Züge hat. Genau diese Spannung begegnet im Bundesbuch: eine Spannung zwischen der ethischen Pflicht, Fremde gut zu behandeln, und fremdenfeindlichen religiösen Verheißungen. Alle Versuche, diesen Widerspruch wegzuinterpretieren, sind vergeblich. Dieser Widerspruch weist in die Zukunft. In späteren Texten des Alten Testaments wird er gelöst. Dort werden die Vertreibungsphantasien durch das Gegenteil ersetzt: Die fremden Völker werden einst nicht aus Palästina vertrieben, sondern sie werden zum Zion in Palästina strömen, weil sie dort ein humanes und menschenfreundliches Recht finden. Gott entwickelt sich schon im Alten Testament zu einem Gott aller Menschen. Dieser Entwicklungslinie müssen wir bei der Auslegung der Bibel folgen. Von ihr her müssen einige Texte kritisiert werden. Nur so nehmen wir die ganze Bibel ernst.

Das entscheidende sachliche Problem ist: Wie können wir den Glauben an den einen und einzigen Gott so verstehen, daß die Nähe zu Menschen mit einem anderen Glauben nicht als Bedrohung erlebt wird – als etwas, das uns in unseren eigenen Überzeugungen irritiert oder uns ihnen entfremdet! Geht das, ohne daß wir heimlich fremde Gottheiten (fremde Werte und Überzeugungen) anerkennen? Ist Toleranz möglich, ohne das erste Gebot zu verletzen – das Gebot »Du sollst keine anderen Götter neben mir haben!«?

Exegeti-el kommt jetzt zu seinem wichtigsten Gedanken: Vor dem Bundesbuch stehen die 10 Gebote. An ihrer Spitze das erste Gebot. Dies wurde am Sinai so formuliert, daß es Grundlage der Toleranz sein kann. Man muß nur genau hinhören. Man muß alles, was da steht, berücksichtigen. Ich traue meinen Ohren nicht, als er tatsächlich Luthers Kleinen Katechismus kritisiert. Da sei nämlich das 1. Gebot arg verkürzt. Es lautet in ihm: »Ich bin der Herr, dein Gott. Du sollst nicht andere Götter haben neben mir.« Hier sei nur die Ablehnung der anderen Götter betont. Wer andere Götter ablehnt, stehe immer in Gefahr, auch die Menschen abzulehnen, denen diese Götter etwas wert sind. Aber mit dem ersten Gebot seien zwei weitere Gedanken verbunden, die diese Gefahr zunichte machen. Und gerade diese beiden Gedanken fehlen in Luthers Kleinem Katechismus.

Erstens die Aussage: »Ich bin der Herr, dein Gott, der ich dich aus Ägypten, aus dem Sklavenhaus, geführt habe«. Der eine und einzige Gott will nur als Gott der Befreiung verehrt werden. Alle anderen Verehrungen lehnt er ab. Alle anderen Götter lehnt er ab, weil sie nicht befreien. Der Glaube an den einen und einzigen Gott läßt sich ja leicht mißbrauchen. Man kann z.B. sagen: Gott hat alles geschaffen, alles bewirkt. Also mußt du alles akzeptieren. Es ist ja Gottes Willen. Aber dieser Gott will nur als ein Gott verehrt werden, der aus Sklaverei befreit. Er will nicht, daß man alles akzeptiert. Er ist nicht mit Sklaverei einverstanden. Er ist nicht damit einverstanden, daß man Menschen in der Fremde so behandelt wie Israel in Ägypten. Nur als eine befreiende Macht verlangt er exklusive Verehrung. Jeder Gott, der nicht in die Freiheit führt, ist ein Götze – auch dann, wenn es der biblische Gott ist. Jeder Gott, der dazu benutzt wird, um Fremde zu drangsalieren, ist ein Götze. Es ist deshalb höchst bedenklich, daß viele das erste Gebot ohne den Satz lernen: »Ich bin der Herr, dein Gott, der ich dich aus dem Sklavenhaus, aus Ägypten, geführt habe.«

Genauso schlimm ist, daß viele das eng mit dem 1. Gebot verbundene Bilderverbot nicht kennen. Es fehlt in Luthers Katechismus. Es lautet: »Du sollst dir kein Bildnis noch irgendein Gleichnis machen weder von dem, was oben im Himmel, noch von dem, was unten auf Erden, noch von dem, was im Wasser unter der Erde ist. Bete sie nicht an und diene ihnen nicht.« Hier wird klar, worin Götzendienst besteht. Hier wird klar, was mit dem Gebot »Du sollst keinen anderen Göttern dienen« verworfen wird: Es ist eine Verehrung des Bildes, das wir uns von Gott machen. Wir können zwar von Gott nur in Bildern und Gleichnissen denken. Aber eben deshalb steht all unsere Rede von Gott unter einem Vorbehalt: Gott ist anders. Gott ist weit mehr, als unsere Bilder von ihm. Gott ist auch weit mehr, als die Bilder, die christliche Theologie von ihm entwirft. Gott ist weit mehr als die Bilder, die Juden, Christen, Moslems, Hindus und Buddhisten von ihm entwerfen. Er ist mit keinem unserer Gottesbilder identisch. Aber deshalb sind nicht alle Bilder von ihm gleich gültig oder in gleicher Weise überzeugend. Einige Bilder ›irren‹ sich viel überzeugender an ihn heran als andere. Wer das Bilderverbot ganz ernst nimmt, hält deswegen nicht alle Gottesbilder und Religionen für gleichwertig. Aber er rechnet grundsätzlich damit, daß auch andere Religionen sich an die Wahrheit in überzeugender Weise herangeirrt haben. Er rechnet damit, daß er von ihnen lernen kann.

Erst wenn wir wirklich überzeugt sind, daß in den Überzeugungen der Fremden uns ein Stück Wahrheit begegnen kann – auch ein Stück der Wahrheit über Gott –, erst dann entfällt der sachliche Grund zu Vertreibungsphantasien. Es reicht nicht, Fremdenfreundlichkeit mit moralischen Geboten anzumahnen. Wir müssen alle unsere religiösen Überzeugungen – auch unser Gottesverständnis – daraufhin überprüfen: Führt es zu Vertreibungsphantasien, Abgrenzungsstrategien – oder zur Nächstenliebe, die auch den Fremden einschließt.

Exegeti-el hat seine Rede beendet. Die Kommission ist beeindruckt. Es wird nun diskutiert. Insgesamt liegen am Ende vier Anträge vor.

Der erste Antrag war der von Schäubli-el und Klosi-el. Er hat im Himmel keine Chancen. Daher wird er von den Antragstellern kleinlaut zurückgezogen. Sie erklären, was sie zum Rückzug bewegt habe. Sie hätten die Menschen unterschätzt. In den Pausen der Kommissionssitzung hätten sie einen Blick auf die Erde getan. Und da hätten sie in vielen Städten Lichterketten gesehen als Demonstration für Fremde im Land. Eine besonders große in München. Sie müßten beschämt eingestehen: Die Schäbigkeit der Menschen sei nicht so groß, wie sie gedacht hätten. Auch wenn es nicht ohne Risiko ist, so darf man den Menschen doch das einfache Gebot zutrauen: »Du sollst den Fremden nicht bedrücken in deinem Land!« Ohne Zusatz – ohne Wenn und Aber. Ohne Verfassungsänderung im Bundesbuch.

Dann kommt der zweite Antrag: ein Antrag auf Ergänzung der zehn Gebote in Luthers Kleinem Katechismus. Die Kinder sollen nicht nur lernen, daß man andere Götter nicht verehren soll. Sie sollen auch lernen, warum man sie nicht verehren soll. Warum jeder religiöse Glaube immer dann zum Götzendienst wird, wenn er nicht in die Freiheit führt und wenn er nicht zwischen Bildern von Gott und Gott selbst unterscheidet. Außerdem würden auf diese Weise Lutheraner und Reformierte etwas näher aufeinander zurücken. Denn im Heidelberger Katechismus stünden die zehn Gebote schon immer ungekürzt. Zu meiner Verblüffung wird dieser Antrag einstimmig angenommen. Ich hatte immer geglaubt, die Lutheraner hätten im Himmel eine sichere Mehrheit.

Schließlich formuliert jemand als dritten Antrag auch meinen Vorschlag, die Vertreibungstexte ersatzlos aus der Bibel zu streichen, und eine Kommission zu beauftragen, nach weiteren Streichnotwendigkeiten zu forschen. Wieder werde ich überrascht. Der Antrag wird abgelehnt. Interessant ist die Begründung:

1. Es soll in der Bibel jedem klarwerden, daß die Gebote nicht an Engel, sondern an real existierende Menschen adressiert sind – an Menschen, die Angst vor Feinden und Fremden haben, an Menschen, die schäbige Vertreibungsphantasien haben. Wenn die sogar in der Heiligen Schrift begegnen, fällt es vielleicht manchen Menschen leichter, sie sich einzugestehen. Wenn man sie sich eingesteht, kann man sie leichter bearbeiten.

2. Das Christentum ist keine Religion des Buchstabens, sondern des Geistes. Die ersten Christen haben zwar ihre Bibel, das Alte Testament, geliebt. Aber sie haben von vornherein nicht alles als gültig anerkannt, was in ihr stand. Sie haben sie kritisch beurteilt. Sie haben manche Gebote abgelehnt. Sie unterschieden zwischen tötendem Buchstaben und lebendigmachendem Geist. Vertreibungsphantasien töten, die Achtung vor dem Fremden aber schafft Leben.

3. Die Gefahr eines Mißbrauchs kann bei den besten Texten nicht ausgeschlossen werden. Aber Gott gab den Menschen nicht nur die Bibel, sondern auch Verstand, sie kritisch zu lesen. Die Gesamttendenz der Bibel ist eindeutig: Jeder Mensch ist Gottes Ebenbild. Gott macht keinen Unterschied zwischen Einheimischen und Fremden, Hochstehenden und Niedrigen, Gebildeten und Ungebildeten. Er ist ein Gott aller Menschen. Im Lichte dieser Überzeugung gelesen, können einzelne Bibeltexte eindeutig kritisiert werden. Auch die Vertreibungstexte.

4. Die Sehnsucht nach einem ethisch gereinigten Bibeltext ist zwar verständlich. Wer möchte nicht in Traditionen leben, auf die man ungebrochen stolz ist. Auf die Bibel kann man stolz sein. Aber sie enthält Texte, die man kritisieren muß. Es wäre nicht gut, wenn einem Bibelleser suggeriert würde, alles in der Bibel sei moralisch gut. Alles müsse oder dürfe er praktizieren. Er könne alles übernehmen. Das schläfert das eigene Gewissen ein – die eigene Verantwortung dafür, wozu wir persönlich ja sagen und wozu nicht.

Kurz, es sprächen alle Argumente dafür, den Text so zu lassen, wie wir ihn jetzt lesen.

Ein vierter Antrag wird weder abgelehnt noch angenommen. Er wird zurückgestellt. Er sei nur der Vollständigkeit halber erwähnt. Er zielt darauf, die Bibel so zu lassen wie sie ist (mit ein paar Anmerkungen bei Stellen, die problematisch sind). Wichtiger noch sei ein kleiner Anhang: Eine Auswahl von Texten anderer Religionen, zu denen Christen ja sagen können. Die kleine Textsammlung solle dokumentieren, daß der Glaube an den Gott der Bibel die Achtung vor fremden Religionen erfordere. Wie gesagt, wurde dieses Projekt zurückgestellt. Die himmlische Kommission war sich einig: Das ist ein Projekt für das nächste Jahrtausend.

Die Bibelarbeit wurde am 10.6.1993 auf dem Deutschen Evangelischen Kirchentag in München gehalten. Der sogenannte »Asylkompromiß« zur Neuformulierung des Artikels 16 des Grundgesetzes war erst kurz vorher, am 26.5.1993 beschlossen worden. Der Wortlaut des Artikels 16 »Politisch Verfolgte genießen Asylrecht« wurde zwar erhalten. Durch eine Fülle von Zusatzbestimmungen aber wurde das Asylrecht de facto ausgehöhlt. Hauptverantwortlich für die Vorbereitung dieser Grundgesetzänderung waren die Fraktionsvorsitzenden W. Schäuble (CDU) und U. Klose (SPD). Die Bevölkerung wurde von ihnen tatsächlich unterschätzt: Von den Lichterketten in den Städten, mit denen damals viele Tausende von Menschen – in München allein ca. 300000 – gegen Brandanschläge auf Wohnheime von Asylbewerbern protestierten, wurden sie überrascht.

M. Panic war vom 14.7.92 bis 29.12.92 Ministerpräsident von Restjugoslawien. Vor allem Serben, aber auch ihre Gegner, Kroaten und die muslimischen Bosnier, versuchten in einem grausamen Bürgerkrieg damals, durch sogenannte »ethnische Säuberungen« territorial zusammenhängende und ethnisch homogene Staaten zu schaffen.- Die historischen und theologischen Ausführungen zum Bundesbuch und zu den Sinaiperikopen basieren weitgehend auf F. Crüsemann: Die Tora. Theologie und Sozialgeschichte des alttestamentlichen Gesetzes, München 1992.

Das Wirken des heiligen Geistes im Judentum
Die Pfingstgeschichte des Alten Testaments

(4 Mose 11,1-35)

*Das Volk aber murrte vor den Ohren des Herrn über Not. Als der Herr dies hörte, ent-
brannte sein Zorn, und das Feuer des Herrn loderte auf wider sie und verzehrte das Ende
des Lagers. Da schrie das Volk zu Mose, und Mose betete zum Herrn; da erlosch das Feuer.
Daher nannte man jenen Ort Thabera [d.i. Brandstätte], weil das Feuer des Herrn wider
sie aufgelodert war.*

*Das hergelaufene Volk aber, das unter ihnen war, befiel ein Gelüste. Da fingen auch die
Israeliten wieder an zu wehklagen und sprachen: Hätten wir doch Fleisch zu essen! Wir
gedenken der Fische, die wir in Ägypten umsonst aßen, der Gurken, der Melonen, des
Lauchs, der Zwiebeln und des Knoblauchs. Und nun verschmachten wir; es ist nichts da,
nichts als das Manna bekommen wir zu sehen. Das Manna aber war wie Koriandersamen
und sah aus wie Bdellionharz. Die Leute gingen umher und lasen es auf, dann mahlten sie
es in der Mühle oder zerstießen es im Mörser, kochten es im Topf und machten Fladen
daraus; es hatte dann einen Geschmack wie Ölkuchen. Und wenn des Nachts der Tau auf
das Lager fiel, so fiel auch das Manna darauf herab.*

*Als nun Mose das Volk, ein Geschlecht wie das andre, einen jeden am Eingang seines
Zeltes, wehklagen hörte, da entbrannte der Zorn des Herrn gewaltig, und es verdroß Mose.
Und Mose sprach zum Herrn: Warum tust du so übel an deinem Knechte, und warum finde
ich nicht Gnade vor deinen Augen, daß du mir die Last dieses ganzen Volkes auflegst?
Habe denn ich dieses ganze Volk empfangen, oder habe ich es geboren, daß du zu mir
sagst: Trage es an deinem Busen, wie die Wärterin den Säugling trägt, in das Land, das du
seinen Vätern zugeschworen hast? Woher nehme ich Fleisch für dieses ganze Volk? Denn
sie wehklagen vor mir und sprechen: Gib uns Fleisch zu essen! Ich vermag dieses ganze
Volk nicht allein zu tragen; es ist mir zu schwer. Willst du so an mir handeln, so töte mich
lieber, wenn ich anders Gnade vor deinen Augen gefunden habe, damit ich mein Elend
nicht mehr ansehen muß. Da sprach der Herr zu Mose: Versammle mir aus den Ältesten
Israels, von denen du weißt, daß sie die Ältesten und Amtleute des Volkes sind, siebzig
Männer und bringe sie zum heiligen Zelte; dort sollen sie sich neben dir aufstellen. Dann
will ich herabkommen und daselbst mit dir reden, und von dem Geiste, der auf dir ruht, will
ich nehmen und auf sie legen, daß sie mit dir die Last des Volkes tragen und du sie nicht
allein zu tragen hast. Zu dem Volke aber sollst du sagen: Weihet euch für morgen, ihr
werdet Fleisch zu essen bekommen; denn ihr habt vor den Ohren des Herrn gejammert:
«Hätten wir doch Fleisch zu essen! In Ägypten ging es uns besser!» Darum wird euch der
Herr nun Fleisch zu essen geben: nicht nur einen Tag sollt ihr davon essen, nicht zwei,
nicht fünf, nicht zehn, nicht zwanzig Tage bloß, sondern einen ganzen Monat lang, bis es*

euch zum Halse heraushängt und euch zum Ekel wird; denn ihr habt den Herrn, der mitten unter euch weilt, verworfen und habt vor ihm gejammert: «Warum sind wir doch aus Ägypten ausgezogen?» Da sprach Mose: 600 000 Mann zu Fuß zählt das Volk, unter dem ich lebe, und du sprichst: «Ich will ihnen Fleisch geben, daß sie einen Monat lang zu essen haben.» Kann man so viel Schafe und Rinder für sie schlachten, daß es für sie genug ist? Oder soll man alle Fische des Meeres fangen, daß es für sie genug ist? Der Herr aber sprach zu Mose: Ist etwa der Arm des Herrn zu kurz? Du wirst bald sehen, ob mein Wort eintrifft oder nicht.

Darnach ging Mose hinaus und verkündete dem Volke die Worte des Herrn. Dann versammelte er siebzig Männer aus den Ältesten des Volkes und stellte sie rings um das [heilige] Zelt auf. Da fuhr der Herr in der Wolke herab und redete mit ihm, und nahm von dem Geiste, der auf ihm ruhte, und legte ihn auf die siebzig Ältesten; und als der Geist über sie kam, gerieten sie in Verzückung, und sie hörten auf damit. Es waren aber zwei Männer im Lager zurückgeblieben; der eine hieß Eldad, der andre Modad. Auch über sie kam der Geist – denn sie waren unter den Aufgeschriebenen, waren aber nicht zum [heiligen] Zelte hinausgegangen –, und sie gerieten im Lager in Verzückung. Da lief ein Bursche hin und meldete Mose: Eldad und Modad sind im Lager in Verzückung. Und Josua, der Sohn Nuns, der schon als Jüngling Moses Diener gewesen war, hob an und sprach: O Herr, Mose, wehre ihnen! Aber Mose sprach zu ihm: Willst du für mich eifern? Wollte Gott, daß alle im Volke des Herrn Propheten wären, daß der Herr seinen Geist auf sie legte! Dann zog sich Mose mit den Ältesten Israels ins Lager zurück.

Es erhob sich aber ein Wind, vom Herrn gesandt, und brachte Wachteln vom Meere herüber und warf sie gegen das Lager hin, sodaß sie eine Tagereise weit in jeder Richtung rings um das Lager her lagen, bei zwei Ellen hoch über dem Boden. Da machten sich die Leute auf und sammelten die Wachteln, jenen ganzen Tag und die ganze Nacht und den ganzen folgenden Tag. Wer auch nur wenig sammelte, der sammelte zehn Homer; und sie breiteten sie [zum Dörren] rings um das Lager her aus. Als sie aber das Fleisch noch unter den Zähnen hatten, noch ehe es verzehrt war, entbrannte der Zorn des Herrn wider das Volk, und der Herr schlug das Volk mit einer schrecklichen Plage. Daher nannte man jenen Ort «die Lustgräber», weil man dort die Leute begrub, die lüstern gewesen waren. Von den Lustgräbern zog das Volk weiter nach Hazeroth und blieb in Hazeroth.

---

4 Mos 11 ist die Pfingstgeschichte des Alten Testaments. Sie erzählt von der Ausgießung des heiligen Geistes in Israel, von seinem Wirken im Judentum. Damit widerspricht sie uralten theologischen Vorurteilen. Denn der Besitz des Geistes galt den ersten Christen als Unterscheidungsmerkmal gegenüber allen anderen Juden. Sie sagten: Johannes der Täufer hat mit Wasser getauft. Wir sind mit Geist getauft, nur wir, niemand sonst. Die Pfingsterzählung wurde daher zur Gründungsgeschichte der christlichen Gemeinde, die ihre Existenz auf das Wirken des Geistes zurückführte.

Gegen diese Kontrastierung von Christentum und Judentum können wir mit Hilfe von 4 Mos 11 Widerspruch einlegen. 4 Mos 11 ist die Gründungsgeschichte der nachexilischen jüdischen Gemeinde, die sich hier ebenfalls auf das Wirken des Geistes zurückführt. Erzählt wird die Entstehung des Synhedriums, des Leitungsgremiums der jüdischen Gemeinde. Es bestand aus 70 Personen, zu denen zusätzlich der Hohepriester als Vorsitzender kam. So wie in unserer Geschichte zu den 70 Ältesten Mose als alle überragende Autorität hinzukommt. Unsere Geschichte will nicht nur erzählen, wie und warum dies Gremium entstand. Sie will begründen, warum man es respektieren soll. Sie will zeigen: Die Autorität dieses Gremiums stammt von Mose, ja von Gott selbst. Gott hat den 70 den Geist des Mose gegeben. Und dessen ›Geist‹ ist der Geist Gottes.

Beide Gründungsgeschichten, die alttestamentliche und die neutestamentliche Pfingstgeschichte, zeigen: Der Geist weht, wo er will. Er ist kein Sonderbesitz der Christen, sondern wirkt auch im Judentum. Und er weht auch im Judentum, wo er will: Auch dort läßt er sich nicht auf ein bestimmtes Gremium einschränken. Auch dort ergreift er Außenseiter. Auch dort überwindet er die Grenzen von Institutionen und Traditionen. Das ist die Pointe.

Ehe wir diese Gründungsgeschichte des Judentums näher betrachten, ein paar Informationen über die Institution, die hier im Zentrum steht: das Synhedrium.

Das Synhedrium entstand nach dem Zusammenbruch des Königtums, nach der Rückkehr aus dem babylonischen Exil. Die zurückgekehrten Juden mußten sich eine neue Verfassung geben. Es mag Träume gegeben haben, das Königtum zu restaurieren. Aber eine andere Verfassung setzte sich durch: eine Aristokratie unter Leitung des Hohenpriesters.

Zwei Fragen seien kurz erörtert: Wer gehörte zum Synhedrium? Und welche Kompetenzen hatte es?

Schon kurz nach dem Exil begegnen in den Quellen »Priester« und »Älteste« als Leitungsgruppen der jüdischen Gemeinschaft (z.B. Neh 2,16). Entscheidend aber wurde der Aufstieg einer dritten Gruppe, der Schriftgelehrten. Ihr Aufstieg hängt eng mit einem besonderen Merkmal der nachexilischen Religion zusammen: Das Judentum gründete sich damals neu auf der Grundlage der Schrift. Die fünf Bücher Mose wurden zusammengestellt. Sie enthielten die Thora – die Offenbarung Gottes. Die Schrift wurde zur höchsten Autorität. Davon profitierten alle, die sich in der Schrift auskannten: die Schriftgelehrten. Die Autorität der Schrift ging auf sie über. So trat zu den beiden älteren aristokratischen Gruppen – der Priester- und Laienaristokratie – eine neue »Bildungsaristokratie«. Spätestens im 2. und 1. Jhdt.v.Chr. wurde sie in das Synhedrium aufgenommen. Deswegen begegnen uns im NT drei Gruppen im Synhedrium: Hohepriester, Älteste und Schriftgelehrte. Die jüngste Gruppe überlebte alle anderen. Mit der Tempelzerstörung 70 n.Chr. verloren die Priester ihre Funktion und die Besitzenden ihren Besitz. Die Schriftgelehrten aber besaßen weiterhin ihre Schrift und gründeten das Judentum auf ihrer Basis neu. Sie gaben ihm die Gestalt, die es bis heute hat. Sie verstanden sich als Nachfolger der 70, auf die der Geist des Mose übergegangen war. Daher kann man sagen: 4 Mos 11 ist die Gründungsgeschichte des Judentums.

Unsere zweite Frage war: Welche Kompetenzen hatte das Synhedrium? Es beriet den Hohepriester in religiösen und politischen Fragen, bestimmte den Festkalender, tagte als oberstes Gericht. Es verhängte die Todesstrafe. Zur Zeit Jesu verwalteten jedoch die Römer Palästina und behielten sich das Recht vor, jemanden zum Tode zu verurteilen. Es ist daher ganz unwahrscheinlich, daß Jesus vom Synhedrium zum Tode verurteilt wurde. Es hat wahrscheinlich nur Anklage gegen ihn erhoben. Das Urteil sprach Pilatus. Er ist für die Hinrichtung Jesu verantwortlich.

4 Mos 11 erzählt also von der Gründung einer Institution, die frühestens im 6. Jahrhundert v.Chr. entstand und im 1. Jahrhundert n.Chr. in seiner damaligen Form verschwand. Die Geschichte kann nicht älter sein als die Institution, die sie begründen will, nicht älter als das 6. Jahrhundert v. Chr. Aber sie spielt in der Zeit der Wüstenwanderung – mehr als ein halbes Jahrtausend früher. In diese Anfangs- und Urzeit legte man die Gründung des Synhedriums zurück – nach dem Motto: Je älter, desto besser. Je näher an Mose heran, desto näher an Gott. Je näher an Gott, um so mehr Autorität gegenüber den Menschen. Solche Rückprojektionen in ferne Urzeiten sind typisch für Gründungsgeschichten. Aber abgesehen davon gibt es in ihr eine Reihe untypischer Züge. Es gibt subversive Züge, Autoritätsuntergrabendes statt Autoritätsbegründendes. Ich mache das deutlich, indem ich 4 Mos 11 so abändere, wie eine typische Gründungsgeschichte hätte lauten können. Vorweg sei betont: Falls es je solch eine Version unserer Geschichte gegeben hat, so sollten wir froh sein, daß sie keine Aufnahme in die Bibel gefunden hat – sondern nur in eine Bibelarbeit auf dem Kirchentag.

>>Als Israel durch die Wüste zog, wurde es von Manna ernährt, einer Wunderspeise, die vom Himmel fiel. Aber sie hatte einen Nachteil: Es war immer dieselbe Speise. Immer hatte man denselben süßlichen Geschmack im Mund, immer dasselbe klumpige Gefühl im Magen. Die Israeliten murrten. Sie klagten zu Gott: ›Es ist schon schwer genug, nur einen einzigen Gott zu verehren. Aber immer nur eine einzige Nahrung zu essen – das ist der Tod. Das hält kein Mensch aus. Denk an unsre Kinder! Werden sie sich nicht von Dir als dem einen und einzigen Gott abwenden, wenn sie von Dir immer nur eine einzige Speise erhalten. Denk daran: Liebe geht durch den Magen! Auch die Liebe zu Gott.

Wie sollen wir dich lieben, wenn wir keine Gurken, Zwiebeln, keinen Knoblauch haben – und vor allem kein Fleisch, alles das, was wir in Ägypten hatten!‹

Als Mose das hörte, bekam er anders als sonst nicht einen seiner gefürchteten Anfälle heiligen Zorns, sondern er wurde von tiefem Mitleid ergriffen. Er erkannte hier eine spezielle Notlage, eine Not, die man nur versteht, wenn man ein Mensch ist – und die man dem Himmel daher schonend nahebringen müsse. Er sprach zu Gott: ›Gott, verachte nicht die Klagen des Volkes! Es klingt wie Undank. Eben erst sind wir der Sklaverei in Ägypten entronnen, schon sehnen wir uns alle dahin zurück – nur weil unsere Phantasie und Träume seit ein paar Wochen voll von Gurken, Zwiebeln, Knoblauch und Fleisch sind. Weil wir danach seufzen wie Verdurstende nach Wasser! Du kannst Dir nicht vorstellen, wie wehrlos wir diesen Gemüse- und Fleischphantasien ausgeliefert sind. Wir sind keine reinen Geister wie deine Engel im Himmel. Wir sind Menschen aus Fleisch und Blut, mit Magen, Mund, Zunge, Nase. Wenn das so weitergeht, wird bald das ganze Volk seine Erstgeburt unter den Völkern für ein Linsengericht verkaufen. Sie sind so verrückt, daß sie bald nicht nur goldene Kälber, sondern Gurken, Zwiebeln und Knoblauch verehren. Sie sind süchtig: gurkensüchtig, knoblauchsüchtig, fleischsüchtig. Du weißt doch: Suchtbekämpfung ist schon bei einem einzelnen unendlich schwer. Bei einem ganzen Volk ist sie unmöglich. Deswegen hilf uns, diese Gurken- und Fleischkrise zu überwinden!

Und es gelang Mose, Gott milde zu stimmen. Gott sprach zu Mose: ›In meinen 10 Geboten habe ich ihnen nur den Glauben an einen Gott auferlegt, nicht aber das Essen einer Speise. Sollen sie also ihren Willen haben! Morgen wird das Feld um euer Lager voll Fleisch sein – genug für einen ganzen Monat.‹

Mose kannte seine Leute, und deswegen erschrak er zutiefst. ›O Gott‹, sagte er, ›das ist gut gemeint. Aber es könnte eine Katastrophe geben. Wenn wir diesem fleischsüchtigen Volk auf einmal, ohne alle Vorbereitung so viel Fleisch vorsetzen – so werden sie sich auf das Fleisch stürzen, jeder wird um die größten Fleischstücke mit seinem Nachbarn ins Handgemenge kommen. Es wird Mord und Totschlag geben. Und ich werde dabei stehen und verzweifeln! Denn sie werden in ihrer Fleischsucht nicht auf meine Stimme hören!‹

Da sagte Gott: ›Sammle die 70 Ältesten und Einflußreichsten aus allen Sippen und stelle sie morgen früh vor das Lager. Sie sollen das Fleisch gerecht verteilen.‹

Und so geschah es. Kein Israelit geriet in Streit mit seinem Nächsten, sondern die 70 Ältesten gaben jedem das Seine, jedem nach seinen Bedürfnissen. Und alle waren zufrieden und sagten: ›Von jetzt ab wollen wir die 70 Ältesten als unsere höchste Autorität anerkennen. Sie sollen unsere Probleme lösen. Denn sie sind genauso weise und gerecht wie Mose.‹«

Meine Fassung der biblischen Geschichte hat die Struktur einer typischen Gründungsgeschichte. Da wird ein Problem oder eine Notlage geschildert, dann eine Lösung. Die Institution, deren Autorität man durch die Geschichte begründen will, bringt die Lösung, mit der alle zufrieden sind. Zur Illustration sei noch ein zweites Beispiel angeführt. Die Gründungsgeschichte oder der Gründungsmythos der Bundesrepublik Deutschland lautet in Kurzform so: »Da war eine große Not in der Nachkriegszeit, dann brachte Ludwig Erhard die soziale Marktwirtschaft. Die bewirkte das Wirtschaftswunder. Das führte zu Reichtum und Wohlstand. Und deswegen sollen sich alle zum Teufel scheren, die etwas gegen die Marktwirtschaft haben!« Ich erzähle diesen ›Mythos‹ auch, um deutlich zu machen: Gründungsgeschichten wollen nicht nur erklären. Sie geben Handlungsanweisungen! Sie wollen definieren, was wünschenswert ist und was nicht! Sie legitimieren Lebensformen: die Marktwirtschaft hier, das Synhedrium dort.

Eben deshalb sollten wir aufhorchen, wenn wir in der Gründungsgeschichte der jüdischen Gemeinde ungewöhnliche Züge finden. Zwar begründet sie Autorität – aber sie liefert einen subversiven Zweifel gegen diese Autorität gleich mit. Sie problematisiert Autorität. Das sei nun im einzelnen gezeigt.

In unserer Geschichte werden zwei Notlagen geschildert. Einmal die kollektive Not des Volkes, die Fleisch- und Gurkenkrise, dann die individuelle Not des Mose, seine Führungs- und Verantwortungskrise.

Achten wir zunächst darauf, wie die kollektive Not des Volkes überwunden wird. Der »Geist Gottes« wird dabei zum Sturmwind. »Ruach« heißt im Hebräischen beides: Geist und Wind. Dieser Geist treibt als Sturmwind Wachteln herbei. Er überwindet also die Not. Er ist in der jetzt vorliegenden Geschichte mit dem »Geist des Mose« identisch, der den 70 übertragen wurde. Die 70 sind also bei der Behebung der Not beteiligt. Aber der von ihnen mitbewirkte Segen wird für viele zum Fluch: »Das Fleisch war noch zwischen ihren Zähnen, und bevor es verzehrt war, entflammte der Zorn Gottes gegen das Volk, und Gott schlug das Volk mit einem großen Schlag« (4 Mos 11,33). Man kann das auf realistische Erfahrungen zurückführen. Wenn man halb verhungerten Menschen ohne schrittweise Gewöhnung feste Nahrung gibt, kann es zu katastrophalen Folgen kommen – bis hin zum Tod. Aber natürlich will unsere Geschichte mehr sagen. Sie will sagen: Die Ernennung der 70 mag materiellen Wohlstand zur Folge gehabt haben. Aber die durch diesen Wohlstand stimulierte Gier tötet. Auch auf die 70 fällt dadurch ein Schatten. Ihre Einsetzung hat zweischneidige Folgen. Sie bewirkt Leben und Tod. Man stelle sich vor, zur Gründungsgeschichte einer modernen Demokratie gehöre der Schluß: »... und als die verfassungsgebende Versammlung ihre Arbeit getan hatte, feierte man ein großes Festessen. Infolge ungeklärter Ursachen starb die Hälfte der Teilnehmer ...«. Dieser Schluß wäre eine merkwürdige Empfehlung für eine Verfassung!

Der subversive Zug unserer Gründungsgeschichte wird bei der Überwindung der zweiten Notlage noch deutlicher. Mose verzweifelt an seiner Aufgabe. Er durchleidet die Not jedes Verantwortlichen, der seine

Gruppe durch Extremsituationen hindurchführen soll. In seiner Not spiegelt sich die Verzweiflung kleiner jahwetreuer Kreise in der dürftigen nachexilischen Zeit, in der es gar nicht so aussah, als könne man das eben dem Untergang entronnene Volk dafür gewinnen, sich als Zeuge und Bote des einen und einzigen Gottes zu verstehen. Die Verzweiflung des Mose hat ein zweifaches Gegenüber: das Volk und Gott.

Mose verzweifelt, weil er sich mit der Klage des Volkes identifiziert. Er hat Verständnis für die menschliche Sehnsucht nach gutem Essen.

Mose verzweifelt aber auch, weil er sich mit dem Auftrag Gottes identifiziert. Er soll es in die Freiheit führen, und jetzt sehnt es sich zurück nach Ägypten.

Mose steht zwischen Gott und Volk. Was ihn mit Gott verbindet, isoliert ihn gegenüber dem Volk. Was ihn mit dem Volk verbindet, isoliert ihn gegenüber Gott. Er ist allein. Er ist einsam.

Die Antwort auf seine Verzweiflung ist die Übertragung seiner Verantwortung auf viele, die Übertragung des Geistes von ihm auf die 70. Diese 70 handeln und sprechen von jetzt ab mit derselben Autorität wie Mose. Aber gegen ihre Autorität wird ein dreifacher Vorbehalt formuliert. Und das macht unseren Text zu einer großartigen Erzählung.

Der erste Vorbehalt: Der Geist überkommt die 70. Sie treten als Propheten auf. Merkwürdigerweise heißt es unmittelbar danach: »Und sie setzten es nicht fort« (4 Mos 11,25). Sie hörten auf zu prophezeien. Diese Fortsetzung ist so ungewöhnlich, daß fast alle Übersetzer durch eine kleine Änderung in den hebräischen Text eingreifen. Sie machen aus »lo jasafu« ein »lo jasufu«. Der ursprüngliche Text heißt: »Und sie setzten das Prophezeien nicht fort«, der geänderte Text sagt das Gegenteil »und sie hörten nicht auf damit«. Das letztere würde viel besser in eine autoritätsuntermauernde Gründungsgeschichte passen: Die 70 erhalten den Geist, werden durch ihn zu Propheten – und das für immer. Sie setzen ihr prophetisches Wirken fort. Der ursprüngliche Text aber sagt das Gegenteil: Die 70 haben nur vorübergehend den Geist des Mose. Er wirkt nicht auf Dauer in ihnen. Zwar sagt die Geschichte nicht: ›Wem Gott ein Amt (wie den 70) gibt, dem raubt er den Verstand.‹ Aber sie sagt: Wem Gott ein Amt gibt, dem gibt er seinen Geist so, daß er ihn nicht für alle Ewigkeit gepachtet hat.

Das gilt für alle Institutionen. Sie können nicht auf Dauer vom Geist ihrer Gründer erfüllt sein. Der Geist des Mose erfüllt nicht auf Dauer alle Institutionen des Judentums – sowenig wie der Geist Christi auf Dauer die Institutionen des Christentums erfüllen kann. Und dennoch sind jüdische und christliche Institutionen notwendig. Denn es gibt kein Gesetz, das sagt: Der Geist ihrer Gründer müsse in ihnen für immer verloren gehen. Er bleibt latent in ihnen erhalten. Er kann immer wieder in ihnen lebendig werden.

Der zweite Vorbehalt: Der Geist erfaßt neben den 70 Ältesten und Amtsleuten auch zwei weitere Israeliten, die im Lager geblieben waren: Eldad und Modad. Er weht im Judentum wie im Christentum dort, wo er will – oft genau dort, wo es nicht vorgesehen war, bei Menschen außerhalb der offiziellen Kreise. Auch daraus läßt sich eine prinzipielle Erkenntnis ableiten: Der Geist, auf den sich religiöse Institutionen berufen, wirkt ausserhalb dieser Institutionen oft aktiver als in ihnen. Und eben darauf sind die offiziellen Institutionen angewiesen. Denn genau in dem Augenblick, in dem die 70 aufhören, im Geist des Mose prophetisch zu sprechen, überkommt der Geist zwei Israeliten, die nicht zu den 70 gehören. Und hier wirkt er noch viel intensiver und ausdauernder als unter den 70. Denn von Eldad und Modad wird nicht gesagt, daß sie wieder aufhören, prophetisch zu reden. Im Gegenteil, sie treiben es so ausdauernd und auffällig, daß Josua ihrem Treiben ein Ende setzen will.

Wir können weiter fragen: Warum kommt der Geist gerade über Eldad und Modad? Die Geschichte sagt scheinbar unmotiviert von beiden: »Sie waren bei den Ketubim«. Das läßt sich entweder übersetzen: »Sie waren bei den Aufgeschriebenen«, d.h. sie standen in einer Liste, die sie für den Geist prädestinierte. Von solch einer Liste ist aber vorher nirgendwo die Rede. Die andere (mir mehr einleuchtende) Übersetzung lautet: »Sie waren bei den Schriften«. Erinnern wir uns: In nachexilischer Zeit entwickelte sich neben einer Priester- und Besitzaristokratie eine neue Bildungsaristokratie: ›Schriftgelehrte‹, die ursprünglich nicht zum Synhedrium gehörten, wurden nachträglich in dies Gremium aufgenommen. Diese Schriftgelehrten waren immer »bei den Schriften«, sie studierten sie und legten sie aus. Eldad und Modad sind die ersten Schriftgelehrten. Sie verkörpern zunächst nur eine verschwindende Minorität. Aber bei ihnen ist der Geist auf Dauer. Sie werden angefeindet. Josua, der Nachfolger des Mose, möchte ihrem Treiben ein Ende setzen. Er beruft sich auf Sukzession und Tradition. Die Stellung aller Traditionalisten ist nämlich gefährdet, wenn Menschen wie die Schriftgelehrten kraft ihrer Bildung direkt auf die Grundlagen einer Institution oder einer Religion zurückgreifen können – und sie von ihren Grundlagen her kritisieren können. Ein solcher ›Schriftgelehrter‹ war Paulus, war Luther. Jeder protestantische Theologe träumt davon, Eldad oder Modad zu sein.

Schließlich der *dritte Vorbehalt:* Mose selbst wendet sich gegen Josua, seinen Nachfolger, und sagt: »Ich wünschte, das ganze Volk Gottes würde zu Propheten, weil Gott seinen Geist auf sie gelegt hat« (4 Mos 11,29). Da das ganze Volk ausdrücklich genannt wird, umfassen die Propheten hier Männer und Frauen. So hatte es Joel geweissagt: In der Endzeit werden alle im Volke Propheten, alle Söhne und Töchter Israels (vgl. Joel 3,1ff). Hier wird vom allgemeinen Prophetentum der Gläubigen geträumt, so wie wir Protestanten vom allgemeinen Priestertum träumen. Der prophetische Geist des Mose, der in den 70 wirksam ist und in den beiden Außenseitern Eldad und Modad, zielt eigentlich darauf, das ganze Volk zu erfüllen. Die Trennung zwischen den 70 und dem Volk ist nur eine Notlösung. Sie ist vorläufig, bis einmal alle vom prophetischen Geist erfüllt werden. Die 70 und 72 wirken nur stellvertretend für das ganze Volk, bis die Weissagung des Jeremias in Erfüllung geht:

»Das ist der Bund, den ich nach jenen Tagen mit dem Hause Israels schließen will, spricht der Herr: Ich werde mein Gesetz in ihr Inneres legen und es ihnen ins Herz schreiben; ich werde ihr Gott sein, und sie werden mein Volk sein. Da wird keiner den anderen, keiner seinen Bruder belehren und sprechen ›Erkennet den Herrn!‹, sondern sie werden mich alle erkennen, klein und groß, spricht der Herr, denn ich werde ihre Schuld verzeihen und ihrer Sünden nimmermehr gedenken« (Jer 31,33-34).

Nach dieser Weissagung gibt es nicht mehr die Trennung zwischen denen, die Gottes Willen kennen, und den anderen, die über ihn belehrt werden müssen. Nach dieser Weissagung werden einmal alle unmittelbar Gottes Willen kennen.

Wir hatten zwei Notlagen unterschieden: die kollektive Not des Volkes: die Fleisch- und Gurkenkrise, und die individuelle Not des Mose: die Krise des vereinsamten Verantwortlichen zwischen Volk und Gott.

Jetzt können wir sehen, wie der Erzähler, der die Geschichten beider Krisen ineinander verwoben hat, sich ihren inneren Zusammenhang vielleicht vorgestellt hat. Mose wünscht, daß alle den Geist haben – daß es also nicht mehr das Gegenüber von Propheten und Volk, von Lehrern und Belehrten, von Mose und Israel gibt. Wenn sein Wunsch in Erfüllung gegangen wäre, dann hätte der unverhoffte Fleischberg vor dem Lager keine so katastrophalen Folgen haben können! Wenn prophetische Verantwortung in allen lebendig gewesen wäre, dann hätte sich keiner aus lauter Gier zu Tode gefressen! Wenn alle vom Geist des Mose erfüllt wären, dann wäre die Einsamkeit des Mose endgültig überwunden!

Ich hoffe, es ist deutlich geworden: Die Gründungsgeschichte der nachexilischen jüdischen Gemeinde atmet durch und durch einen antiautoritären
Geist. Die Autorität der 70 wird legitimiert, aber zugleich problematisiert. Mit ihnen sind auch negative Folgen verbunden. Der prophetische
Geist wirkt in ihnen nicht immer. Aber er begegnet immer wieder in kleinen Minoritäten – und er sollte eigentlich im ganzen Volk lebendig sein!

Das Bild vom nachexilischen Judentum, das sich daraus ergibt, widerspricht dem Bild, das ich noch als Student in den 60er Jahren durch
meine Lehrer vermittelt bekam. Da wurde mit der Gründung der nachexilischen Gemeinde das Ende des wahren prophetischen Geistes datiert.
Und noch schlimmer: Die sich neu bildende jüdische Gemeinde wurde
oft als »Knechtschaft unter dem Gesetz« dargestellt: als eine autoritäre
Kultur, in die der durch Jesus erneuerte prophetische Geist wie eine
antiautoritäre Rebellion eingebrochen sei. Heute weiß ich: Dies Bild ist
ein Zerrbild des damaligen Judentums. 4 Mos 11 zeigt: Der antiautoritäre
prophetische Geist blieb in ihm lebendig. Zwischen Mose (d.h. dem Gesetz), den Propheten und den Schriftgelehrten herrscht kein un-
überbrückbarer Gegensatz. In 4 Mos 11 sagt das nachexilische Judentum
vielmehr: Mose selbst war ein Prophet. Er schützt das Prophetentum gegen seine Nachfolger. Man kann das auf ihn zurückgeführte Gesetz, die
Thora, nicht gegen die Propheten ausspielen. Und man kann daher auch
die neue christliche Erfahrung des prophetischen Geistes nicht gegen das
Judentum ausspielen. Damit kommen wir zu unserem Ausgangspunkt
zurück, zum Vergleich der Pfingstgeschichte als Gründungserzählung der
christlichen Gemeinde mit 4 Mos 11 als Gründungsgeschichte der jüdischen Gemeinde.

Voraussetzung eines solchen Vergleichs ist, daß wir das Alte Testament
(ich benutze diesen Begriff »Altes Testament« nach wie vor; in einer Gesellschaft mit so vielen »Alten« sollte das Adjektiv »alt« nichts Diskrimi-
nierendes haben!) – Voraussetzung also ist, daß wir das Alte Testament
nicht nur als eine Schrift der Christen lesen, sondern zugleich als ein Buch
der Juden. Lange genug hat man es naiv nur als Vordeutung auf das Neue
Testament verstanden. In diesem Sinne könnte man 4 Mos 11 als Vorausdarstellung des Pfingstgeschehens deuten. Aber historisch-kritische
Forschung hat uns gelehrt, den Texten des Alten Testaments ein Eigengewicht zu geben – unabhängig von ihrer Beziehung zum Neuen Testament.
Und die Achtung vor dem Judentum sowie die Abkehr von seiner jahrhun-
dertelangen Verachtung und Verfolgung durch Christen hat uns gelehrt,
diese Schriften gerade auch als Zeugnisse einer anderen Religion wertzu-
schätzen und zu lesen. Wir gewinnen dabei sehr viel: Jedes Mal, wenn

wir uns auf das Alte Testament beziehen und darauf verzichten, es sofort als christliche Schrift zu vereinnahmen, treten wir in einen Dialog mit dem Judentum. Der Dialog mit dieser anderen Religion ist in den Grundlagen des Christentums angelegt, er ist in der zweigliedrigen Bibel selbst vorgegeben. Er ergibt sich mit sachlicher Notwendigkeit, wenn wir überhaupt ein an der Bibel orientiertes Christentum wollen.

Daher wäre es nicht gut, 4 Mos 11 nur als Vorausdarstellung der Pfingstgeschichte zu lesen – als noch unvollkommene Ahnung vom Wirken des heiligen Geistes. Zweifellos gibt es Übereinstimmungen und Analogien. Übereinstimmend ist, daß Gottes Wirken hier wie dort als Feuer und als Sturmwind erscheint. Übereinstimmend ist, daß sein Geist Menschen über alle soziale Grenzen hinweg ergreift. Übereinstimmend ist, daß sein Wirken materielle Konsequenzen hat: dort die Stillung des Hungers nach Fleisch, hier die Gütergemeinschaft der ersten Christen.

Aber 4 Mos 11 hat ein Eigengewicht. Diese Geschichte ist kritischer und realistischer als die Pfingsterzählung. Sie begründet Autoritäten und Institutionen, aber liefert die notwendigen Vorbehalte ihnen gegenüber gleich mit. Sie stellt die Ambivalenz religiöser Institutionen dar, auch ihre Ohnmacht angesichts vitaler Antriebe. Von Fleisch- und Gurkenphantasien besessene Menschen sind zu Höherem nicht fähig. Sie gibt uns ein realistisches Bild von geistlicher Verantwortung, von der Verzweiflung derer, die von Gott her den Auftrag haben, durch die Wüste des Lebens in die Freiheit Gottes zu führen – und die an den trivialen Wünschen der durchschnittlichen Menschen scheitern, die ganz anderes im Sinne haben. Gerade wegen dieses Realismus enthält die Geschichte einen Trost: Gottes Geist wirkt hier nicht unter erträumten Menschen, sondern unter real existierenden Menschen – unter Menschen, die von Gier nach materiellen Gütern verzehrt werden, unter Menschen, die unter der ihnen aufgebürdeten Verantwortung zusammenzubrechen drohen. Er wirkt auch in den offiziellen Institutionen – aber meldet sich zugleich in kritischen Minoritäten zu Wort.

Lassen Sie mich diese Botschaft unseres Textes in eine phantastische Vorstellung kleiden! Ich stelle mir vor, Eldad und Modad sitzen im Himmel und studieren die innere Verfassung des gegenwärtigen Protestantismus.

Eldad sagt zu Modad: Ein merkwürdiger Haufen, diese Protestanten! Wo zwei oder drei von ihnen zusammen sind, bilden sie eine kritische Minorität. Eine Majorität gibt es nicht, nur Minoritäten. Jeder lebt im Bewußtsein dessen, von dem abzuweichen, was die Majorität tut. Alle sind sie Propheten: Menschenrechtspropheten, Friedenspropheten, Ökopropheten, Israelpropheten, Befreiungspropheten, Dritte-Welt-Propheten, Müslipropheten. Vor allem die Prophetinnen sind zur Zeit im Kommen.

Modad: Bei denen muß es doch auch ein Synhedrium geben, das fürs Ganze zuständig ist.

Eldad: Sie nennen ihre Synhedrien »Oberkirchenräte«. Die sind fürs Ganze zuständig. Sonst fühlt sich keiner dafür verantwortlich. Daher erleben sich diese Oberkirchenräte als besonders isolierte Minorität, die nur mit Mühe den meisten klarmachen kann, worum es ihr geht. Allerdings tritt diese Minorität nur mit gedämpfter protestantischer Prophetengebärde auf.

Modad: Aber manchmal kommen diese Protestanten doch als Majorität zusammen – in protestantischen Massendemonstrationen!

Eldad: Du meinst die Kirchentage. Da kommen über 100.000 Protestanten zusammen und zugleich 100.000 Minoritäten. Sie alle verbindet ein herrliches Gefühl: das kollektive Minoritätsgefühl. Das tut ihnen gut.

Modad: Das sollten wir ihnen gönnen. Alle zusammen bilden nur eine kleine Gruppe in ihrer Gesellschaft, mit Meinungen, die immer mehr von den Meinungen der Gesamtgesellschaft abweichen. Mit Problemen, die immer mehr von den Problemen der meisten verschieden sind. In ihrer Gesellschaft ersticken viele an ihren Fleischbergen, viele kommen infolge zu hohen Cholesterinspiegels um, weil sie ihre Fleischlust nicht zähmen können. Und dann kommen diese protestantischen Müsli- und Körnerpropheten und predigen nicht nur Müsli und Körner, sondern noch schlimmer: sie predigen vom Himmel kommende Speise. Sie predigen, daß der Mensch nicht allein vom Brote lebt, sondern vom Wort Gottes. Und was sagen die Zeitgenossen: Das kennen wir schon. Das haben wir jahrelang schon genossen. Das ist so langweilig. Immer dasselbe. Gott und Liebe, Liebe und Gott, Schöpfung und Leben, Leben und Schöpfung! Ich möchte kein Prophet in dieser Gesellschaft sein. Da stirbt man innerlich und geistig aus, weil die meisten nicht interessiert, was man sagt! Oder es für überholten Unsinn halten!

Eldad: Die sollen mal nicht so klagen. Sollen sie doch froh sein über das allgemeine Prophetentum unter ihnen! Nur eins müssen sie noch lernen: Demokratisierung des Mose-Geistes bedeutet auch: Demokratisierung der Verzweiflung des Mose. Allgemeines Prophetentum bedeutet auch, daß die Depression der Propheten allgemein wird – die Verzweiflung darüber, zwischen Gott und dem Volk isoliert zu sein.

Modad: Trotzdem, dies protestantische Schwanken zwischen prophetischem Pathos und Depressivität macht mir Sorge. In Israel waren nur wenige Menschen Propheten – die quälten sich stellvertretend für das

Volk mit den Problemen Gottes. Aber das ersparte den anderen oft die Qual.

Eldad: Kannten wirklich nur die Propheten diese Qual? Wurde nicht ganz Israel zum Propheten? Sollten diese Protestanten nicht etwas von uns Juden lernen? Wir Juden haben das Zeugnis des einen und einzigen Gottes vertreten, obwohl wir uns damit in eine radikale Minoritätsrolle gebracht haben. Wir haben das durchgehalten, viele Jahrhunderte. Wir haben das auch durchgehalten, als unsere eigenen Kinder, diese Christen, meinten, uns überholen zu müssen. Als sie mit Stolz und Verachtung auf uns herabgeschaut haben, weil wir unseren angeblich überholten Vorstellungen treu geblieben sind. Sie haben uns deswegen diskriminiert, verfolgt und getötet. Aber trotzdem haben wir als kleine Minorität unsere Wahrheit an die Welt ausgerichtet. Die Protestanten aber sind in einer ungleich komfortableren Situation. Sie können sich mit uns überhaupt nicht vergleichen. Sie haben es leichter, als wir es jahrhundertelang gehabt haben. Sie werden lernen: Wer vom prophetischen Geist ergriffen wird, der wird zur Minorität – und es ist eine großartige Aufgabe, seinem Auftrag auch als Minorität treu zu bleiben. So wie Mose seinem Auftrag treu blieb, obwohl er beim Zug durch die Wüste oft verzweifelte.

Zurück vom Himmel auf die Erde, wo wir vielleicht jetzt ein Fazit aus der Geschichte von Eldad und Modad ziehen können: Der prophetische Geist weht gewiß nicht nur im Christentum. Er wirkt auch im Judentum. Er wirkt dort oft überzeugender als bei uns. Wenn wir das anerkennen, können wir – trotz all dessen was geschehen ist – in einen neuen Dialog mit dem Judentum eintreten. Es wird von uns nur eins als Voraussetzung abverlangt: die Bereitschaft, vom Judentum zu lernen. Und die Bereitschaft, in seinen Traditionen und Institutionen mit dem Wirken des Geistes zu rechnen.

In unserer Geschichte wird das Synhedrium auf diesen Geist zurückgeführt. Es könnte nun jemand sagen: Hat dies Synhedrium nicht später Jesus an die Römer ausgeliefert? Stört das nicht alle Versuche, mit Hilfe der Erfahrung des Geistes Brücken zwischen Juden und Christen zu schlagen? Nein, im Gegenteil! In der Gründungsgeschichte des Synhedriums wird diese Institution von vornherein kritisch gesehen. Der Geist des Mose ist nicht immer bei den 70 Mitgliedern des Synhedriums. Er kann auch außerhalb dieses Kreises Menschen ergreifen, Menschen, die Josua und andere Nachfolger des Mose am liebsten mit Macht unterdrücken wollen – gegen den Willen des Mose. Damals hießen sie Eldad und Modad. Später hießen sie Jesus und Paulus. Alle vier sind Juden. Das Judentum hat in den Gründungsbericht für sein Leitungsorgan von vornherein den Gedanken aufgenommen, daß dies Gremium nicht unfehlbar ist. Es wäre gut gewesen, hätten auch christliche Autoritäten und Institutionen immer gewußt, daß sie nicht unfehlbar sind.

Diese Bibelarbeit wurde am 7.6.1991 auf dem Deutschen Evangelischen Kirchentag im Ruhrgebiet in Bochum und am 13.10.1991 in Versailles gehalten. Sie erschien auf Französisch unter dem Titel: La »pentecôte« de l'Ancien Testament ou la relation entre judaïsme et christianisme. Une méditation sur Nombres 11, Foi et Vie 91 (1992) 73-87.

Verführung zum Leben
Eine Frauengeschichte aus männlicher Sicht

(Das Buch Ruth*)

Warum gefällt uns die Geschichte von Ruth und Naemi so gut? Eine Antwort könnte sein: Diese Geschichte unterwandert auf sanftmütige Weise Vorurteile – Vorurteile zwischen Völkern, zwischen Arm und Reich, zwischen Mann und Frau. Wir finden solche Vorurteile auch in unseren religiösen Traditionen. Wir können leider nicht sagen, es handle sich nur um absurde Mißverständnisse. Immer wieder stoßen wir auch in der Bibel auf sie. Drei Beispiele:

Zunächst ein Vorurteil gegen andere Völker, gegen Fremde. In der Bibel lesen wir: »Kein Ammoniter und Moabiter darf in die Gemeinde des Herrn eintreten« (5 Mos 23,3). Mit anderen Worten: Ausländer sind nicht erwünscht. Ausländer werden ausgeschlossen. Das Buch Ruth aber erzählt von einer Ausländerin, die in die Gemeinde des Herrn aufgenommen wurde. Sie erzählt von einer Moabiterin, die sich zum jüdischen Glauben bekehrt.

Das zweite Beispiel ist das Vorurteil, das Armut auf menschliches Versagen zurückführt. Es ist nicht leicht, in der Bibel dafür einen Beleg zu finden. Sie widerspricht in der Regel solchen Urteilen. Aber einmal sagt auch sie: »Säufer und Prasser geraten in Armut« (Spr 23,21). Das Buch Ruth aber erzählt von Frauen, die weder saufen noch prassen, sondern unverschuldet in Not geraten.

Ein drittes Beispiel betrifft das Verhältnis von Mann und Frau. In der Bibel wird erzählt, wie Esra nach dem Exil die Auflösung aller Mischehen zwischen Israeliten und ausländischen Frauen durchsetzt (Esr 9,1ff). Das Buch Ruth erzählt dagegen demonstrativ von einer Mischehe zwischen dem Israeliten Boas und der Moabiterin Ruth.

Das Buch erzählt also von einer Ausländerin, einer Armen und einer Frau. Jede Rolle, die der Ausländerin, der Armen, der Frau – zumal der

---

* Der Text des Buches Ruth ist für einen Abdruck an dieser Stelle zu lang. Er findet sich in der Zürcher Bibel auf den Seiten 282 bis 285 und in jeder anderen Bibel.

verwitweten und kinderlosen Frau –, bedeutet in sich eine soziale Zurücksetzung. Erst recht die Kombination aller drei Rollen. Und doch wird diese Zurücksetzung überwunden. Alle Vorurteile, die sich einem menschlichen Verhältnis von Einheimischen und Ausländern, von Reichen und Armen, von Mann und Frau in den Weg stellen, werden subversiv unterwandert, und das ohne große Dramatik. Wodurch wird das möglich?

Die erste Antwort lautet: Durch den Glauben an den Gott Israels. Dieser Glaube durchbricht soziale Grenzen.

Die zweite Antwort ist: Durch menschliche Treue, insbesondere die Treue zwischen zwei Frauen aus verschiedenen Völkern.

Die dritte Antwort sagt: Durch Erotik. Sie erscheint in dieser Geschichte als Verführung zur Menschlichkeit. Eine Verführungsszene bringt die entscheidende Wende.

Der Reiz der Geschichte von Ruth liegt m.E. in dieser Verbindung von religiösem Glauben, menschlicher Treue und Erotik. Es ist eine wunderbare Geschichte. Sie ist fast zu schön, um wahr zu sein. Sie ist wahrscheinlich eine Dichtung. Es tut gut, solche Dichtungen in der Bibel zu finden.

Ich stelle mir vor, diese Geschichte wurde schon zu Lebzeiten von Boas und Ruth in ihrem Heimatort Bethlehem erzählt. Boas wurde gelobt, weil er die arme Ruth geheiratet hatte; Ruth, weil sie treu zu ihrer von allen verlassenen Schwiegermutter gestanden hatte. Natürlich stellten sich auch die Bewohner von Bethlehem in immer günstigerem Lichte dar. Mit jeder Nacherzählung wurde die Geschichte schöner, wurden die Personen menschlicher, ihre Motive humaner. Die Wahrheit verschwand hinter der Poesie reiner Menschlichkeit. Nur einer wußte die Wahrheit noch: der alte Boas selbst. Aber er sagte sie niemand. Nur in seinen Selbstgesprächen lebte sie fort, dort, wo ein Mensch allein mit Gott ist. Dort, wo man sich auch unangenehme Wahrheiten eingestehen kann, die man keinem Menschen eingestehen möchte. Stellen wir uns vor, wir könnten den alten Boas in seinen Selbstgesprächen belauschen. Zugegeben, das ist ein wenig indiskret. Aber wir dürfen uns das vielleicht gestatten, wenn wir die moralische Lust des Verurteilens zügeln und nur eins uns abverlangen: Daß wir Boas gegenüber genauso fair sind wie uns selbst gegenüber. Niemand ist ein Heiliger.

Boas spricht also in einem inneren Dialog zu sich selbst, und manchmal spricht er in seinem inneren Dialog auch zu Ruth und zu Gott. Er sagt: Alles begann mit einer Hungersnot. Ehimelech, mein Vetter, geriet in Not. Das hat man oft erzählt. Was nicht erzählt wird: Es wäre die

Pflicht unserer Sippe gewesen, Ehimelech und seine Familie zu unterstützen. Wir alle litten unter der Hungersnot, er mehr als wir. Wir hätten helfen können. Wir taten es nicht. In der Not ist sich jeder selbst der Nächste. Ehimelech wanderte aus, nach Moab, zusammen mit seiner Frau Naemi, zusammen mit seinen zwei Söhnen. Ich höre ihn noch verbittert im Dorf sagen: »Dort, in Moab, sind die Menschen nicht so hartherzig wie hier!« Er meinte uns, seine Sippe. Wir waren die Hartherzigen. Wir hatten versagt. Als es schon zu spät war, ging ich zu dem Verwandten, der Ehimelech am nächsten stand – ein Vetter ersten Grades. Ich nenne seinen Namen nicht. Er verdient es, vergessen zu werden. Daher spreche ich nur von dem »Sozialvetter«, denn er wäre verpflichtet gewesen, einzuspringen. Ich drängte also den Sozialvetter, Ehimelech zu helfen. Ich versprach ihm meine Unterstützung. Aber er wollte nicht. »Laß sie nach Moab ziehen«, sagte er, »laß sie glauben, daß die Moabiter bessere Menschen sind als wir! Laß sie diesen Unsinn glauben! Weißt du, was Moabiter in Not tun? Die schlachten ihre erstgeborenen Söhne für ihren Gott Kamosch, um ihn zu versöhnen! So menschenfreundlich sind die. Wir dagegen opfern keine Menschen! Wir opfern niemanden! Soll er doch zu diesen Menschenschlächtern gehen! Klein und häßlich wird er wieder angekrochen kommen. Dann können wir ihm ja immer noch helfen.«

Ehimelech wanderte aus, mit Frau und zwei Söhnen. Die Söhne heirateten in Moab. Ruth wurde seine Schwiegertochter. Alles schien sich gut zu entwickeln. Aber dann schlug der Tod zu. Die Söhne starben, Ehimelech starb. Alle Männer starben. Drei Witwen ohne Kinder blieben übrig, drei Witwen ohne sozialen Schutz. Naemi wollte in ihre Heimat zurückkehren. Dort lebten männliche Verwandte – der einzige Schutz für eine alte Witwe. Ruth folgte ihr, die andere Moabiterin trennte sich von ihr. Sie blieb in Moab. Für sie gab es dort Schutz durch männliche Verwandte. Du, Ruth, aber wähltest den schwereren Weg, den Weg in die Fremde. Du wolltest eine alte Frau nicht im Stich lassen.

Als ihr in unserem Dorf wieder auftauchtet, gab es ein unerträgliches Gerede. Die Leute von Bethlehem sagten: »Reich ist Naemi ausgezogen, arm ist sie zurückgekommen. Gott hat sie dafür gestraft, daß sie bei Kamosch, dem kinderschlachtenden Gott der Moabiter, Zuflucht suchte. Der hat ihr die Kinder genommen. Der ließ beide Söhne sterben. Der machte, daß die Schwiegertöchter kinderlos sind. Sie ist ins Reich des Todes gegangen. Der Fluch des Gottes Israels liegt auf ihr.« Heute will es keiner mehr wissen, daß alle so geredet haben. Im Gegenteil. Alle behaupten, Naemi selbst habe gesagt: »Reich bin ich ausgezogen, arm zurückgekommen. Gott hat mich gestraft. Tod und Sterben umgeben mich!« (vgl. Ruth 1,21). So wird alles auf den Kopf gestellt.

Aber ich will niemanden verurteilen: Ich habe dies dumme Gerede mitgemacht. Warum habe ich es nur getan? Heute weiß ich den Grund: Ich hatte ein schlechtes Gewissen. Aber ich hatte nicht den Mut, mir das einzugestehen. Da war es die einfachste Lösung, den armen Verwandten die Schuld an ihrem Unglück zuzuschieben. Nicht wir hatten versagt – nein, Gott hatte sie gestraft. Nicht wir hatten sie im Stich gelassen, sondern Gott hatte sie verstoßen. O Gott, vergib mir das. Ich schäme mich heute, daß ich diesen Unsinn geglaubt habe. Zwar redete ich nur nach, was andere sagten. Aber ich hätte es besser wissen können. Denn ich hatte schon damals Zweifel. Ich bekam Zweifel, als ich hörte, was von Ruth erzählt wurde.

Naemi erzählte nämlich im Dorf, warum Ruth mit ihr gekommen war. Sie erzählte, wie Ruth zu ihr gesprochen hatte: »Wo du hingehst, da will auch ich hingehen, und wo du bleibst, da bleibe auch ich; dein Volk ist mein Volk, und dein Gott ist mein Gott. Wo du stirbst, da sterbe ich auch« (vgl. Ruth 1,16f). Das paßte nicht in das Bild von den kinderopfernden Moabitern. Du, Ruth, warst ein lebendiger Gegenbeleg. Du warst eine Moabiterin, die sich weigerte, einen alten, gebrechlichen Menschen sozial zu opfern. Du bist bei Naemi geblieben, obwohl es dir in Moab besser gegangen wäre. Du hast sie nicht im Stich gelassen, während unsere Sippe versagt hat. Und so wurdest du die Verkörperung meines schlechten Gewissens.

Unsere Sippe war gar nicht begeistert, als die armen Verwandten im Dorf wieder auftauchten. Nicht nur wegen unserer Schuldgefühle. Es gab ganz handfeste Interessen. Ehimelech hatte einen Acker besessen, den wir in seiner Abwesenheit als unser Eigentum betrachtet hatten. Jeder Verwandte hoffte, ihn nach dem Aussterben der Familie des Ehimelech endgültig zu erwerben. Jetzt aber war die Witwe da. Sie hatte Anspruch auf den Acker. Wer ihn erwerben wollte, mußte für den Unterhalt der Witwe geradestehen. An und für sich war das kein Problem. Wäre Naemi allein gekommen, so hätte unser Sozialvetter den Acker gegen einen Spottpreis erworben – mit dem Versprechen, Naemi zu unterhalten. Da Naemi schon alt und dem Tode nahe war, war diese Unterhaltspflicht eine endliche Geschichte. Aber jetzt war auch Ruth da. Ruth war jung. Ruth sah nicht so aus, als würde sie bald aussterben. Vielleicht würde sie heiraten und dann für ihren Sohn Ansprüche auf den Acker erheben. Man hätte also für den Acker gezahlt, ohne ihn erwerben zu können. Natürlich drückte sich unser Sozialvetter davor, für Naemi zu sorgen. Und ich war nicht besser. Ich war glücklich, daß ich nur ein Vetter zweiten Grades von Ehimelech war, unser Sozialvetter dagegen ein Vetter ersten Grades. Deswegen hatte er das Vorkaufsrecht auf den Acker und damit die Pflicht, für Naemi aufzukommen. Das habe ich ihm deutlich gesagt. »Jetzt bist du dran«, habe ich gesagt, »es geht nicht, daß wir noch einmal ein Sippenmitglied ohne Hilfe lassen.« Ja, ich hatte ihm angedroht, den Fall vor das Ältestengericht zu bringen. Das klingt sozial. Aber in Wirklichkeit wollte ich ihn nur vorschicken, damit ich nicht an die Reihe kam. Gott, der die Herzen kennt, weiß: Ich war nicht so sozial eingestellt, wie ich in der offiziellen Geschichte erscheine. Ich war genauso wie unser Sozialvetter darauf bedacht, die Fürsorge für die armen Verwandten loszuwerden.

Wie verwirrt war ich, als ich Ruth zum ersten Mal bei der Erntearbeit begegnete! Ruth, du begegnetest mir als arme Frau, nicht als Verwandte. Du hieltest die Nachlese auf meinen Feldern, sammeltest die Ähren, die die Erntearbeiter fallen gelassen hatten. Das ist bei uns das Recht der Armen. Eigentlich soll man im Ackerwinkel auch noch ein paar Ähren ungeerntet lassen. Die sind für die Armen. Aber wer tut das schon! Unsere Äcker scheinen alle keine Winkel zu haben. Auch mein Acker nicht! Aber die Ähren, die habe ich dir gelassen. Für mich wirkte dein Erscheinen wie eine Ohrfeige. Vor der ganzen Öffentlichkeit wurde demonstriert, daß wir uns um unsere Verwandten nicht kümmerten. Wenn ich dich wie irgendeine Arme behandelt hätte, hätte ich gegen ein ungeschriebenes Gesetz verstoßen. Mir gegenüber konntest du Verwandtenrecht geltend machen, nicht nur Armenrecht. Innerlich habe ich dir damals gegrollt: Warum bist du nicht auf die Felder unseres Sozialvetters gegangen? Der war doch für euch zuständig. Warum kamst du zu mir? Warum nur?

Ich versuchte das Beste aus der Situation zu machen. Zunächst sorgte ich dafür, daß Ruth von den Erntearbeitern nicht weggejagt wurde, wie das sonst geschah. Auch auf meinen Feldern. Sonst habe ich da nie eingegriffen. Ich habe weggesehen. Jetzt aber sorgte ich sogar dafür, daß ein paar Ähren für Ruth liegenblieben. Ich erlaubte ihr, von dem mitgebrachten Wasser zu trinken, und lud sie ein, unser Mittagessen zu teilen. Die Öffentlichkeit sollte sehen, daß ich nicht so schäbig wie unser Sozialvetter war. Vor allem wollte ich verhindern, daß Ruth am nächsten Tag auf andere Äcker zieht. Was für eine Blamage für unsere Sippe wäre das gewesen! Das ganze Dorf hätte mit dem Finger auf uns gezeigt: »Diese reiche Sippe – sie läßt ihre Verwandten betteln und schickt sie dazu auf die Äcker fremder Menschen!« All das hat Ruth vielleicht gar nicht gemerkt. Als Ausländerin war sie mit unseren Sitten und Rechtstraditionen noch nicht vertraut.

Vielleicht hat sie mich für einen überdurchschnittlich sozial eingestellten Menschen gehalten. Liebe Ruth, das war ich damals bestimmt nicht.

Und dann gibt es da noch etwas, worüber ich bisher mit niemandem gesprochen habe, ja, ich geniere mich noch heute, darüber zu sprechen. Wir haben in Israel eine Rechtstradition, die uns verpflichtet, die Witwe eines kinderlos gestorbenen Bruders zu heiraten und mit ihr ein Kind zu zeugen. Das gilt dann als Kind des verstorbenen Bruders. So wird verhindert, daß die Sippe ausstirbt. Das Erbe kann zusammengehalten werden. Diese Einrichtung (die Leviratsehe) ist eine rein soziale Einrichtung. Sie hat nichts mit persönlicher Zuneigung zur Witwe zu tun. Sie bedeutet deren soziale Absicherung. Nun waren keine Brüder da. Aber es war im Sinne dieser Tradition, wenn auch Vettern die Witwe heirateten. Unser Sozialvetter war schon verheiratet, ich war ledig. Ich spürte die heimliche Erwartung an mich, die alte Naemi aus sozialen Gründen zu heiraten. Und das löste in mir Unbehagen aus. Ich weiß, ich tat der Naemi bitter unrecht. Und deswegen geniere ich mich auch so. Aber mich bedrückte der Gedanke, eine alte, verbrauchte, verbitterte Frau heiraten zu sollen, die mir den Rest ihres Lebens Vorwürfe machen könnte: Warum habt ihr uns damals in der Hungersnot im Stich gelassen? Und mit der sollte ich ...? Nein – das wollte ich nicht. All das lastete als schwerer Druck auf meinem Herzen. Nachts wachte ich oft mit Schrecken auf. Ich hatte das Gefühl, jemand läge auf mir – eine alte Frau. Natürlich war das Unsinn. In Wirklichkeit war es Lilith, die Dämonin, die uns Männer gelegentlich nachts heimsucht, wirre Phantasien auslöst und den Tod bringt. Solche Phantasien sind zwar ganz normal. Aber irgendwo schämte ich mich wegen dieser obszönen Bilder in mir.

Viel lieber sah ich Ruth. Jeden Tag während der Erntezeit sah ich sie auf dem Feld. Jeden Tag ließ ich sie sammeln und schenkte ihr noch Korn hinzu. Ich genoß ihre Dankbarkeit. Ich freute mich, wenn die Ernteleute gut von ihr redeten. Ich war zufrieden, daß ich wieder als sozial galt. Das Negativ-Image unserer Sippe wurde abgebaut. Und da die Ernte gut war, war ich guter Laune. Überhaupt war ich guter Laune. Bis mir klar wurde, warum: Ich freute mich, Ruth zu sehen. Du, Ruth, warst keine arme Verwandte mehr, Du warst für mich eine wunderbare Frau, eine junge Frau. Dein Bild ging mir nach. Und ich brauchte dein Bild. Das Schreckgespenst der alten Lilith verschwand, wenn ich an dich dachte. Du wurdest meine Anti-Lilith. Mit Kummer sah ich das Ende der Erntezeit kommen. Und mit ihr die Zeit, in der ich dir täglich begegnete. Würdest du dann noch Interesse an mir haben? Ich war ja schon alt. Es gab attraktivere junge Männer im Dorf. Die Stimmung im Dorf war zu Gunsten Ruths umgeschlagen. Alle sahen, was sie für Naemi in Kauf nahm. Alle lobten ihre Treue. Alle mochten sie. Alles wies darauf, daß einer unserer jungen Leute sie heiratete. Aber dieser Gedanke war bitter für mich. Denn ich war inzwischen in Ruth verliebt. Ruth war für mich Jugend und Leben, Naemi dagegen Tod und Sterben.

Das Ende der Ernte kam. Und damit die Wende. Die alte Naemi schickte dich zu mir, als ich nach dem Dreschen und Worfeln auf der Tenne übernachtete. »So wasche dich denn«, hatte sie gesagt, »und salbe dich; lege deine Kleider an und gehe zur Tenne hinunter. Warte bis er schläft. Dann gehe hin und entblöße seine Beine und lege dich daran. Er wird dir schon sagen, was du tun sollst« (vgl. Ruth 3,3f). Das war Aufforderung zur Verführung. Es gehört viel Harmlosigkeit dazu, die Ratschläge der alten Naemi anders zu deuten. (Anmerkungsweise sei notiert: Diese Harmlosigkeit ist in exegetischen Kommentaren weit verbreitet.) Und so kam es denn, wie es kommen mußte: Als ich in jener Nacht auf der Tenne eingeschlafen war, hatte ich wieder einmal einen Alptraum. Lilith hockte auf meiner Brust. Lilith schnürte mir den Atem zu, umarmte mich. Panik erfüllte mich. Ich schreckte in die Nacht empor. Aber nicht Lilith, sondern du lagst neben mir, du, meine Anti-Lilith. Das war eine Erlösung, schöner als jeder Traum. Ich genoß es, neben dir zu liegen, deine Gegenwart mit meinem Körper zu spüren. Diese einfache Nähe war zärtlicher als jede Zärtlichkeit.

Es kam freilich anders, als Naemi vorausgesagt hatte. Die hatte gesagt: Boas wird dir schon sagen, was du tun sollst. Aber ich war sprachlos. Ich konnte nichts sagen. Nicht ich habe dir gesagt, was du tun sollst, sondern du hast mir gesagt, was ich tun soll. »Breite deinen Mantel über deine Sklavin, denn du bist Löser – für mich und Naemi« (vgl. Ruth 3,9).

Das war wahnsinnig zweideutig: Da bietet sich eine junge Frau zum Beischlaf an – als Gegenleistung für die Versorgung einer alten Frau. Ich war zornig. Aber ich war nicht auf Ruth oder Naemi zornig, sondern auf mich selbst. Schließlich hatte ich es so weit kommen lassen, daß sich die beiden Frauen in diese zweideutige Lage begeben mußten. Wir, eure Sippschaft, hatten sie dazu gebracht, dies Verführungsspiel zu treiben. Wir hatten sie dazu getrieben, sich zu prostituieren. Auch ich war darin verwickelt. Ich wollte es wiedergutmachen. Ich wollte die Abhängigkeit dieser Frau nicht ausnutzen. Daher sagte ich zu Ruth: »Gesegnet seist du vom Herrn, meine Tochter! Dies letzte Zeichen deiner Liebe gegenüber Naemi ist noch schöner als das erste, als deine Entscheidung, sie in ihre Heimat zu begleiten. Ich will dein Vertrauen nicht mißbrauchen. Ich will alles dafür tun, um euren Acker zu kaufen. Ich will Naemi versorgen – und dich als Frau gewinnen. Du könntest leicht einen reichen Mann finden, der dich heiratet. Du könntest leicht für dich sorgen. Aber du willst, daß auch Naemi versorgt wird. Das macht dich so liebenswert!«

Gott, du weißt, wie es dann weiterging. Aber du weißt auch: Ich habe ihr als erstes die Ehe versprochen, ehe es weiterging.

Und weil ich auf Ruths Ehre bedacht war, schickte ich sie vor Morgengrauen nach Hause, damit niemand von unserer Nacht auf der Tenne erfahre, und ich gab ihr soviel Gerste mit, wie sie in ihrem Kleid tragen konnte – für sie und Naemi.

Insgeheim bat ich Naemi um Verzeihung, weil sie in meinen Phantasien zu einem Unwesen geworden war – zur Dämonin Lilith. Ohne Ruth wäre sie vielleicht tatsächlich in unserem Dorf eine Hexe geworden. Man stelle sich vor, sie wäre ohne Ruth zurückgekehrt! In ein Dorf, wo sich viele ihr gegenüber schuldig gemacht hatten. Wir hätten unser schlechtes Gewissen in sie hineingelesen – und sie als Hexe dämonisiert. Vielleicht hätte ich eines Tages wirklich gesagt: Sie ist eine Dämonin. Sie ist mit Lilith im Bund. Sie ist Lilith selbst. Und wenn jemand im Dorf krank geworden wäre, so hätte man geraunt: Daran ist die Hexe schuld. Und wenn es irgendwo gebrannt hätte, hätte man geflüstert: Das war die Hexe! Da hätte es wenig genützt, darauf zu weisen, daß der Glaube an Hexen in Israel verboten ist. Hexen- und Dämonenglaube kommen immer wieder hoch. Und alte Frauen sind ihr Opfer. Aber Ruth hat dafür gesorgt, daß Naemi bei uns wieder akzeptiert wurde – nicht als ein von Gott geschlagener Unglückswurm, nicht als Sozialfall, sondern als Mitglied unserer Sippe. Ruths Liebe zu Naemi hat das alles bewirkt.

Aber noch mußte ich eine weitere Hürde nehmen. Ich hatte unserem Sozialvetter angedroht, ihn vor das Ältestengericht zu bringen, damit er endlich seine soziale Versorgungspflicht gegenüber Naemi übernehme. Aber jetzt mußte ich ihn dazu bringen, endgültig auf diese Versorgungspflicht zu verzichten und sie an mich abzutreten – und das rechtlich verbindlich und möglichst bald. Natürlich hätte ich Ruth auch so heiraten können. Dann hätte unser Sozialvetter den Acker gelöst – die Versorgungspflicht für Ruth hätte bei mir gelegen. Und für ihre Schwiegermutter hätte ich billigerweise auch etwas aufwenden können. Der Sozialvetter aber hätte den Acker besessen, weitgehend entlastet von der Versorgung der beiden Frauen. Darum wollte ich unbedingt den Acker haben. Das war nicht unmoralisch, aber auch nicht ganz uneigennützig.

Gleich am nächsten Tag rief ich die Ältesten im Tor zusammen und ließ auch unseren Sozialvetter herbeizitieren. Ich trug den Fall vor: »Naemi will ihren Acker verkaufen. Du hast als nächster Verwandter das Vorkaufsrecht – verbunden mit der Pflicht, Naemi lebenslang zu versorgen.« Ich sagte: »Erkläre jetzt bitte, ob du dein Vorkaufsrecht in Anspruch nimmst, denn erst nach dir käme ich dran. Ich wäre für den Fall deines Rücktritts bereit, den Acker zu kaufen.«

Der Sozialvetter reagierte wie vorhersehbar: »Das sei ferne«, sagte er, »wie könnte ich Naemi im Stich lassen. Wir sind doch eine soziale Sippe. Natürlich kaufe ich den Acker.«

Ich wurde ein wenig unsicher. Hatte unser Sozialvetter vielleicht doch etwas von unserem Rendezvous auf der Tenne gehört? Rechnete er damit, daß ich durch Heirat Ruth versorgte? Jetzt mußte ich bluffen – und so tun, als hätte ich gar kein existenzielles Interesse an Ruth. Ich fügte also hinzu: »Naemi ist nur bereit, den Acker zu verkaufen, wenn der Käufer auch Ruth, die Moabiterin, heiratet, zumindest als Nebenfrau. Das ist ihre Bedingung. Sonst gibt sie ihn nicht her.«

An der Miene meines Sozialvetters merkte ich, daß ich ihn richtig eingeschätzt hatte. Mit rotem Kopf sagte er: »Das kann ich nicht tun. Ich müßte dann ja für den Acker drei Mal bezahlen. Erst heute den Kaufpreis, dann die lebenslange Unterhaltspflicht für Naemi und schließlich müßte ich ihn ohne einen Pfennig Entschädigung einem Sohn von Ruth überlassen – ohne daß der Acker zu meinem Erbbesitz gehörte. Das kann ich meinen Kindern nicht antun. Alles, was ich in diesen Acker investiere, nehme ich ihnen ja weg. Das sei ferne! Ich verzichte auf mein Vorkaufsrecht!«

Das war meine Stunde: Ich erklärte, ich wolle den Acker erwerben. Und so wurde Ruth meine Frau.

Wir bekamen bald ein Kind, den Obed. Jetzt erst lernte ich Naemi richtig kennen. Die Aura des Todes verschwand aus ihrem Gesicht. Naemi blühte noch einmal auf wie ein fast verdorrter Baum, in den ein letztes Mal der Saft steigt, so daß Blüten um die Äste schweben und Grün die Zweige umgibt. Naemi saß mit dem Kind auf dem Schoß, als sei sie die Mutter. Und sie sagte: »Ich war im Land des Todes. Ich war in der Fremde. Dort starb ich den Tod der Fremden, ohne Verwandte, ohne Nachkommen. Jetzt aber bin ich mit Ruths Hilfe ins Leben zurückgekehrt. Jetzt ist es wieder hell und licht. Gott ist zurückgekehrt in mein Leben.«

Bald danach aber verließen sie die Kräfte. Sie wurde schwach und spürte den Tod kommen. Fieber schüttelte ihren alten Körper. Schmerzen überfluteten sie. Aber zwischendurch war sie immer wieder klar bei Bewußtsein. Ruth sorgte sich um sie, wischte den Schweiß von der Stirn, flößte ihr Brei ein. Einmal schien Naemi wie im Fieber zu sprechen. Wirre, aber auch wunderbare Worte. Wie ein Gedicht. Sinn schien mit Unsinn ver-

mischt. Ich kann nur unvollkommen versuchen, es wiederzugeben. Sie
sprach etwa so vor sich hin, während Ruth ihre Hand hielt:

Fall zurück
in die großen Hände,
schwarz sind die Hände,
schwarz wie der Tod.
Schon einmal ausgewandert
ins Land des Todes.
Zurückgekommen schon einmal.
Wer wird mich jetzt begleiten?
Jetzt. Dorthin,
wo Leben herkommt.
Finde ich dort Asyl?
Eine Fremde bin ich.
Ruth, bleib bei mir
Deine Liebe ist Leben.
Nein, bleib hier, Ruth.
Gib mir nur etwas von deiner Liebe mit.
Die wird mich tragen.
Ich bin leicht zu tragen,
ganz leicht werde ich,
– ganz klein,
immer kleiner,
kleiner als Obed.
Ich verwandle mich zurück.
Ein Embryo bin ich.
Wer ist meine Mutter?
Wer ist mein Vater?
Was ist mein Anfang?
Am Anfang die Verführung zum Leben.
Am Anfang Liebe.
Zurück in den Anfang.
Vater,
Mutter,
Mutter,
Vater,
Gott.
Dort finde ich Asyl
für immer,
jenseits der Schmerzen.

So lallte Naemi wirr vor sich hin. Und dann wurde sie immer leiser. Friedlich ist sie gestorben. Eine große Stille breitete sich aus um sie. Es war, als hielte Gott den Atem an. Wir haben sie betrauert und begraben.

Soweit die Geschichte Boas. Ich habe versucht, mit dieser Geschichte des Boas die biblische Geschichte zu erhellen, eine Geschichte, die auf sanftmütige Weise Vorurteile unterwandert. Religiöse Vorurteile, soziale Vorurteile, geschlechtsspezifische Vorurteile. Unterwandert werden sie durch religiösen Glauben, menschliche Treue und Erotik. Diese biblische Geschichte ist eigentlich so schön, daß sie für sich spricht. Aber ist sie nicht zu schön, um wahr zu sein? Wenigstens möchte ich zum Abschluß drei nachdenkliche Fragen an die Geschichte stellen:

Beginnen wir mit der Unterwanderung geschlechtsspezifischer Vorurteile. Sie geschieht durch erotische Verführung. Aber eben das wirkt zu einfach. Verliebtsein ist immer hilfreich, wenn es um Verhaltens- und Einstellungsänderungen geht. Es ist, als würden die Karten für das Spiel des Lebens neu gemischt. Verschüttete Möglichkeiten werden freigelegt. Wie leicht hat es dieser Boas, sich zum Guten zu bekehren. Aber nicht jeder Mann, der im Gefängnis seiner Vorurteile hockt, wird aus ihm von einer jungen Frau wie Ruth befreit. Und wie angenehm ist diese ›Befreiung‹ für ihn! Wer würde nicht das Gute tun, wenn er von einer jungen Frau dazu verführt wird! Aber tut er das Gute dann noch um des Guten willen? Ein moralischer Purismus kann daran Anstoß nehmen. Aber das wirklich gelebte Leben ist so: Das Gute hat dort oft erst eine Chance, wenn es sich mit starken Interessen verbindet. Naemi und Ruth stützen sich auf diese Interessen. Sie schaffen so weder den neuen Menschen noch den neuen Mann. Aber vielleicht ist es so verwerflich nicht, den alten Menschen zum Guten zu bewegen. Trotzdem bleibt ein Unbehagen.

Und das führt zum zweiten Punkt: Die Geschichte unterwandert soziale Grenzen: Die Grenzen zwischen Völkern, zwischen Einheimischen und Fremden, Reichen und Armen. Aber sie wirft auch ein schonungsloses Licht auf diese Grenzen: Man vermißt in ihr einen Aufschrei gegen eine Welt, die zwei Frauen nur erniedrigende Methoden bietet, damit sie ihr Lebensrecht sichern können: Bettelei und Prostitution. Boas verhindert zwar extreme Demütigung. Er verwandelt Almosen in Geschenke. Er verspricht als erstes die Ehe und die soziale Absicherung der Frauen in jener denkwürdigen Nacht – und dann erst bleiben die beiden bis zum Morgengrauen zusammen. Aber eben das zeigt: Die beiden Frauen sind auf solch ein Entgegenkommen angewiesen, das sie nicht erzwingen und einklagen können. Ihre Ausnutzbarkeit wird gerade dadurch deutlich, daß Boas sie mildert. Was nützt ein ›happy end‹ in einer Welt mit demütigenden ökonomischen Abhängigkeiten, in der Frauen an den Rand der Prostitution getrieben werden – wenn diese Welt unverändert bleibt! Nur so viel sei dazu gesagt: Die beiden Frauen appellieren nicht nur an die soziale Ader des reichen Boas. Sie berufen sich auf israelitische Rechtstraditionen. Sie berufen sich auf das Recht der Armen, die Nachlese zu halten. Sie berufen sich auf das Recht der Verwandten, von ihrer Sippe »ausgelöst« zu werden. Sie wollen mehr als Gnade, sie wollen ihr Lebensrecht.

Noch ein letztes Problem sei angesprochen. Hier geht es um die Überwindung religiöser Vorurteile. Jemand könnte sagen: Die Vorurteile, die wir heute unterwandern müssen, sind größer als in der Geschichte Ruths. Ruth bekehrte sich zu dem Gott der Naemi und des Boas. Sie teilte den Glauben des Landes, in das sie kam. Sie wurde so aus einer Fremden zu einer Einheimischen. Heute aber besteht die Herausforderung darin, mit Menschen zusammenzuleben, die unseren Glauben nicht teilen. Die sich nicht bekehren. Die nicht nur unseren religiösen Glauben nicht teilen (was ja viele Einheimische auch nicht tun), sondern denen auch manche Grundwerte fremd sind, auf denen unser Zusammenleben basiert. Soll etwa die Annahme des Anderen und Fremden davon abhängig gemacht werden, wieweit er unsere Überzeugungen teilt?

Daher abschließend noch einmal einen Blick auf die Geschichte Ruths – auf dem Hintergrund dieser modernen Problematik. Wir fragen: Zu welchem Gott bekehrt sich Ruth? Welches Gottesverständnis begegnet uns in dieser Dichtung? Wie verhält es sich zu dem Gottesverständnis der Bibel insgesamt? Oder anders ausgedrückt: Wozu entscheidet sich Ruth, wenn sie zu Naemi sagt: »Dein Gott ist mein Gott!«?

Sie entscheidet sich dafür, der letzten Vertreterin einer zum Aussterben verurteilten Familie zu helfen, bei ihr zu bleiben bis in den Tod. Sie sagt: »Wo du stirbst, da sterbe auch ich, da will auch ich begraben sein«. Und durch diese Entscheidung erreicht sie gerade das Unwahrscheinliche: Daß die Familie nicht ausstirbt, sondern weiterlebt. Sie wird zur Trägerin einer großen Hoffnung. Später hat man die Geschichte so erzählt, daß Ruth Stammvater Davids und des Messias wurde. Aus einer dem Tod geweihten Familie geht das neue Leben hervor: das Heil für Israel – und für alle Völker.

Das aber ist kein zufälliger Zug. Die erste Erwähnung Israels in der Weltgeschichte findet sich auf der Siegesstele des Pharao Merneptah aus dem Jahre 1220 v.Chr. Dort rühmt sich der Pharao nach einem erfolgreichen Palästinafeldzug, daß er u.a. eine Volksgruppe namens »Israel« besiegt habe. Wörtlich läßt er einmeißeln: »Israel hat keinen Samen«. Israel hat keine Nachkommen mehr. Israel ist nach ihm zum Aussterben verurteilt. Es hat mich immer tief beeindruckt, daß die erste Erwähnung Israels in der Weltgeschichte außerhalb der Bibel eine Vernichtungsmeldung ist. Aber gerade mit dieser der Vernichtung ausgesetzten Gruppe – mit denen, die dem Pharao entronnen sind – beginnt Gott eine neue Geschichte. Die vom Aussterben bedrohte Gruppe wird zur Trägerin neuen Lebens, nicht nur für die eigenen Nachkommen, sondern für alle Menschen.

Ruth bekennt sich zu diesem Gott. Ihr Bekenntnis besteht nicht nur in den Worten: »Dein Gott ist mein Gott«. Ihr Bekenntnis besteht noch sehr viel mehr in ihren Taten: Sie ermöglicht Leben für die, die zum Aussterben verurteilt schienen, für die Schwachen, die keine Chancen hatten. Sie handelt im Geiste dieses Gottes, der Israel aus der Sklaverei Ägyptens führte, der den von Vernichtung Bedrohten eine neue Chance gibt.

Wenn wir schon Fremde nach ihren Werten und Überzeugungen beurteilen, so sollten wir sie danach beurteilen, wie sie handeln.

Messen wir sie am Kriterium, das Ruths Verhalten uns gibt. Messen wir sie daran, wie sie die schwächeren Mitglieder ihrer Familien unterstützen. Ich bin sicher: Wir werden uns oft ein Beispiel an ihnen nehmen müssen. Die Familiensolidarität der Ruth ist unter Ausländern oft viel ausgeprägter als bei Einheimischen. Wir dagegen verhalten uns meist so, wie die Sippe des Boas. Wir verhalten uns wie der namenlose »Sozialvetter«. Wir entziehen uns nur allzugern der nächstliegenden Solidarität – sowohl gegenüber unseren Familiengliedern wie gegenüber ganzen Gruppen.

Zum Abschluß ein Traum, den die Geschichte von Ruth in mir geweckt hat. Ich träume, daß die Geschichte von Ruth unter uns noch einmal geschieht. Daß unter uns unerkannt eine neue Ruth lebt, irgendwo in Deutschland. Vielleicht kommt sie aus Jugoslawien. Vielleicht aus der Türkei oder aus Polen oder aus irgendeinem anderen Land. Vielleicht floh sie vor Bürgerkrieg, Hunger oder Armut, um bei uns ein neues Leben zu beginnen! Sie könnte bei uns zwar nicht die Mutter oder Großmutter eines neuen »Königs« werden, so wie Ruth zur Ahnherrin des Königs David in Israel wurde. Denn wir leben nicht mehr in einer Monarchie, wir sind eine Demokratie. Aber warum sollte sie nicht die Mutter eines zukünftigen Bundeskanzlers werden? Ich muß gestehen: Seitdem ich diesen Traum habe, geschieht mir folgendes: Jedesmal, wenn ich unseren derzeitigen Bundeskanzler im Fernsehen zum Thema Ausländer und Asylanten reden höre und seinen gut gemeinten Worten lausche, wird dieser Traum zu einer richtigen Sehnsucht! Warum wohl?

Diese Bibelarbeit wurde am 12.6.1993 auf dem Deutschen Evangelischen Kirchentag in München gehalten. Einige Erläuterungen seien angefügt:

Nach 2 Kön 3 opferte der moabitische König Mesa in höchster Bedrängnis seinen Sohn. Er war in der Stadt Kir-Haraseth von Israeliten und Edomitern eingeschlossen. Ein Ausbruchsversuch mißlang: »Da nahm er seinen eingeborenen Sohn, der nach ihm König werden sollte, und opferte ihn als Brandopfer auf der Mauer. Nun erhob sich ein großer Zorn gegen Israel, so daß sie von ihm ablassen und in ihr Land zurückkehren mußten« (2 Kön 3,27). Die Mesa-Stele schildert die Auseinandersetzungen zwischen Moabitern und Israeliten aus der Sicht der Moabiter. Vgl. Text und Kommentar bei K.A.D. Smelik, Historische Dokumente aus dem alten Israel, Kleine Vandenhoeck-Reihe 1528, Göttingen 1987, 31-49. – Die Dämonin Lilith wird Jes 34,14 erwähnt. Sie ist identisch mit dem weiblichen babylonischen Sturmdämon lilitu. Wegen der Verwandtschaft ihres Namens mit hebr. lajla (= Nacht) wurde sie als Nachtgespenst verstanden. Die Israel-Stele des Pharaos Merneptah (1219 oder 1220 v.Chr.) ist in Übersetzung zugänglich bei R. Borger, W.C. Delsman u.a. (Hrsg.): Texte aus der Umwelt des Alten Testaments I,6: Historisch-chronologische Texte III, Gütersloh 1985, 544-552. Dort wird die Aussage »Israel hat keinen Samen« wörtlich verstanden: In Israel droht aufgrund der Verwüstungen eine Hungersnot, bei der das Saatgut für das nächste Jahr aufgegessen wird. Anders K. Galling, Textbuch zur Geschichte Israels, Tübingen 1968, 39f, wo der auf Israel bezogene Abschnitt der Stele übersetzt ist: Kein Samen bedeutet »keine Nachkommen« (vgl. S.40 Anm 8).

Die Verwandlung von Jammern und Klagen in das Bekenntnis von Schuld

(Psalm 51,1-15)

Sei mir gnädig, o Gott, nach deiner Güte,
nach deinem großen Erbarmen tilge meine Verfehlung.
Wasche mich rein von meiner Schuld,
reinige mich von meiner Sünde.
Denn ich selber kenne mein Vergehen,
und meine Sünde steht mir immerdar vor Augen.
An dir allein habe ich gesündigt,
habe getan, was dir mißfällt.
Du mußt Recht behalten in deinem Spruch,
mußt rein dastehen in deinem Richten.
Siehe, in Schuld bin ich geboren,
und meine Mutter hat mich in Sünden empfangen.
Siehe, an Wahrheit im Innersten hast du Gefallen;
tue mir im Verborgnen Weisheit kund.
Entsündige mich mit Ysop, daß ich rein werde;
wasche mich, daß ich weißer werde als Schnee.
Sättige mich mit Freude und Wonne,
daß die Gebeine frohlocken, die du zermalmt hast.
Verbirg dein Angesicht vor meinen Sünden
und tilge alle meine Missetaten.
Schaffe mir, o Gott, ein reines Herz
und gib mir einen neuen gewissen Geist.
Verwirf mich nicht von deinem Angesicht
und nimm deinen heiligen Geist nicht von mir.
Gib mir wieder die Wonne deiner Hilfe
und stütze mich durch einen willigen Geist,
so will ich die Übertreter deine Wege lehren,
daß sich zu dir bekehren die Sünder.

Aschermittwoch ist ein Tag und ein Symbol: Beginn der Fastenzeit und Symbol für die große Desillusionierung, wenn alle Masken fallen. In diesem Jahr fiel zwar Karneval aus, aber Masken sind dennoch gefallen.

Gefallen ist die Maske von unserer Politik. Wir glaubten, den Krieg als Mittel der Politik geächtet zu haben. Wir waren überzeugt, daß unsere Politiker zumindest so lange keine Kriege führen werden, wie es andere Mittel gibt. Aber es hat sich gezeigt: Obwohl es andere Mittel gab, wurde der Krieg mit kühl kalkulierter Berechnung riskiert, gewählt und gewollt.

Es fiel die Maske von unserer Gesellschaft. Wir sind stolz auf unsere Freiheit. Aber wir haben diese Freiheit gegen Abhängigkeit vom Öl eingetauscht. Wir sind abhängig vom Öl wie von Rauschgift, bereit, uns unseren Stoff mit allen Mitteln zu beschaffen, auch mit etwas Beschaffungskriminalität.

Gefallen ist die Maske von unserer Wirtschaft. Nach dem Zusammenbruch der Planwirtschaft im Osten hat sie sich ein Jahr lang in dem Bewußtsein gesonnt, die beste aller Wirtschaften zu sein. Mit Blick auf den Osten kommentierte ein Fachmann: Der Versuch sei gescheitert, Wirtschaft nach ethischen Prinzipien zu organisieren. Sozialismus sei dieser Versuch. Ist Kapitalismus deshalb der Versuch, Wirtschaft nach unmoralischen Prinzipien zu organisieren? Wenigstens stellte er noch in diesem Jahr unter Beweis, daß er, nach amoralischen Prinzipien organisiert, ausgezeichnet funktioniert: Aus Gewinnsucht wurden Länder hochgerüstet. Um des Profits willen bastelten unsere Ingenieure solange an Raketen herum, bis sie Israel bedrohen konnten – und mit Israel auch unsere moralische Integrität.

Es werden noch weitere Masken fallen. Masken, hinter denen sich ein grausamer Krieg verbirgt, Masken der Zensur, Masken der Propaganda. Wie schrecklich muß dieser Krieg sein, daß selbst westliche Demokratien seine Grausamkeit verbergen müssen. Unsere Politiker wissen zu gut: Wäre allen wirklich bewußt, was eine Bombennacht in Bagdad oder Tel-Aviv an Schrecken und Unmenschlichkeit bedeutet, ein Schrei des Entsetzens würde sie lähmen. Sie könnten bald den Krieg nicht mehr führen.

Wenn die Masken fallen, kommt der große Katzenjammer. Christen haben die Aufgabe, Katzenjammer in Sündenbekenntnis zu verwandeln, so daß wir wie der Psalmist sagen können:

Denn ich selber kenne meine Vergehen,
und meine Sünde steht mir immerdar vor Augen.
An dir allein hab' ich gesündigt,
habe getan, was dir mißfällt.

Warum ist das so wichtig – moralischen Katzenjammer in Sündenbewußtsein zu verwandeln, also in das Bewußtsein, sich gegen Gott verfehlt zu haben? Der entscheidende Unterschied ist der: Katzenjammer ist moralische Lähmung, Sündenbewußtsein moralischer Schmerz.

Katzenjammer ist Lähmung durch Desillusionierung. Wenn wir dem zivilisierten Menschen alle Masken abreißen, so daß dahinter seine Brutalität und Köterhaftigkeit zutage kommt, dann kommen wir immer nur zu demselben Ergebnis: So brutal und köterhaft war der Mensch schon immer, so ist er, so wird er weiterhin sein. Das kann man nicht ändern. Das wird man nicht ändern. Das bleibt so.

Sündenbewußtsein ist dagegen moralischer Schmerz. Der Schmerz ist unerläßlich für das Leben. Er ermöglicht dem Organismus, auf Gefahren zu reagieren. Er ermöglicht lebensrettende Reaktionen. Er dient dem Leben. Er dient der Veränderung. Ohne Schmerzempfinden kann niemand überleben.

Sünde ist moralischer Schmerz. Wer das Bewußtsein der Sünde in sich erstickt, der erstickt die Signale, die ihn zur Verhaltensänderung antreiben. Alle Versuche, Sündenbewußtsein als überzogene Fehlreaktion wegzutherapieren, verkennen das. Natürlich gibt es neurotisches Sündenbewußtsein. Angst ist lebenswichtig. Aber zu viel Angst kann eine neurotische Phobie sein. Ordnung ist lebenswichtig. Aber zu viel Ordnungsdrang kann neurotischer Zwang sein. Schuldbewußtsein ist lebenswichtig. Aber zu viel Schuldbewußtsein kann das Leben durch Depressionen zerstören. Eben deswegen darf man Angst und Ordnung oder Schuld nicht beseitigen wollen. Das ist, als wolle man ein lebenswichtiges Schmerzempfinden ersticken. Ein Empfinden, das uns vielleicht quält und lästig ist, aber das uns fragen läßt: Was können wir anders machen?

Sündenbewußtsein ist moralischer Schmerz, der immer nur auf eine einzige Stelle zielt: auf Gott. »An dir allein habe ich gesündigt.« An dir allein – an dem Gott, der Schöpfer allen Lebens ist.

Verwandeln wir Katzenjammer in Sündenbewußtsein vor Gott, so ist zweierlei gewonnen. Erstens: Wo es Sünde gibt, da ist auch Vergebung möglich. Da kann man mit dem Psalmisten sprechen:

Sei mir gnädig, o Gott,
nach deiner Güte,
nach deinem großen Erbarmen
tilge meine Verfehlung.
Wasche mich rein von meiner Schuld,
reinige mich von meiner Sünde.

Katzenjammer kann nicht vergeben werden. Nur Sünde kann vergeben werden.

Und zweitens gilt: Wo es Sünde gibt, da ist Veränderung möglich. Dann kann man mit dem Psalmisten sprechen:

Schaffe mir, o Gott,
ein reines Herz,
und gib mir einen neuen gewissen Geist.
Verwirf mich nicht von deinem Angesicht
und nimm deinen heiligen Geist nicht von mir.

Katzenjammer schafft kein reines Herz, keinen gewissen Geist, der mit neuer Zuversicht in die Zukunft schaut.

Heute, am Aschermittwoch, fallen die Masken. Aber nicht nur heute fallen sie. Man könnte die ganze moderne Welt einen globalen Aschermittwoch nennen: Eine Kette von Entzauberungen und Desillusionierungen. Unsere Kultur ist eine Kultur des Katzenjammers. Und wir beherrschen unsere Kulturtechnik ausgezeichnet: Wir können ganz ergreifend nach Schablone jammern – und treffen immer etwas Richtiges.

Aber wenn wir das alles vor Gott tragen, dann müssen wir noch eine letzte Maske ablegen, unter der wir uns oft verbergen, um nicht verletzlich zu werden: Es ist die Maske unserer Desillusioniertheit, unseres Zynismus, unseres Unglaubens, der sagt, der Mensch bleibt immer der alte, ein oberflächlich domestiziertes Raubtier.

Wenn wir vor Gott treten, dann erkennen wir: Gott hat uns geschaffen zu seinem Ebenbild. Nicht zu Raubtieren. Nicht zu Bombenwerfern. Nicht zu Kriegsstrategen. Er hat uns geschaffen zu Menschen, denen er Verantwortung für ihr Leben und für seine Schöpfung gegeben hat. Er traut uns zu, daß wir dieser Verantwortung gerecht werden. Er wird uns fragen: Was habt ihr mit eurem Leben und mit meiner Schöpfung gemacht?

Dann können wir nicht unseren Katzenjammer vor ihm aufführen und sagen:

»Wir haben Kriege geführt. Das hat man immer gemacht. Und das wird immer so bleiben. Leider!

Wir haben uns von Öl und anderen materiellen Gütern abhängig gemacht wie Rauschgiftsüchtige. Und das läßt sich nicht ändern. Leider!

Wir haben mitverdient bei Waffengeschäften und beim Export des Todes. Und das machen alle so. Leider!

Wir haben die Greuel des Krieges mitvertuscht, damit sich die Menschen nicht zu sehr entsetzen. Leider!«

Und dann wird er sagen: »Ihr Zyniker! Könnt ihr wenigstens einmal sagen: Das haben wir falsch gemacht! Das schmerzt uns! Das war ein Vergehen gegen Gott und Menschen.«

Liebe Gemeinde – ich kann keine Antwort darauf geben, was wir im einzelnen falsch gemacht haben. Ich kann nur Vorschläge machen, was man anders machen könnte. Und über solche Vorschläge wird unter uns ja diskutiert. Aber ich weiß:

Wenn wir sagen: Krieg ist Sünde – und daran kommen wir nicht vorbei –, dann liegt darin eine große Verheißung. Krieg ist kein Naturereignis, das über uns kommt. Er kommt aus uns heraus. Kriege geschehen nicht. Kriege werden von Menschen gemacht. Der Schlüssel zu ihnen liegt bei uns. Wir müssen ihn bei uns suchen. Wir mögen noch oft versagen auf dem Weg zu einer Welt, in der der Krieg endgültig geächtet ist. Aber wir dürfen immer wieder von vorne nach Überwindung des Krieges suchen. Wir dürfen immer wieder beten:

Sei uns gnädig, o Gott,
nach deiner Güte,
nach deinem großen Erbarmen
tilge unsere Verfehlung.
Schaffe uns, o Gott,
ein reines Herz und gib uns einen neuen gewissen Geist.

Amen.

Predigt im Mittwochmorgengottesdienst am 13.2.1991. Genau vier Wochen vorher, in der Nacht vom 16. auf den 17.1.1991, war der Golfkrieg ausgebrochen. Aufgrund der Nachrichtensperre war die Befürchtung verbreitet, daß wir über die Schrecken des Krieges nicht voll informiert wurden. – Nach dem Zusammenbruch der kommunistischen Herrschaft in Osteuropa vertrat der führende deutsche Soziologe und Sozialphilosoph N. Luhmann die These, das Scheitern der zentralistischen Staatswirtschaft zeige, daß man die Wirtschaft prinzipiell nicht nach ethischen Prinzipien lenken könne. Der Golfkrieg schien diese These in ganz anderer Weise zu bestätigen als N. Luhmann meinte: Um des Profits willen war der Irak hochgerüstet worden – nicht zuletzt durch deutsche Firmen, aber ebenso durch andere westliche Länder. Jetzt aber wandten sich diese Waffen gegen Israel und andere Länder des Nahen Ostens. Die ganze Situation war eine Aufforderung, auch die Suche nach Profit durch ethische Überlegungen zu begrenzen und durch politische Mittel zu steuern.

Das Leben – ein Hymnus auf Gott
im Angesicht des Todes

(Psalm 118,17-19)

Ich werde nicht sterben, ich werde leben und die Taten des Herrn verkünden. Gezüchtigt hat mich der Herr, aber dem Tod mich nicht übergeben. Tut mir auf die Tore der Gerechtigkeit, daß ich durch sie einziehe, dem Herrn zu danken.

So spricht jemand, der noch einmal davongekommen ist. Davongekommen nach einem lebensgefährlichen Unfall. Befreit vom Verdacht auf unheilbare Krankheit. Freigesprochen von schwerer Anklage. Wer so davongekommen ist, dem strahlt das Leben neu auf – wie Licht in der Nacht, wie Frühling im Winter. Der jubelt: Gott hat Wort gehalten.

Doch das ist nur die eine Seite. Als Diogenes die zahlreichen Dankinschriften im Tempel von Samothrake sah – Dankinschriften derer, die aus Seenot gerettet worden waren –, da sagte er: Und wie viel mehr noch könnten es sein, wenn auch die im Meer Ertrunkenen ihre Dankinschriften hier aufhängen könnten! Was sollen wir zu dieser Bemerkung des kynischen Philosophen sagen? Ich habe zwei Antworten für Diogenes.

Meine erste Antwort lautet: Recht hat er! Ja, er hatte viel mehr recht, als er meinte. Denn wir alle werden einmal zu den Ertrunkenen gehören. Für jeden schlägt die Stunde. Für jeden kommt die Zeit, da nicht mehr gilt: »Ich werde nicht sterben.« Für jeden gilt einmal: Ich sterbe – und selbst wenn er 100 mal vorher mit dem Leben davongekommen ist. Manchmal denke ich: Es ist eine große Gnade für das Leben, daß die Verstorbenen das Wissen um ihre letzte Qual mit ins Grab nehmen. Vielleicht können nur so wir Lebenden unbefangen weiterleben.

Aber ich habe noch eine zweite Antwort an Diogenes. Wie viel mehr Dankinschriften würden in Samothrake hängen, wenn alle Lebenden ihren Dank dort schriftlich verewigten! Hat nicht jeder von uns tausendmal Anlaß zum Dank? Hat nicht jeder von uns schon deswegen Grund zum Dank, weil er heute hier ist – weil er unwiderlegbar bis heute gelebt hat?

Weil er heute morgen aufgestanden ist, weil er atmet, weil er das Licht sieht?

Wird unser Dank dadurch widerlegt, daß er mit dem Grauen vor dem Tod konfrontiert wird?

Nein, sage ich mir immer wieder. Dies Grauen, das mich genauso überkommt wie jeden anderen Menschen, ist vielleicht nur die dunkle Gegenstrophe zu einer großen Hymne auf das Leben – so wie tiefer Liebesschmerz der Preis für die große Liebe ist. Diese Hymne auf das Leben singen wir in jedem Augenblick, in dem wir existieren. Wir singen sie ohne Laut und Stimme, wenn wir sehen, hören, atmen, riechen. Wir singen sie als eine Hymne auf den Gesamtzusammenhang aller Dinge, der uns hervorgebracht hat und den wir unwillkürlich bejahen, wenn wir unser kleines, verschwindendes Leben bejahen.

Ich glaube, das ganze Leben ist ein unbewußter Hymnus auf dies Leben im umfassendsten Sinne – auf das Leben Gottes, in dem unser Leben geborgen ist. Es ist eine Hymne am Abgrund des Todes. Und hier wird sie oft besonders laut und unwiderstehlich. Nie hat mich die Bejahung des Lebens so mächtig überkommen wie damals, als ich mit 18 Jahren am Sarg meines Bruders stand. Zwischen Wellen von Schmerz und Trauer überkam mich eine Flut unendlicher Lebensbejahung. Dabei war so vieles rätselhaft. Denn mein Bruder hatte sich an einer Krankheit angesteckt, die bei mir harmlos verlaufen war. Ihn raffte sie hin, ich lebte weiter. Davongekommen. Neugeboren. Aber auf Kosten eines anderen Lebens. Damals schien mir, als würde ich zum ersten Mal bewußt leben. Die bloße Existenz aller Dinge wurde wie ein großer Gesang mit einem Thema, das ich weiter variieren durfte. Auch das plötzlich abgebrochene Leben meines Bruders schien so in meinem Leben eine Art Fortsetzung zu finden. Hätte ich damals die Bibel besser gekannt, hätte ich vielleicht gesprochen: »Ich werde nicht sterben, ich werde leben und die Taten des Herrn verkünden!«

Aber es wäre mir nicht möglich gewesen, hinzuzufügen: »Gezüchtigt hat mich der Herr, aber nicht dem Tod übergeben.« Züchtigen ist ein altmodisches Wort. Es meint eine Strafe, die der Erziehung dient. Züchtigung ist eine Reaktion auf Fehlverhalten von Schülern und Kindern. Aber sind die Krisen und Katastrophen des Lebens nur Folgen von Schuld und Versagen? Das glaube ich nicht!

Aber ich glaube: Alle Krisen und Katastrophen sind eine Chance zur Änderung des Lebens. Und in diesem Sinne kann ich mir das Bild von Gott als Erzieher zur Realität aneignen. Alle Situationen, in denen ich Widriges erfahre, in denen ich auflaufe, strande, fast zugrunde gehe – in allen ist möglicherweise eine Botschaft enthalten, die Botschaft: Du sollst dein Leben ändern! Du hast jetzt eine Chance, es zu ändern! Wenn ich in dieser Einstellung an die schmerzlichen Situationen des Lebens herangehe, dann kann ich viel konstruktiver reagieren, als wenn ich mich in Verbitterung und Resignation verbohre. Und das gilt auch dann, wenn klar ist: Einmal wird mir ein Leid und ein Geschick zugemutet, das zum Tod führt. Einmal geht das Leben zu Ende. Aber auch dann gibt es noch eine Botschaft: Sie lautet dann nicht mehr, dies Leid zu überwinden. Sie verlangt von mir, es zu ertragen – um Zeugnis für ein Leben abzugeben, das durch den Tod nicht widerlegt wird.

Wo aber kann man diese Erziehung erfahren? Wo gibt es eine Schule, die uns lehrt, das Lob auf das Leben zu singen – und dabei den dunklen Gegengesang des Todes nicht auszulassen? Als Christen haben wir eine einzigartige Chance. Wir alle haben am Grabe unseres Bruders gestanden. Wir alle können an seinem Grab erfahren, wie aller Lebensmut gekreuzigt und begraben wird. Wir alle können erleben, daß damit nicht alles aus ist. Wer diesem Bruder verbunden ist, dessen Lebensmut wird neu auferstehen – jeden Tag. Er wird mit ihm verbunden sein im Leben und im Tod. Er wird in seinem Leben ein anderes Leben fortführen, das an seiner Statt gestorben ist. Und zwischen Wellen von Schmerz und Trauer in diesem Leben wird er immer wieder erfaßt werden von einer Flut unendlicher Lebensbejahung. Und er wird immer wieder den großen Lobpreis auf das Leben selbst, auf Gott, singen und sprechen:

Ich werde nicht sterben, ich werde leben und die Taten des Herrn verkünden.

Und der Friede Gottes, welcher höher ist als alle unsre Vernunft, bewahre eure Herzen und Sinne in Christo Jesu. Amen.

Diese Predigt wurde im Mittwochmorgengottesdienst der Peterskirche am 17.4.1991 gehalten. Die Anekdote von Diogenes, dem berühmten kynischen Philosophen, findet sich in Diogenes Laertius, Leben der Philosophen, VI, 59: Als jemand über die Votivopfer in Samothrake erstaunte, sagte er: »Wieviel mehr wären es, wenn auch die nicht Geretteten ihre Votivopfer hier anbrächten.«

Träume, Sterne und die Unterscheidung von falscher und wahrer Prophetie

(Jeremia 23,16-29)

So spricht der Herr der Heerscharen: Höret nicht auf die Worte der Propheten, die euch weissagen! Sie narren euch nur; das Gesicht des eignen Herzens verkünden sie, nicht den Auftrag des Herrn. Sie sagen zu denen, die mich verachten: »Der Herr hat versprochen, es werde euch wohl ergehen«, und zu allen, die in der Verstocktheit ihres Herzens wandeln: »Kein Unheil wird über euch kommen.« Denn wer hat im Rate des Herrn gestanden, daß er sein Wort gesehen? wer hat es erlauscht und gehört? Siehe, ein Sturm geht aus vom Herrn, glühender Zorn; ein wirbelnder Sturm stürzt herab auf das Haupt der Frevler. Nicht wendet sich der Zorn des Herrn, bis er das Sinnen seines Herzens vollbracht und zur Tat gemacht hat. Am Ende der Tage werdet ihr es recht verstehen. Ich habe diese Propheten nicht gesandt, und doch laufen sie; ich habe nicht zu ihnen geredet, und doch weissagen sie. Haben sie in meinem Rate gestanden, so mögen sie meinem Volk meine Worte verkünden und es von seinem bösen Wege und seinem bösen Tun abbringen. Bin ich denn [nur] ein Gott aus der Nähe und nicht ein Gott aus der Ferne? Kann sich einer so heimlich verbergen, daß ich ihn nicht sehe? Erfülle ich nicht den Himmel und die Erde? spricht der Herr. Ich habe wohl gehört, was die Propheten sagen, die in meinem Namen Lüge weissagen und sprechen: »Mir hat geträumt, mir hat geträumt, mir hat geträumt!« Wird sich wohl bekehren das Herz dieser Propheten, die da Lüge weissagen, die den Trug ihres Herzens weissagen, die da denken, sie könnten mit ihren Träumen, die sie einander erzählen, bei meinem Volke meinen Namen in Vergessenheit bringen, wie ihre Väter meines Namens über dem Baal vergessen haben? Der Prophet, der einen Traum hat, erzähle den Traum; der aber mein Wort hat, der rede getreulich mein Wort. Was hat das Stroh mit dem Weizen gemein? spricht der Herr. Ist nicht mein Wort wie ein Feuer und wie ein Hammer, der Felsen zerschmettert?

Als ich einmal zu einem Vortrag eingeladen wurde, war die Einladung mit der Bitte verbunden, nur ja keine akademische Rede zu halten, sondern eine Rede in prophetischer Vollmacht. Die Abneigung gegen akademische Reden konnte ich verstehen. Aber die Bitte, den Propheten zu spielen, irritierte mich. Nein, sagte ich mir: Du bist ein Exeget. Du bist ein Prediger. Aber kein Prophet. Dir fehlt der direkte Draht nach oben. Also sagte ich ab. Ich wollte kein falscher Prophet sein.

Aber wie kann man wahre und falsche Propheten unterscheiden? Im Rückblick ist das leicht. Die humane marxistische Prophetie einer gerechten Welt hat sich in moralischen Katzenjammer aufgelöst. Die inhumane Prophetie von einem Dritten Reich, in dem eine reine Rasse über die anderen herrscht, ist in einer Katastrophe zusammengebrochen. Die Propheten der reinen Gerechtigkeit und der reinen Rasse – sie haben sich als falsche Propheten erwiesen. Im Rückblick!

Aber wie ist es mit den gegenwärtigen Propheten? Was sollen wir zu den sympathischen Körner- und Müslipropheten sagen? Haben sie nicht recht? Leben wir nicht vom Tod anderen Lebens, wenn wir Fleisch essen? Und was sollen wir von unseren Ökopropheten sagen. Ist der Verkehrsinfarkt auf unseren Straßen Vorzeichen eines Kreislaufkollapses der Welt? Vor zehn Jahren sagte mir ein Student: In zwei Jahren sind wir alle verstrahlt. Hat er sich nur im Datum geirrt? Und schließlich die Friedenspropheten! Werden wir den Zerfall eines großen Imperiums ohne verheerende Kriege überleben?

Sollen wir auf diese Propheten hören? Oder ist es besser, auf Prophetie ganz zu verzichten und korrigierbare Hypothesen zu formulieren. In naturwissenschaftlichen Hypothesen steckt ja immer eine Voraussage, eine Schwundform von Prophetie, die durch Experimente bestätigt und korrigiert wird. Wir erfassen mit solchen Hypothesen Prozesse, die gesetzmäßig, wiederholbar und von uns kontrollierbar sind. Aber wir sind mit diesem Verfahren nur in der Natur erfolgreich. Innerhalb der Geschichte ist alles einmalig. Nichts kehrt wieder, wie es früher war. Nur Analogien zwischen Früherem und Späterem lassen sich im Rückblick entdecken, im Vorblick vielleicht erahnen. Die Zukunft entzieht sich den bewährten Zugriffsformen unserer Vernunft.

Können wir hier von den Propheten Israels lernen? Sie verwandelten die Erinnerung an Vergangenes in Modelle für die Zukunft – und waren doch offen für Neues! Sie gründeten ihre Erwartungen auf einmalige Ereignisse und ließen sie durch die Geschichte korrigieren. Können sie Lehrmeister für einen vernünftigen Umgang mit der Zukunft und Geschichte sein? Oder vertreten sie eine hoffnungslos veraltete Form der Zukunftsbewältigung?

Schon Jeremia hatte dies Problem. Wenn er sich mit falschen Propheten auseinandersetzt, setzt er sich mit zwei modernen Formen der Zukunftsbewältigung auseinander. Beide schienen damals zeitgemäßer zu sein als seine Prophetie. Geben wir zwei Vertretern dieser neuen Prophetie das Wort. Nennen wir sie Astarja und Onarja.

So spricht der Prophet Astarja: »Ihr habt gehört, wie Jeremia gegen uns wettert. Unsere Knochen würden aus den Gräbern herausgeholt und vor

Sonne, Mond und dem ganzen Heer des Himmels hingestreut werden, weil wir die Gestirne geliebt, ihnen gedient und sie befragt haben (Jer 8,1ff). Jeremia ist wütend, weil wir eine überlegene Form der Prophetie aus Assur und Babylon importiert haben: die Beobachtung der Sterne. Damit beginnt eine neue Epoche. Zum ersten Mal wird wissenschaftlich über die Zukunft geurteilt. Das geschieht systematisch und aufgrund empirischer Beobachtungen. Damit machen wir uns unabhängig von solchen irrationalen Ekstatikern wie Jeremia. Die Völker, die sich unserer Methode bedienen, wurden durch ihren Erfolg bestätigt: Die Assyrer und Babylonier haben im Namen des Himmelsbaals, des Gottes der Sterne, Weltreiche aufgebaut. Israel mit seinen altmodischen Propheten und Gottesmännern ist dagegen von ihnen abhängig geworden.« Aber Jeremia hält zornig dagegen: »In was für einen moralischen Morast seid ihr geraten? Fasziniert von euren Sterngesetzen opfert ihr sogar Kinder für eure Zukunft! Ihr laßt Kinder durchs Feuer gehen – um ein Gottesurteil zu erlangen oder um eure Zukunft zu sichern oder einfach nur um assyrische Bräuche barbarisch nachzuahmen. Wer Menschen opfert, weil er vermeintlich Einblick in die Gesetze von Welt und Geschichte hat, der ist ein falscher Prophet. Er spricht nicht im Namen des lebendigen Gottes. Er spricht nicht im Namen des Lebens, sondern des Todes.«

In unserem Predigttext muß sich Jeremia mit einer anderen Form von Prophetie auseinandersetzen. Hören wir ihren Repräsentanten, den Propheten Onarja. Der sagt mit altisraelitischem Pathos:
»So spricht Jahwe, der sich schon immer durch Träume offenbart hat. Denkt an Jakob, der im Traum den Himmel offen sah und Gewißheit seiner Rettung erhielt. In solchen Träumen offenbart sich Gott in uralten Bildern, denen wir uns anvertrauen dürfen. Sie sind hilfreicher als kalte Berechnungen der Zukunft nach Sternen. Sie sprechen uns an. Sie geben uns Mut – mehr Mut als die Katastrophenmalerei unserer früheren Propheten. Sie versöhnen unser Unbewußtes mit unserem Bewußtsein. Sie verleihen Schalom! Frieden mit uns selbst, Ganzheit und Geborgenheit.«
Aber auch hier hält Jeremia dagegen: »Ihr sagt den Leuten: Es wird euch gutgehen! Kein Unheil wird über euch kommen! Deshalb kommt ihr so gut an! Aber ihr seid nicht besser als die Gestirnpropheten: Die opfern Kinder ihrer schrecklichen Realität. Ihr aber opfert die Realität euren Wünschen. Ihr wagt es nicht, die Menschen mit der Wirklichkeit zu konfrontieren. Wißt ihr denn nicht: Wer sich gegen sie verfehlt, den bestraft das Leben – oft unerbittlich hart, als sei der Zorn Gottes gegen ihn entflammt. Es wäre eure Pflicht, die Menschen von ihren verkehrten Wegen abzubringen – anstatt Streicheleinheiten für das Unbewußte zu verteilen!«

Was können wir aus all dem über falsche Propheten lernen? Erstens: Als falscher Prophet gilt in der Bibel, wer ein fremdes Wertsystem in die israelitische Gesellschaft importiert, wer im Namen des Himmelsbaal spricht, nicht im Namen Jahwes. Die wahren Propheten sind dagegen in ihren Überzeugungen mit dem Volk solidarisch.

Zweitens: Es gibt auch unter denen, die im Namen Jahwes sprechen, falsche Propheten: Sie appellieren an gemeinsame Werte, um das Volk in seinem Weg zu bestärken – anstatt es mit seinem Versagen, seiner Unaufrichtigkeit und seiner Untreue gegenüber den gemeinsamen Überzeugungen zu konfrontieren.

Was aber ist Kennzeichen des wahren Propheten? Bei den falschen Propheten waren Sterne und Träume zur geheimnisvollen Schrift geworden, die ein modernes Zukunftswissen entzifferte. Jeremia berief sich dagegen auf das Wort Gottes. Diesem Wort traut er eine gewaltige Macht zu. Von ihm läßt er Gott sagen: »Ist nicht mein Wort wie ein Feuer und wie ein Hammer, der Felsen zerschmettert!« Der wahre Prophet orientiert sich also nicht an Sternen und Träumen, sondern am Wort Gottes. Aber was heißt das?

Jeremia war überzeugt: In den Ereignissen der Geschichte ist eine Botschaft verborgen. Sie ist nicht den äußeren Ereignissen abzulesen. Sie wird erst gehört, wenn man sie in Zusammenhang mit Gott sieht – wenn sie durch eine Tiefenschau in ein neues Licht gerückt wird. Dazu muß man nicht den Lauf der Sterne berechnen, auch nicht in Traumtiefen hinabsteigen. Dazu muß man intensiv aufmerken auf alles, was in der Wirklichkeit geschieht. Dann hört man vielleicht die Botschaft, dekodiert ihren Sinn. Nicht die Geschichte spricht dann, sondern Gott spricht durch sie hindurch. Nicht die Geschichte gibt Sinn. Aber sie wird zum Zeichenträger in einem Dialog mit Gott. Selbst in einer säkularisierten Welt reden wir von der »Herausforderung der Stunde«, von unserer »Verantwortung vor der Geschichte«. Aber wer fordert da heraus? Vor wem wird Verantwortung abgelegt? Jeremia war überzeugt: Gott fordert heraus. Er ruft zur Verantwortung. Sein Ruf meldet sich in den Herausforderungen der Geschichte.

Aber haben wir heute nicht große Schwierigkeiten mit solch einer Prophetie? Sind wir nicht unsicher, ob wir Gottes Ruf überhaupt hören? Wir erleben die Welt als stumm. Sie scheint gleichgültig gegenüber unseren Wünschen und Klagen. Aber wenn diese Stummheit nicht in der Wirklichkeit um uns herum begründet ist – wenn sie zustande kommt, weil unsere Ohren verstopft sind, weil wir unser Gehirn darauf programmiert haben, uns durch diesen Ruf nicht irritieren zu lassen? Haben wir nicht mit Recht den Verdacht, es könnte etwas sein, was wir überhören, was aber die Pro-

pheten gehört haben? Dann aber stellt sich die Frage: Wie können wir uns
dafür sensibilisieren? Wie können wir uns für diese Stimme öffnen?

Eben dazu ist die Bibel gut. Zwei Bilder in unserem Text können uns
dazu helfen. Zwei Bilder, die Jeremia für den Ruf Gottes gebraucht: das
Bild vom Feuer und vom Hammer. Denn so läßt er Gott sprechen: »Ist
nicht mein Wort wie ein Feuer und wie ein Hammer, der Felsen zerschmettert?«

Gottes Wort ist wie Feuer. Feuer meint zunächst Zerstörung. Aber es
ist auch ein Bild für Liebe. Für gewaltige, auflodernde, verzehrende Liebe – so wie Jeremia die Liebe zwischen Jahwe und Israel beschreibt. Jahwe hat um Israel wie um eine Geliebte in der Wüste geworben. Und sie
könnte mit dem Hohenlied Salomos antworten:

>»Lege mich an dein Herz
>wie das Siegel eines Ringes!
>Nimm mich an deinen Arm
>wie einen Spangenreif!
>Denn die Liebe hat die Gewalt des Todes
>und ihr Anspruch ist unerbittlich
>wie die Unterwelt.
>Ihre Gluten sind
>Feuersgluten,
>ihre Flammen
>sind die Flammen des lebendigen Gottes.« (Hld 8,6)

Wer vom Ruf Gottes getroffen ist, in dem wird ein Feuer angezündet. Es
geht ihm so, wie wenn er verliebt ist. In diesem Zustand sind alle Zweifel
verschwunden, ob Leben und Welt sinnvoll sind. Das Leben hat ein Zentrum. Alles ist gut, was in Berührung mit diesem Zentrum steht. Nahe dem
geliebten Menschen sein ist Glück in sich. Andere Menschen nehmen dieselbe Geliebte wahr, aber sie können diese Wirkung nicht verstehen.

Genauso geht es denen, die vom Wort Gottes getroffen sind. Sie sind
verliebt – aber nicht in einen Menschen, nicht in eine Idee, nicht in dies
oder das, sondern in das Leben selbst – in ein Leben, von dem das eigene
Leben nur ein schwaches Echo ist. Glaube ist Eros zum Sein. Glaube ist
Verliebtsein in die Wirklichkeit selbst. Andere Menschen erleben dasselbe, aber hören doch nicht dasselbe. Sie alle sind geborgen in derselben
Macht, aber nur in einigen zündet sie ihr Feuer. Sie alle sind gerufen, aber
nur einige antworten mit einem Bekenntnis der Liebe und des Glaubens.
Allen ist Gott nah, aber nur für einige wird er zum Gott aus der Nähe.

Aus dieser Liebesgeschichte mit Gott kann im Laufe des Lebens eine
feste Bindung werden: eine Ehe, mit allem, was dazu gehört: mit zerrei-

ßenden Ehekrisen, Ehebruch und Versöhnung. Ein ewiger Bund. Das Ja zu ihm ist ein unbedingtes Ja zum Leben. Und deshalb ist eins klar: Wer einmal vom Feuer dieser Liebe ergriffen wurde, kann unmöglich Kinder durchs Feuer gehen lassen. Das ist ein Greuel. Gleichgültig, wo es geschieht, im alten Israel oder in Sarajewo oder in den Townships von Johannesburg: in Boipatong und Tokoza.

Damit sind wir bei dem zweiten Bild. Es gilt der dunklen Seite Gottes, dem Gott aus der Ferne. Denn das Wort Gottes ist nicht nur ein Bote der Liebe, es ist ein Hammer, der Felsen zerschlägt. Es trifft uns als Vernichtung und Tod. Diesen Tod sah Matthias Claudius als einen mächtigen Hammer. Er schreibt:

»Ach, es ist so dunkel in des Todes Kammer,
tönt so traurig, wenn er sich bewegt,
und nun aufhebt seinen schweren Hammer
und die Stunde schlägt.«

Wo der Tod ins Leben schlägt, da sind wir wie betäubt. Es wird ganz still. Die Verstorbenen entfernen sich in ein Schweigen jenseits unseres Begreifens. Aber wir Lebenden sind gefragt: Habt ihr so gelebt, daß ihr dem Bund mit dem Leben treu ward? Oder ward ihr treulos? Ward ihr Ehebrecher? Ward ihr Lebensbrecher? Und dann kann uns der Ruf treffen: Kehr um! Du hast dies Leben nur einmal! Nur einmal hat Gott es dir gegeben! Was aber hast du mit ihm bisher gemacht?

Derselbe Ruf trifft uns auch in geschichtlichen Katastrophen. Die Toten von Vukovar, von Sarajewo, von Boipatong – sie alle rufen: Kehrt um! Wer nicht rechtzeitig umkehrt, den bestraft das Leben. Wer aus Katastrophen nicht die Stimme zur Umkehr hört, der hört nur die Stimme seiner Träume und Wünsche. Und die sagen: Uns kann so etwas nicht passieren. Uns wird nichts geschehen. Und sie verdrängen, wie dünn die Eisdecke der Kultur ist. Sie kann jederzeit wieder einbrechen. Auch bei uns.

Das Wort Gottes ist somit beides: Schicksalshammer und Liebesflamme. Gott ruft aus der Ferne und aus der Nähe. Wahre Prophetie bringt beides zum Ausdruck: ein unbedingtes Ja zum Leben und ein klares Nein zu seinen Verfehlungen. Daran können wir auch unsere Müsli-, Öko- und Friedenspropheten messen.

Natürlich sollten wir sie ernst nehmen. Widersprechen sollten wir ihnen jedoch, wenn sie sich in die Nachfolge der Gestirnpropheten stellen, die meinen, durch Beobachtungen der Natur die Zukunft erschließen und uns so sagen zu können, was wir tun sollen. Das ist eine Illusion. Nie wird uns der Blick auf Tatsachen allein sagen, was wir tun sollen. Jedes Sollen, jede Orientierung zum Leben ist ein Mehrwert über das Beobachtbare hinaus. Wer gar meint, diesen Mehrwert gesetzmäßig berechnen und Zukunft stringent planen zu können, der wird bald Kinder für sie opfern.

Wir sollten heutigen Propheten aber auch widersprechen, wenn sie sich in die Nachfolge der Traumpropheten stellen. Als dekretierten unsere Wünsche und Träume, was sein soll und sein kann! Nein! In allem, was wir tun, stehen wir in einer harten Auseinandersetzung mit der Realität – auch dann, wenn wir herauszufinden versuchen, was wir tun sollen und hoffen dürfen. Und diese Realität haben wir nicht geschaffen. Sie ist uns in ihrer ganzen Widerspenstigkeit vorgegeben.

Die Propheten Israels waren überzeugt: Jener Mehrwert an Sinn, der Orientierung für die Zukunft gibt, ist weder von uns geschaffen, noch ist er ablesbar aus den Daten der Geschichte. Er erschließt sich uns, wenn wir in unserer Geschichte den Ruf Gottes hören. Wir treten dann in einen Dialog, in dem alles offen ist.

Gewiß ist nur eines: Es ist schon in sich Wert, Sinn und Glück, in diesen Dialog zu treten.

Gewiß ist nur eines, daß wir das Ja zum Leben nicht aus der Welt ablesen und rechtfertigen müssen. Denn das ist unmöglich. Dazu ist die Welt viel zu traurig.

Gewiß ist nur eines, daß wir dies Ja nicht trotzig in die Welt hineinschleudern müssen, als schafften erst wir die Bedingungen dafür. Damit übernehmen wir uns.

Gewiß ist, daß wir auf ein großes Ja antworten, das wir zuvor gehört haben. Von dieser Gewißheit getragen, können wir viele Ungewißheiten ertragen: Ungewißheiten in der Gesellschaft. Was folgt aus diesem Ja zum Leben für den Schutz des ungeborenen Lebens? Die Diskussion darüber geht mitten durch uns hindurch. Sie geht auch mitten durch mich hindurch. Ich habe dazu keine prophetische Botschaft, es sei denn die Botschaft, daß es unsere Aufgabe ist, Ungewißheit zu ertragen – und daß es keine befriedigende Lösung gibt.

Und dann gibt es die Ungewißheiten im eigenen Leben. Es braucht manchmal quälend lange, bis man heraushört, was die eigene Aufgabe ist, wo der eigene Weg geht. Auch hier hilft mir die Frage: Ist es vielleicht deine Aufgabe, Ungewißheit auszuhalten, vielleicht sogar etwas Produktives daraus zu machen? Auch das kann die Botschaft sein.

Wenn ich nun erneut eine Einladung erhielte, eine prophetische Rede zu halten, wie würde ich antworten? Vielleicht würde ich schreiben:
Liebe Gemeinde,
ich habe nicht mehr prophetische Vollmacht als ihr. Jeremia sah eine Zeit

kommen, in der alle vom prophetischen Geist ergriffen werden. In einer großartigen Vision sagt er auch zu euch:

»So spricht der Herr:
Ich werde mein Gesetz in euer Inneres legen
und es euch ins Herz schreiben;
ich werde euer Gott sein,
und ihr werdet mein Volk sein.
Da wird keiner mehr den anderen,
keiner seinen Bruder und seine Schwester belehren:
»Erkennet den Herrn!«,
sondern ihr werdet mich alle erkennen,
klein und groß,
so spricht der Herr;
denn ich werde eure Schuld verzeihen
und eurer Sünden nimmermehr gedenken.« (nach Jer 31,33-34)

Jeder von euch hat die Gabe, herauszufinden, was Gottes Wille für ihn ist. Allen ist sie verheißen. Keiner braucht auf einen Propheten zu warten. Keiner ist auf Belehrung von außen angewiesen. Gott traut euch zu, daß ihr selbst hört, urteilt, entscheidet und unterscheidet – auch unterscheidet zwischen wahren und falschen Propheten, zwischen guten und schlechten Vorträgen, zwischen guten und schlechten Predigten. Amen.

Diese Predigt wurde am 28.6.1992 in der Peterskirche Heidelberg gehalten. Das Liebesgedicht aus dem Hohelied Salomos wird hier (mit einer leichten Abwandlung von »geheimnisvolle Glut« zu »Feuersgluten« und damit einer größeren Nähe zum ursprünglichen Text) wiedergegeben nach der Übersetzung des deutschen Dichters Manfred Hausmann, vgl. H.Timm (Hrsg.): Das Hohe Lied Salomos. Nachdichtungen und Übersetzungen aus sieben Jahrzehnten, Insel Taschenbuch 600, Frankfurt 1982, S.169. Das Gedicht »Der Tod« von Matthias Claudius findet sich in: M. Claudius, Sämtliche Werke, München 1974, S. 473. Zu der im Hintergrund der Predigt stehenden Auffassung der Propheten und insbesondere des Propheten Jeremia vgl. K.Koch: Die Profeten II, Stuttgart ²1988, 21-86. Die Predigt wurde kurz nach dem Massaker in Boipatong (in der Republik Südafrika) gehalten. Dort wurden 41 Schwarzafrikaner ermordet. Der Verdacht einer Beteiligung von Teilen der weißen Regierung an diesem Massaker war berechtigt: Immer mehr verdichteten sich die Hinweise darauf, daß reaktionäre Kreise der weißen Regierung, der Armee und Polizei die schwarze Mehrheit durch Terror demoralisieren und ihre Führung (den Afrikanischen Nationalkongreß; ANC) kompromittieren wollten. Gleichzeitig kam es im Jugoslawischen Bürgerkrieg zur Zerstörung der Stadt Vukovar und zur Vertreibung der kroatischen Bevölkerung aus ihr. Innenpolitisch war das damals alle bewegende Thema der Beschluß des Bundestags vom 26.6.1992, das Abtreibungsrecht im Sinne einer Fristenregelung (oder besser: einer Selbstindikationsregelung mit Pflichtberatung) zu liberalisieren.

»Selig sind die Armen im Geiste.«
Die erste Seligpreisung zwischen
Links- und Rechtsprotestantismus

(Matthäus 5,3)

Selig sind die Armen im Geiste,
denn ihnen gehört das Reich der Himmel.
Selig sind die Trauernden;
denn sie werden getröstet werden.
Selig sind die Sanftmütigen;
denn sie werden die Erde besitzen.
Selig sind, die hungern und dürsten nach Gerechtigkeit,
denn sie werden gesättigt werden!

Wie gern würde ich in dieser Predigt nichts anderes tun, als euch diese Worte in immer neuen Variationen zuzurufen! Denn ich weiß: Wenn wir zusammenkommen, sind Menschen unter uns, denen es schlecht geht – mitten unter vielen, denen es gut geht.

Ich denke an Menschen, die sich arm und elend vorkommen. Arm nicht an Geld und Intelligenz, sondern arm an jenem Geist, der das Leben gelingen läßt. Sie fühlen sich oft tot wie ein Lehmklumpen, so wie Adam sich hat fühlen müssen, bevor Gott seinen Geist in ihn hauchte – jenen Geist, der erst Leben in das Leben bringt. Sie können sich nicht vorstellen, daß dieser lebendigmachende Geist sie erfaßt, daß er sie auf die Beine stellt, sie aufrecht gehen läßt; daß sie einen Lebenspartner finden, der Fleisch ist von ihrem Fleisch, und daß sie zusammen mit ihm glücklich sind.

Ich denke an Menschen unter uns, die traurig sind. Traurig aufgrund von Krisen und Schicksalsschlägen. Traurig, weil ihr Leben zu Ende geht. Weil sie sich auf den Tod vorbereiten müssen. Traurig, weil sie einsam sind. Traurig, weil die ungerechte Verteilung von Lebenschancen auf dieser Erde sie deprimiert. Manche sind chronisch traurig – und werden noch trauriger durch den Versuch, ihre Traurigkeit zu verbergen. Weil sie auch dazu gehören möchten – zu den vielen, die unbelastet dahinleben, bei denen die Bilanz von Weinen und Lachen, von guter und schlechter Stimmung ausgeglichen ist.

Ich denke an Menschen unter uns, die sich nicht durchsetzen können. Sanftmütige Menschen! Menschen, die man lieb haben muß. Weil sie immer zuerst an andere denken. Allen wollen sie es recht machen. Aber innerlich klagen sie: Wer nimmt auf mich Rücksicht? Wer denkt an mich? Warum setzen sich immer die anderen durch, die ihre Ellenbogen unbefangen gebrauchen?

Ich denke an Menschen unter uns, die gekränkt sind, denen keine Gerechtigkeit widerfahren ist, die nach Anerkennung hungern und dürsten.

Ihnen allen gilt die erste Seligpreisung. Sie ist die Überschrift zu allen anderen.

Selig sind, die arm sind an Geist, der lebendig macht.
Arm an Geist, der fröhlich macht.
Arm an Kraft, sich durchzusetzen.
Arm an innerer Stärke, um Kränkungen zu überwinden.
Selig sind die, denen der Geist fehlt,
der kompetent zum Leben macht,
fähig zum Tun des Guten,
stark zum Ertragen der Püffe und Schläge,
die das Leben mit sich bringt.
Sie sollen den Geist des Lebens erhalten.

Ich kann nur ahnen, wie viele Hindernisse diese Botschaft überwinden muß, um zu euch zu dringen.

Vielleicht bin ich selbst ein Hindernis. Wie leicht könnte jemand sagen: Du hast gut reden! Dir geht es gut! Du bist glücklich. Oft sehr glücklich. Und ich könnte nur sagen: Es stimmt! Beim edlen Wettstreit darum, wer der Unglücklichste ist, habe ich zur Zeit wenig Chancen.

Und das zweite Hindernis. Das ist der Blick auf die anderen. Auf die unter uns, denen es gut geht. Wenn ich mich hier umschaue, entdecke ich viele Menschen, die manche Psychologen Yavis-Menschen nennen würden: Y -A -V -I – S – Menschen. Young, Attractive, Verbal, Intelligent, Social high level. Menschen, die so sind, wie man am liebsten das ganze Leben lang sein möchte. Wem es ganz schlecht geht, dem kann selbst die Anwesenheit solch glücklicher Menschen weh tun, weil er sich ständig mit ihnen vergleicht. Obwohl auch solche Y-A-V-I-S-Menschen nicht nur glücklich sind. Denn ich fand den Begriff in einer Beschreibung der Klientel von Psychoanalytikern.

Und nun das Haupthindernis. Das Mißtrauen gegen uns selbst. Manchmal denke ich, der Schöpfungsbericht müßte umgeschrieben werden, um dies Mißtrauen zu erklären: Als Gott den Menschen aus Lehm schuf und ihm seinen Geist einhauchte, da wurde einer der Engel von Neid erfüllt, weil der Mensch eine Vorzugsbehandlung erhielt, und er hauchte seinen Neid in den Menschen hinein. Seitdem hören wir manchmal eine Stimme in uns, die uns einflüstert: Glaub' nicht, daß du etwas wert bist! Glaub' nicht, daß du das Ebenbild Gottes bist! In Wirklichkeit bist du nur ein nutzloser Lehmklumpen, ein bißchen Dreck! Bilde dir nicht ein, daß andere dich gern haben. Sie sagen nur aus Mitleid mit dem Lehmklumpen ein paar nette Worte zu dir. Glaub' nicht, daß Gott dich liebt. Er sagt das zwar in seinem Wort. Aber es stimmt nicht. Gott kann einfach nicht zugeben, daß sein Experiment mit dem Lehmklumpen ein Fehlschlag war! Er ist zu höflich, um dir ins Gesicht zu sagen, daß gerade das Experiment mit dir daneben ging.

Gegen all diese Stimmen möchte ich die Worte Jesu setzen, die sagen: Selig seid ihr, die ihr arm seid an Geist, arm an lebendigmachendem Geist. Jesus spricht:

Kommt her zu mir, ich gebe euch meinen Geist, der euch Zuversicht zu euch selbst verleiht. Ich gebe euch meinen Geist, der Menschen, die sich wie der letzte Dreck vorkommen, zum Ebenbild Gottes macht. Ich gebe euch meinen Geist, der souverän macht gegenüber den Kränkungen und Niederlagen des Lebens. Ich gebe euch meinen Geist, der Leid in Segen verwandelt, Trauer in Freude, der eure innere Lähmung überwindet, so daß ihr fähig werdet, das Gute zu vollbringen und Schritte in Richtung auf das Reich Gottes zu tun.

Ich sagte am Anfang: Am liebsten würde ich nichts anderes tun, als euch immer wieder dasselbe in neuen Variationen zuzurufen.

Aber ich muß mein Verständnis der Seligpreisungen verteidigen gegen Einwände. Ich muß nicht nur die Hindernisse überwinden, die in jedem von uns liegen und die uns mißtrauisch machen gegen die guten Worte Jesu. Nein, es gibt auch sachliche Einwände.

Als ich diese Predigt vorbereitete, hatte ich folgende Phantasie: Ich werde vor zwei exegetische Spruchkammern zitiert, die mir mitteilen, es gebe grundsätzliche, erhebliche und anders lautende tiefschürfende Einwände gegen mein Verständnis der Seligpreisungen.

Die erste exegetische Spruchkammer ist ein Komitee des Linksprotestantismus. Ich erkenne sofort viele Theologen und Theologinnen, die mir nahestehen. Alle in Pullover und Jeans. Und sie klagen mich an:

Du setzt eine unheilvolle Tradition fort mit deiner Auslegung der Seligpreisungen. Du interpretierst sie spiritualisierend.

Warum sagst du: ›Selig sind die Armen‹ – und nicht ›Glücklich sind die Armen‹? Denn es geht um Glück, um handfestes Glück.

Warum sagst du: ›Selig sind die Armen im Geiste‹ – und nicht (wie Lukas): ›Selig die Armen – die, die richtig arm sind‹?

Und warum sagst du: ›Selig sind die Armen im Geiste, denn ihnen gehört die Herrschaft der Himmel‹? Damit verlagerst du den Trost in den Himmel, weg von der Erde in ein blasses Jenseits. Warum sagst du nicht einfach: ›Ihnen gehört die Herrschaft? Den Armen gehört die Herrschaft‹. Das klingt doch viel besser.

Ich will schon mit dem Gegenargument parieren, daß sie ihre Kritik an den Evangelisten Matthäus adressieren müssen. Denn der spricht von »Armen im Geist« anstatt von »Armen«, von der »Herrschaft der Himmel« anstatt von »Herrschaft«.

Aber dann überkommt mich der exegetische Ehrgeiz, Matthäus zu verteidigen. Und ich sage: Die Armen im Geiste lassen sich bei Matthäus nicht gegen die Armen im wörtlichen Sinne ausspielen. Sein Evangelium von der Gottesherrschaft ist konkret. Er sagt: Blinde sehen, Lahme gehen, Aussätzige werden geheilt, Taube hören, Tote stehen auf – und Armen wird das Evangelium gepredigt. Hier sind eindeutig Arme im wörtlichen Sinne gemeint: Wer aber arm ist im wörtlichen Sinn, dem schlägt die Armut bald auf den Geist, auf jenen Geist, von dem Matthäus einmal sagt: Der Geist ist willig, das Fleisch aber schwach. Dieser Geist ist Wille zum Leben. Arm an Geist, das sind die, in denen der Wille zum Leben erschüttert ist, begraben unter Lawinen von Unglück – auch unter den Lawinen konkreter Not und Armut, auch unter der Trauer über die skandalösen Verhältnisse auf unserer Erde.

Und weiter: Es gibt keinen Grund, den Matthäusevangelisten zu tadeln, weil er vom Himmelreich spricht. Er spricht nicht spiritualisierend von ihm, als handle es sich um Glück in einem utopischen Nirgendwo. Das zeigt die parallele Seligpreisung der Sanftmütigen. Ihnen wird der Besitz der Erde verheißen, so wie den geistig Armen der Besitz des Himmelreichs verheißen wird. Die Erde ist der Ort des Himmelreichs. Der Himmel auf Erden – das schwebt dem Evangelisten vor. Und dieser Himmel auf Erden beginnt überall, wo Menschen, die arm an Lebenskraft sind, wieder Lebenskraft gewinnen.

Auf keinen Fall aber darf man Matthäus kritisieren, weil das reiner Trost sei. Nein, er erwartet, daß wir etwas dafür tun. Der Weg zum Himmelreich auf Erden ist bei ihm ein »Weg der Gerechtigkeit«. Und Gerechtigkeit ist bei Matthäus etwas, das man tun soll. Auf diesem Weg der Gerechtigkeit gehen viele Menschen: Johannes der Täufer – und sogar die Pharisäer und Schriftgelehrten. Aber die Nachfolger Jesu sollen weiter vorankommen auf diesem Weg. Ihre Gerechtigkeit soll größer sein als die der Pharisäer und Schriftgelehrten. Ihr Einsatz soll sie übertreffen – durch konkrete Taten der Liebe.

Aufgrund dieser Verteidigung des Matthäusevangeliums werde ich sofort vor die zweite exegetische Spruchkammer zitiert: vor das Bibelkomitee des Rechtsprotestantismus. Diesmal sitzen seriöse Herren vor mir in dunklen Anzügen, einer im Lutherrock mit Kreuz vor dem Latz. Wahrscheinlich ein Bischof. Man spricht mich sehr höflich an:

Meine Auslegung müsse man leider beanstanden, weil sie eine bedenkliche moralisierende Tradition fortsetze. Ich verstünde die Seligpreisungen als Beschreibung des christlichen Lebens – als christliche Ethik – nur daß ich die altmodischen Begriffe wie »Tugend« und »Sittlichkeit« gegen Lebenskompetenz und Lebensgeist ausgetauscht hätte. Aber der Grundfehler sei: Die Seligpreisungen würden als Hinweise auf das verstanden, was Menschen tun müssen, was sie erreichen müssen, nämlich Lebenskompetenz erlangen.

Und dann sagt mir dieser Mensch im Lutherrock: »Warum halten Sie sich nicht an den Text: Selig sind die Armen im Geiste! Die Gottesherrschaft beginnt, wo Gott den Menschen durch seinen heiligen Geist gerecht spricht. Wo Gott allein handelt, wo das Handeln des Menschen ausgeschlossen ist. Selig werden die gepriesen, die wissen, daß sie radikal auf Gottes Handeln, auf seinen Geist angewiesen sind. Die alles von ihm erwarten. Die sich nichts zutrauen. Die demütig Gott vertrauen. Die Seligpreisungen sind deshalb reiner Indikativ: Zuspruch göttlicher Gnade. Ihre Auslegung aber macht einen Imperativ daraus. Und aus der Verheißung des göttlichen Geistes die Verheißung eines erneuerten menschlichen Geistes, der Kompetenz zum Leben bewirkt.«

Trotz solcher Anschuldigungen fühle ich mich sicher. Denn ich weiß, daß ich in diesem Kreis halb gewonnen habe, wenn ich mich auf dem Boden der Schrift bewege, was man von meinen linksprotestantischen Freunden nicht immer sagen kann. Und ich weiß: Ganz gewonnen habe ich, wenn ich sogar Luther zitieren kann.

Zunächst verteidige ich meine Deutung der »Armen im Geiste« auf die, die arm an menschlichem Lebensgeist und Lebenswillen sind. Ich bin sicher, es handelt sich um den menschlichen, nicht um den heiligen Geist. Denn genauso wie später die selig gepriesen werden, die rein in ihrem Herzen sind, so werden am Anfang die selig gepriesen, die arm sind in ihrem Geist. An beiden Stellen finden wir dieselbe grammatische Konstruktion. Beides, Herz und Geist, ist parallel zueinander zu lesen und zu hören. Es geht um den Geist, der das menschliche Herz bestimmt, um den Geist, der willig ist, wo das Fleisch schwach ist. Es geht bei den Armen im Geist um die, bei denen der Geist nicht mehr willig, sondern zerschlagen, geknickt, gebrochen ist. Herrschaft der Himmel heißt auch: Sie werden wieder in ihrem eigenen Leben zur Herrschaft kommen, anstatt sich von Trauer, Angst und Mutlosigkeit beherrschen zu lassen.

Die Seligpreisungen sind deshalb kein Imperativ. Sie wollen uns die Augen öffnen für etwas, das schon vorhanden ist, für etwas, das schon geschieht.

Führen wir uns die Situation bei Matthäus vor Augen! Da strömt das geschundene und geplagte Volk zu Jesus: »alle Leidenden, die mit mancherlei Krankheit und Qualen behaftet waren, Besessene und Mondsüchtige und Gelähmte. Und Jesus heilt sie.« Dann steigt er auf den Berg und, während das Volk im Hintergrund steht, spricht er zu seinen Jüngern: Selig sind die Armen im Geiste – die arm sind an lebenschaffendem Geist. Das ist eine Aufforderung an die Jünger: Seht doch diesen Haufen verzweifelter Menschen, denen Jesus geholfen hat! Seht diese heimatlosen Menschen! In ihnen ist viel Sanftmut. In ihnen ist Hunger und Durst nach Gerechtigkeit. In ihnen ist Barmherzigkeit. In ihnen ist Reinheit des Herzens. Unter ihnen sind Friedensstifter. Gerade in diesen Menschen, die ganz am Ende sind, kann man all diese positiven Qualitäten entdecken. Man muß nur einmal Augen dafür bekommen. Man muß sie mit den Augen Gottes – mit den Augen Jesu betrachten! Selig sind, die arm sind an Lebenskompetenz. Mit ihnen will Gott sein Reich auf Erden beginnen.

Als ich so weit gekommen bin, fällt mein Auge auf den Lutherrock. Mich überkommt ein Zorn über die Abwertung von Moral und Lebenskompetenz, die ich hinter diesem Lutherrock vermute. Und ich schleudere mein Lutherzitat gegen den Lutherrock. Denn Luther selbst sah in den Seligpreisungen »Auslegung aller Gesetze, die schon gegeben sind und noch je gegeben werden können«, Kriterien für jede Ethik und Moral. Er sah in ihnen Hinweise für ein christliches Leben. Besonders schön ist, was er zur Seligpreisung derer sagt, die reinen Herzens sind: Sie soll uns die Augen dafür öffnen, daß man »Gott in den Elenden, Irrenden und Mühseligen suchen (soll), auf die auch er selber siehet: da schaut man Gott, da wird das Herz rein und aller Hochmut liegt darnieder.«

Die Seligpreisungen lehren uns, Gott in den Armen zu sehen: seine Güte in ihrer Güte, seine Barmherzigkeit in ihrer Barmherzigkeit, seinen Frieden in ihrer Friedfertigkeit. Die Seligpreisungen lehren uns, etwas zu entdecken, das schon da ist – und doch erst sichtbar wird, wenn wir die Menschen mit den Augen Jesu, mit den Augen Gottes, mit den Augen der Liebe anschauen.

Und deshalb ist die Seligpreisung der Armen im Geiste an uns alle adressiert – an linke und rechte Protestanten, an Glückliche und Unglückliche, an Menschen, die gebrochen und geknickt sind, und an die anderen, die »Young, Attractive, Verbal, Intelligent and Social high level« sind. Und deshalb sind sie ganz allgemein bei Matthäus formuliert: »Selig sind, die arm sind im Geiste« – nicht nur: »Selig seid *ihr*, die *ihr* arm seid im Geiste«. Denn wir alle sollen Augen dafür bekommen, daß in denen positive Möglichkeiten stecken, in denen der Wille zum Leben erschüttert ist.

Die Glücklichen sollen lernen, sie in den Unglücklichen wahrzunehmen.

Die Unglücklichen dürfen sie bei sich selbst entdecken, auch wenn sie dabei mit einer bohrenden Stimme zu kämpfen haben, die ihnen einflüstern will: Du bist nichts wert. Du bist nur ein Stück Dreck.

Wir alle, Glückliche und Unglückliche, sind Dreck und Lehm, ein Stück kompliziert organisierte Materie. Aber es muß ein wunderbarer Dreck sein, der sich zu so etwas gestalten läßt, wie wir es sind.

Denn wir alle, Glückliche und Unglückliche, sind Gottes Ebenbild. Er hat uns seinen lebenschaffenden Geist gegeben. Dieser Geist stellt uns auf die Beine. Er läßt uns aufrecht gehen. Er führt uns zusammen, damit wir uns lieben. Und dort, wo das geschieht, beginnt der Himmel auf Erden. Dort vollzieht sich ein großer Schritt in unserem kleinen Leben: der Schritt ins Reich der Himmel. Und ihr alle dürft dabei sein – durch das Tun des Guten, durch Verwirklichung des Willens Gottes auf der ganzen Erde, auch wenn ihr arm im Geist, arm an Lebensmut, arm an Lebenswillen seid. Euch alle hat Gott erwählt zu Bürgern seines Reichs.

Und wenn du sein Wort hörst, wenn es dich erreicht, dann darfst du gewiß sein, daß auch du dazu bestimmt und erwählt bist. Darum bitte ich dich: Hör auf die Worte Jesu! Gib ihnen Einlaß in dein Herz! Laß sie lauter sein als alle Stimmen des Neids und des Zweifels! Gott selbst wirbt um dich. Gott selbst will durch diese Worte Einlaß bei dir finden. Hör darum noch einmal die guten Worte Jesu:

Selig sind die Armen im Geiste,
denn ihnen gehört das Reich der Himmel!
Selig sind die Trauernden;
denn sie werden getröstet werden.
Selig sind die Sanftmütigen;
denn sie werden die Erde besitzen.
Selig sind, die hungern und dürsten nach Gerechtigkeit,
denn sie werden gesättigt werden!

Und der Friede Gottes, der höher ist als alle unsere Vernunft, bewahre eure Herzen und Sinne in Christo Jesu. Amen.

Diese Predigt wurde am 28.4.1991 in der Peterskirche als Einleitung einer Predigtreihe über die Seligpreisungen gehalten. Die Lutherzitate finden sich bei E.Mühlhaupt (Hg.): D. Martin Luthers Evangelien-Auslegung, Göttingen [4]1973, Bd 2, S. 53; S. 55.

Lichtspuren
Von der Ungemütlichkeit, das Licht der Erde zu sein

(Matthäus 5,13-16)

Ihr seid das Salz der Erde. Wenn aber das Salz seine Schärfe verliert, womit soll es salzig gemacht werden? Es ist zu nichts mehr nütze, als daß es hinausgeworfen und von den Leuten zertreten wird. Ihr seid das Licht der Welt. Eine Stadt, die auf einem Berge liegt, kann nicht verborgen sein. Man zündet auch nicht ein Licht an und stellt es unter den Scheffel, sondern auf den Leuchter; dann leuchtet es allen, die im Hause sind. So soll euer Licht vor den Menschen leuchten, damit sie eure guten Werke sehen und euren Vater, der in den Himmeln ist, preisen.

Jesus ruft euch zu: Ihr seid das Salz der Erde! Ihr seid das Licht der Welt! Ohne euch wird die Erde ungenießbar! Ohne euch wird die Welt dunkel! Denn ohne euch werden die Menschen vergessen, Gott zu loben und zu danken.

Ein ungeheurer Anspruch ist das. Er droht uns zu überfordern. Stimmen diese Worte denn? Sind Christen das Salz der Erde, das Licht der Welt?

Und selbst wenn es richtig wäre – sind diese Worte nicht Ausdruck eines unerträglich elitären Bewußtseins?

Säkularisierte Zeitgenossen mögen diese Worte ärgerlich finden. Deshalb sei daran erinnert: Diese Worte haben eine Entsprechung im Bewußtsein unserer Zeit. Auch hier finden wir ein ungeheures Selbstbewußtsein, nur daß es uns niemand zuspricht. Wir sprechen es uns selbst zu. Wir sagen zu uns selbst:

WIR SIND DAS LICHT DER WELT – wir Menschen. Vor uns war Dunkelheit. Vor uns war die Natur. Sie hat uns hervorgebracht wie eine Stiefmutter, die sich um ihre Kinder nicht kümmert. Denn sie ist gleichgültig gegen unsere Freuden und Schmerzen. Wir haben uns durch Technik von ihr emanzipiert, haben ihre Härte durch Hilfe untereinander gemildert. Wir haben so den Funken des Sinns in eine dunkle Welt geworfen – den Funken der Freiheit, der Erkenntnis, der Liebe. Wir haben das Leben lebenswert gemacht. Wir sind das Licht der Welt. Auch für die anderen, die noch nicht unsere Stufe der Aufklärung erreicht haben. Auch für die stummen Lebewesen.

Aber es gibt auch eine Gegenstimme in uns. Die sagt: WIR SIND DAS SALZ DER ERDE. Von uns hängt ab, ob sie genießbar bleibt. Wahrscheinlich haben wir die Erde schon versalzen. Wahrscheinlich haben wir etwas Systemwidriges in sie hineingebracht, das alles durcheinanderbringt – Gleichgewichte, die in Millionen von Jahren entstanden sind. Deshalb haben wir Angst, daß sich das Salz als unbrauchbar erweist, daß man es wegwerfen muß – in den Mülleimer der Evolution, wo die gescheiterten Lebensformen enden.

So schwanken wir zwischen aufklärerischem Stolz und Angst vor Versagen. Und beides hängt zusammen. Wenn wir den Funken des Sinns in die Welt bringen, dann hängt alles von uns ab – von uns, einem Krustenphänomen auf einem winzigen Planeten, in einer Ecke des Weltalls.

Es ist ungemütlich, Salz der Erde und Licht der Welt zu sein. Es ist ungemütlich – gleichgültig, ob wir die Worte der Bergpredigt in ein säkularisiertes Bewußtsein ohne Gott übersetzen oder ob wir sie als Ruf Gottes hören. Und doch gibt es einen Unterschied zwischen beiden »Ungemütlichkeiten«. Den möchte ich herausstellen. Ich gehe dazu die dreifache Verheißung des Lichts durch, die wir am Anfang des Matthäusevangeliums finden (in Mt 4,5 und 6).

Die erste Lichtverheißung in Mt 4 steht im Rahmen der Bergpredigt. In den Worten und Taten Jesu geht für den Evangelisten eine alttestamentliche Verheißung in Erfüllung – eine Verheißung Jesajas. Sie lautet:

Das Volk, das in Finsternis saß,
hat ein großes Licht gesehen,
und denen, die saßen am Ort und im Schatten des Todes,
ist ein Licht aufgegangen.

Bevor uns gesagt wird: Ihr seid das Licht der Welt, hören wir die Verheißung: Das Licht ist aufgegangen. Wir müssen es nicht schaffen. Wir müssen es nicht in die Welt hineinbringen. Das Licht bricht in diese Welt hinein wie durch finstere Wolken. An einer Stelle findet es für alle einen Durchbruch: in Jesus, in seinen Worten und Taten. In ihm leuchtet ein Licht auf, das von Anfang an strahlt, das jeden Menschen erleuchtet, der in die Welt gekommen ist. Er ist das Licht Gottes. Gott selbst ist Licht.

Hier liegt ein entscheidender Unterschied zum säkularisierten Bewußtsein ohne Gott: Alles Licht ist Abglanz eines großen Lichts, auch wenn wir das nicht wahrhaben wollen. Auch wenn wir es immer wieder vergessen und verleugnen. Wir vergessen im Alltag ja auch, daß alles, was wir sehen, verwandeltes Sonnenlicht ist – gebrochen durch verschiedene Oberflächenstrukturen, abgewandelt in bunte Farben und Figuren. Wir denken, die Dinge seien Ursache dessen, was wir sehen. Erst durch eine unserem Alltagsbewußtsein entgegenlaufende Gedankenanstrengung begreifen wir: Alles, was am Tag auf unsere Netzhaut eindringt, hat letzlich nur eine Ursache: die Sonne. Ohne sie ist alles Nacht und Finsternis.

So geht es uns auch mit Gott: Wir führen die Buntheit der Welt auf Dinge und Ereignisse in ihr zurück und vergessen den Grund aller Dinge; wir vergessen, daß uns durch alle Dinge und Ereignisse seine gebrochenen Strahlen erreichen – jeden Augenblick und überall. Diese Strahlen sind der Ruf Gottes: Wo bist du Adam? Wo bist du Eva? Was machst du mit dem unendlichen Wert deines Lebens? Was machst du mit der Schöpfung? Was machst du mit deinen Brüdern und Schwestern, die nach Gerechtigkeit hungern und dürsten? Es gibt keinen Ort in der Welt, wo uns dieser Ruf nicht erreicht! Er ist allgegenwärtig wie Licht. Er umgibt uns wie Luft! Er bewegt uns wie ein Magnetfeld. In ihm leben, weben und sind wir.

Und darum gilt: Nicht wir schleudern den Funken des Sinns in eine sinnlose Welt – sondern er wird in uns angezündet durch den Ruf Gottes. Dieser Ruf Gottes ist der Funke des Sinns, der in der Finsternis ein helles Licht anzündet – das Licht der Wahrheit, der Freiheit und der Liebe. Er macht uns zu Stellvertretern seines Lichts in dieser Welt – auch für die anderen, die Gott nicht loben und danken. Auch für die stummen Kreaturen.

Die zweite Lichtverheißung am Anfang der Bergpredigt in Mt 5 setzt uns zu Stellvertretern des Lichtes ein. Ich lese sie noch einmal vor:

Ihr seid das Licht der Welt! Es kann die Stadt, die auf einem Berge liegt, nicht verborgen sein. Man zündet auch nicht ein Licht an und setzt es unter einen Scheffel, sondern auf einen Leuchter: so leuchtet es allen, die im Hause sind. So laßt euer Licht leuchten vor den Menschen, damit sie eure guten Werke sehen und euren Vater im Himmel preisen.

Meine erste Frage dazu: Kommt diese Verheißung nicht zu schnell? Eben waren die Angeredeten noch ein Volk, das im Finstern sitzt und sehnsüchtig auf das Licht wartet. Jetzt sollen sie selbst Licht werden – jene Menschen, die die Bergpredigt hören. Darunter auch Besessene, Humpelnde und Hinkende, Gesunde und Kranke, Starke und Schwache, Jünger und Volk. Oder ist nicht gerade das charakteristisch für Gottes Licht in dieser Welt: Es strahlt besonders hell, wo es ins Dunkel fällt! Wo es auf ein Leben im Schatten trifft. Gerade da wird es für die Umwelt sichtbar. Gerade da wird aus Dunkelheit Licht, werden aus Lichtempfängern Lichtspender. Aber wodurch wird die Umwelt hell?

Die Bergpredigt sagt: durch gute Werke. Die soll man nicht unter den Scheffel stellen, sondern für alle sichtbar machen. Dazu meine zweite Frage: Steht das nicht in Widerspruch zu späteren Aussagen in der Bergpredigt? Danach soll man im Verborgenen Almosen geben, beten und fasten. Hier dagegen wird dazu aufgefordert, gute Werke vor allen Menschen zu tun – nicht im Verborgenen, sondern in der Öffentlichkeit.

Der Widerspruch löst sich, wenn man weiß, was im Judentum unter »guten Werken« oder »Liebeswerken« verstanden wurde. Das waren Taten, die den Einsatz der eigenen Person verlangen, z.B. Krankenbesuche, Beherbergung von Fremden, Teilnahme an Hochzeiten und Begräbnissen, Tröstung von Trauernden, das Stiften von Frieden. Das Almosen wurde manchmal von den anderen Liebeswerken unterschieden, weil man bei ihm unbekannt und im Hintergrund bleiben konnte. Eigentliche Liebeswerke sind nur die, die man mit der eigenen Person tut. Dabei muß man notwendig in Kontakt mit den Adressaten treten. Dabei kann man per definitionem nicht unbekannt bleiben. Dabei muß man sichtbar werden, sich exponieren und in die Öffentlichkeit treten.

Die dritte Frage ergibt sich unmittelbar daraus: An welche Öffentlichkeit ist gedacht? Oft wurde die Bergpredigt so verstanden, als beziehe sie sich nur auf den privaten Bereich, ja im wesentlichen auf die innere Gesinnung des Menschen. Dort solle das Licht des Evangeliums aufstrahlen. In unserer Lichtverheißung werden dagegen drei Bereiche angesprochen – direkt und in Bildern:

Zunächst die Welt: Die Nachfolger Jesu sollen nicht nur Licht für ihre Freunde sein, sondern »Licht für die Welt«.

Ferner begegnet das Bild von der »Stadt auf dem Berge«. Eine Stadt (oder eine Polis) ist in der Antike identisch mit Gesellschaft und Staat.

Schließlich wird vom Leuchter im Hause gesprochen – als kleinstem Bereich von Öffentlichkeit. Aber in der Antike ist das Haus mehr als die Familie, es ist die kleinste Betriebseinheit.

Es gilt also: Die ganze Welt, die ganze Gesellschaft, das ganze Haus soll vom Licht der »guten Werke« erfüllt werden. Es gibt keine Beschränkungen auf einen Bereich der Innerlichkeit. Oder auf das Privatleben. Was

Christen unter persönlichem Einsatz tun, soll in alle Bereiche ausstrahlen. Was sie tun, um Frieden zu stiften, Freiheit zu sichern, Gerechtigkeit zu fördern und die Schöpfung zu bewahren – das soll sichtbar werden, sichtbar dadurch, daß sie sich dabei persönlich engagieren.

Aber noch einmal die Frage: Ist das nicht ein unerträglich elitärer Anspruch? Darauf kann ich nur antworten: Niemand kann sagen: Wir sind das Licht der Welt, wir sind das Salz der Erde. Beides wird uns gesagt! Es wird uns zugetraut. Es wird Menschen zugetraut, die sich selbst eher im Finstern sitzen sehen. Es wird denen zugetraut, die in den Seligpreisungen angesprochen sind: den Armen an Lebenskraft, den Trauernden, den Sanftmütigen, denen, die hungern und dürsten nach Gerechtigkeit, denen, die verfolgt sind, all denen, die im Finstern hocken. Keiner Elite, eher einer Anti-Elite. Aber richtig ist: Mit solchen Menschen hat Gott Großes vor. Durch sie will er sein Licht in der Welt zum Leuchten bringen! Mit ihnen, mit uns hat er weit mehr vor, als wir uns selbst zutrauen.

Und eben das ist ein großes Problem: Haben wir den Mut dazu? Sagen wir nicht oft zu uns: Ich bin kein großes Licht. Ich bin nur ein ganz kleines Licht, gewiß aber nicht das Licht der Welt! Ich kann doch nichts ausrichten. Ich bin klein und ohnmächtig. Ich bin froh, wenn ich überlebe und das Leben durchstehe. Wenn ich alles anständig geschafft kriege. Das »Licht der Welt« ist eine Nummer zu groß für mich.

Ich könnte jetzt damit trösten, es heißt nicht: Du bist das Licht der Welt, sondern: Ihr seid das Licht der Welt. Ihr seid das Salz der Erde. Du bist nicht allein. Es gibt viele, die Gott dazu berufen hat, sein Licht zu verbreiten. In jedem Land, in jeder Kultur. Überall gibt es Christen, wenn auch fast überall als Minorität.

Das alles ist richtig. Dennoch gilt: Du bist auch persönlich gemeint. Das zeigt die dritte Lichtverheißung in Mt 6. Sie ist nicht im Plural formuliert, sondern im Singular. Sie lautet:

Das Auge ist das Licht des Leibes. Wenn dein Auge hell (oder gesund) ist, so wird dein ganzer Leib Licht sein. Wenn aber dein Auge böse (oder krank) ist, so wird dein ganzer Leib finster sein. Wenn nun das Licht, das in dir ist, Finsternis ist, wie groß wird dann die Finsternis sein.

Diese dritte Lichtverheißung ist mir ungeheuer wichtig. Sie sagt: Es hängt auch von dir ab, ob du das Licht siehst – und ob dadurch dein ganzes Leben (oder wie es hier heißt: dein ganzer Leib) hell wird. Es hängt auch von dir ab, ob du für andere zum Licht wirst. Denn für eins bist du ganz allein verantwortlich: du allein und niemand sonst. Du bist verantwortlich dafür, daß du das Licht einläßt in dein Leben. Dafür, daß du es wahrnimmst, wenn es scheint. Keiner kann dich dazu zwingen. Keiner kann für dich sehen. Du bist der einzige, der dazu fähig ist. Wenn aber dein Auge verfinstert ist, dann ist alles für dich finster – selbst wenn um dich herum das hellste Licht strahlt.

Die Bergpredigt denkt beim »finstern Auge« an den Neid. Anders gesagt: an das ständige Vergleichen mit anderen – zuungunsten des eigenen Lebens. Dieser Neid flüstert uns ein:

Allen anderen geht es gut. Nur du bist zu kurz gekommen, zu kurz an Besitz und Reichtum (daran denkt die Bergpredigt).

Der Neid flüstert uns ein: Du bist zu kurz gekommen an Fähigkeiten und Kompetenzen, um »Licht« in die Welt zu bringen. Das machen andere. Nur du nicht.

Du bist zu kurz gekommen an Schönheit und Attraktivität. Andere haben es viel leichter im Leben.

Du bist zu kurz gekommen an Liebe und Zuneigung. Alle anderen sind mehr geliebt als du.

Das Fatale ist: Solche Einflüsterungen sind unwiderlegbar. Es gibt immer Menschen, die uns an Besitz, Fähigkeiten, an Attraktivität überlegen sind. Es gibt immer Menschen, die es leichter im Leben hatten als wir! Das Fatale ist, daß wir uns durch ständiges Vergleichen mit ihnen schachmatt setzen, daß wir dadurch unser Leben verfinstern – und nicht mehr sehen, daß auch in unser Leben ein Licht scheint und oft auch für andere strahlt. Und nur wir merken es nicht.

Ich weiß aus eigenen Erfahrungen, wie solche irrationalen Überzeugungen lähmen können. Und daher mein drastischer Ratschlag: Man muß solche Überzeugungen ersäufen, jeden Tag neu. Sie gehören zum alten Adam, der in der Taufe ersäuft worden ist. Aber ich weiß auch aus Erfahrung: Dieser alte Adam ist zäh. Er kommt oft wie ein Totengespenst wieder und sucht dich heim. Dann übe dich darin, Gespenster zu vertreiben. Du brauchst keine Angst vor diesen Gespenstern zu haben. Denn du bist ein Kind Gottes, ein Kind des Lichtes und nicht ein Kind der Finsternis.

Und mein zweiter Hinweis: Natürlich bist du klein und winzig. Aber alles fängt im Kleinen an. Vor dem Wort: »Ihr seid das Licht der Welt« steht das Wort: »Ihr seid das Salz der Erde«. Ehe du Licht wirst, das die Welt erfüllt, sei bereit, Salz zu werden: unbeachtet, klein, gering, unterschätzt, bitter, unattraktiv – aber unersetzlich, lebenswichtig und entscheidend für das Ganze. Denn du bist ein Salzkorn, ein wunderbares Salzkorn.

Wahr aber bleibt bei alledem: Es ist ungemütlich, Salzkorn zu sein. Es ist ungemütlich, zum Licht der Welt berufen zu werden. Aber es ist eine große Chance. Es ist eine dreifache Chance. Die drei Lichtverheißungen rufen uns zu:

Ihr seid das Licht der Welt. Aber nicht ihr müßt dies Licht schaffen. Nicht ihr bringt es in eine stiefmütterliche Natur. Es ist unabhängig von euch da, in der Schöpfung, in Jesus, in jedem Menschen, der durch Gottes Liebe verwandelt ist. Dies Licht ist stärker als der Schatten des Todes.

Ihr seid das Licht der Welt. Aber nicht, weil ihr zu einer Elite Hochbegabter gehört. Ihr seid Licht der Welt als normale Menschen, als Starke und Schwache. Auch als Menschen, die Angst haben, im Abseits des Lebens zu landen und nutzlos zu sein. Auf solchen Menschen ruht das Licht Gottes.

Ihr seid das Licht der Welt. Aber nicht ihr müßt es anzünden. Denn in euer Herz wurde der Funke des Sinns und der Liebe geworfen. Ihr seid hell, wenn ihr das Licht einlaßt in euch. Ihr strahlt auf, wenn sich euer Auge nicht verdunkelt.

Und noch einmal: Ihr seid das Licht der Welt – denn ihr sorgt durch eure Existenz dafür, daß die Menschen nicht vergessen, Gott zu loben und zu danken.

Diese Predigt wurde am 21.7.1991 in der Peterskirche in Heidelberg gehalten.

Von der Sorglosigkeit der Vögel und Lilien und unseren Sorgen um sie

(Matthäus 6,25-34)

Deshalb sage ich euch: Sorget euch nicht um euer Leben, was ihr essen oder was ihr trinken sollt, noch um euren Leib, was ihr anziehen sollt! Ist nicht das Leben mehr als die Speise und der Leib mehr als die Kleidung? Sehet die Vögel des Himmels an! Sie säen nicht und ernten nicht und sammeln nicht in Scheunen, und euer himmlischer Vater ernährt sie [doch]. Seid ihr nicht viel mehr wert als sie? Wer aber von euch kann durch sein Sorgen zu seiner Lebenslänge eine einzige Elle hinzusetzen? Und warum sorgt ihr euch um die Kleidung? Betrachtet die Lilien des Feldes, wie sie wachsen! Sie arbeiten nicht und spinnen nicht; ich sage euch aber, daß auch Salomo in all seiner Pracht nicht gekleidet war wie eine von diesen. Wenn aber Gott das Gras des Feldes, das heute steht und morgen in den Ofen geworfen wird, so kleidet, wird er das nicht viel mehr euch tun, ihr Kleingläubigen? Darum sollt ihr euch nicht sorgen und sagen: Was werden wir essen oder was werden wir trinken oder womit werden wir uns kleiden? Denn nach allen diesen Dingen trachten die Heiden. Euer himmlischer Vater weiß ja, daß ihr all dieser Dinge bedürft. Suchet vielmehr zuerst sein Reich und seine Gerechtigkeit, dann werden euch alle diese Dinge hinzugefügt werden. Darum sorget euch nicht um den morgenden Tag; denn der morgende Tag wird seine eigne Sorge haben. Jeder Tag hat genug an seiner eignen Plage.

Wenn ich durch die Hauptstraße gehe und auf die Gesichter der Menschen achte, so weiß ich: Dieser Strom von Menschen, der mir entgegenkommt, ist ein Strom von Sorgen und Leid. In ihm begegnen mir viele ausdruckslose Gesichter voll Totstellreflexen angesichts zu vieler Sorgen. In ihm schauen einen erloschene Augen an, die ausgebrannt sind von den Sorgen des Alltags. In ihm bewegen sich verbrauchte Gestalten, die verschlissen wurden von der Härte des Lebens. Lebensglück – das setzt voraus, daß wir lernen, mit Sorgen umzugehen – so daß wir im Strom der Sorgen nicht ertrinken, nicht erlöschen, nicht zerrieben und verschlissen werden.

Unser Text enthält dazu vier Ratschläge. Ich beginne mit dem unscheinbarsten Gedanken in ihm, um auf das Allerwichtigste hinzuführen und von da wieder zum Kleinen und Unbedeutenden zurückzukehren.

Der erste Ratschlag bezieht sich auf jeden einzelnen Tag: Jeder Tag hat seine Plage. Es reicht, wenn uns die gegenwärtigen Sorgen beschäftigen – und nicht auch die zukünftigen, die Sorgen, die wir noch nicht kennen, sondern nur ahnen. Gegen Sorgen können wir uns nicht abschotten. Wohl aber können wir unsere Sorge über die zukünftigen Sorgen begrenzen. Denn die vergiften das Leben.

Der zweite Ratschlag bezieht sich auf unser ganzes Leben. Sage dir immer wieder: Du kannst durch Sorgen deinem Leben oder dem Leben anderer keine Minute hinzufügen. Aber du kannst viele Minuten in deinem Leben (und im Leben deiner Mitmenschen) durch Sorgen verdunkeln. Sage dir immer wieder: Der Tod ist unvermeidlich. Er kommt. Er kommt für dich und für die, die dir lieb sind. Aber es ist nicht unvermeidlich, daß der Gedanke an den Tod dein Leben vergiftet.

Der dritte Ratschlag lenkt unseren Blick über unser Leben hinaus auf die Natur, in die wir eingebettet sind. Vögel und Lilien kennen keine Sorgen. Sollte das nicht ein Beispiel für uns sein? Ein Beispiel für Sorglosigkeit? Freilich ist gerade das heute problematisch geworden: Die Vögel unter dem Himmel wandern aus, weil sie bei uns keine Nahrung finden. Die Lilien müssen wir unter Naturschutz stellen, damit sie nicht aussterben. Auch die Natur ist Gegenstand unserer Sorgen geworden. Sie wurde es, weil wir ihre Ordnung zerstörten. So bitter diese Erkenntnis ist, so liegt in ihr doch auch eine Verheißung: Wenn wir ihre Ordnung neu respektieren, dann dürfen wir ihr wieder vertrauen. Dann wird sie vielleicht wieder zum Beispiel, an dem wir Freiheit von Sorgen lernen können.

Und schließlich der wichtigste Ratschlag. Er führt über den Tag, über das einzelne Leben, über die Natur hinaus. Er eröffnet die umfassendste Perspektive. Er öffnet den Blick für das Reich Gottes und seine Gerechtigkeit, d.h. die Gerechtigkeit, die von den Bürgern dieses Reiches erwartet wird und nach der es sie hungert und dürstet. Alles Leben ist ein Experiment, um Gott zu entsprechen – vom Pantoffeltierchen bis zum homo sapiens. Aber nur im Menschen wird dies Experiment bewußt. Nur er kann über alle anderen Sorgen hinaus von dieser einen Sorge erfaßt werden: vom Hungern und Dürsten nach der Gerechtigkeit, danach, daß Gottes Wille geschehe im Himmel und auf Erden. Weil uns diese Sorge packen, umtreiben und verletzen kann, darum sind wir mehr wert als die Vögel unter dem Himmel. Darum sind wir mehr wert als die Lilien auf dem Felde. Vor dieser großen Sorge verblassen alle anderen Sorgen.

In den vergangenen Monaten hatte ich viele Gründe zur Sorge.

Da war an erster Stelle die Sorge um meinen jüngeren Sohn, der in Südafrika in einem schwarzen Township arbeiten wollte, aber dort mit einer Welle von Gewalt, Mord und Morddrohungen konfrontiert wurde und noch heute konfrontiert wird. Die Schwarzen, die seine Freunde wurden, leben täglich mit der Angst, daß Killerkommandos auftauchen und sie töten. Wie sehr muß man diese Menschen bewundern, die sich nicht kleinkriegen lassen, die nach Gerechtigkeit hungern und dürsten, nach der elementarsten aller Gerechtigkeiten: als gleichwertiger Mensch anerkannt zu werden – Kleidung, Nahrung, Bildung und Arbeit zu finden, nachdem sie jahrzehntelang in einer Rassendiktatur zu Menschen zweiter und dritter Klasse degradiert wurden. Unsere kleinen Sorgen verblassen vor dieser großen Sorge.

Dazu kam in letzter Zeit erneut die Sorge um die Natur. Die neuesten Nachrichten vom Ozonloch haben unwiderleglich gemacht: Die ökologische Krise ist keine postmoderne Modeerfindung. Sie ist Realität. Sie wird uns alle treffen. Daß Gott seine Sonne aufgehen läßt über Gerechte und Ungerechte, wird vielleicht bald schon kein Trost mehr sein, sondern eine Gefahr. Und doch ist das Wissen um diese Gefahr auch ein Trost. Nur dies Wissen ermöglicht es uns, unser Verhalten noch rechtzeitig zu ändern, um die große Katastrophe abzuwenden. Nur dies Wissen ermöglicht Umkehr, ermöglicht es uns, Gerechtigkeit der Schöpfung widerfahren zu lassen, wie Gott sie von uns verlangt.

Ferner beschäftigte mich die Sorge um meine alten Schwiegereltern, die hinfällig und gebrechlich geworden sind. Alter kann bitter sein, wenn es in Verwirrung und Depression endet, wie ich es bei meinem Schwiegervater erlebe. Und doch weiß ich: Es hilft nichts, darüber zu klagen und sich in Sorgen zu verzehren. Wir Jüngeren haben die Aufgabe, das wenige zu tun, was wir tun können, um ein zu Ende gehendes Leben zu begleiten. Wenn man sich einmal darauf einläßt und sich innerlich nicht dagegen sperrt, daß das Leben zu Ende geht, auch das eigene, dann kann auch das eine erfüllende Aufgabe werden.

Und last not least: Jeden von uns packt die Sorge, ob man seine alltäglichen Aufgaben erfüllen kann. Immer wieder stauen sich im Alltag die kleinen Pflichten und Termine wie große Berge auf. Alle, die vor dem Examen stehen, kennen die Situation. Da häuft sich Stoff auf Stoff. Man schafft es nur, wenn man ihn in kleine Portionen aufteilt. Für jeden Tag eine Portion Examenssorge. Das reicht. Es ist freilich eine Illusion zu meinen, nach dem Examen würde alles anders. Nein, das Leben ist ein großes Examen. Es häufen sich immer wieder die Anforderungen. Und deshalb gilt für jeden Tag: Es ist genug, wenn die Sorgen für ihn bewältigt werden. Und wenn es gar nicht anders geht, dann lebe ich nach der Devise: Erste Pflicht ist es, nichts zu tun, was nicht unbedingt Pflicht ist. Und siehe da – meist entsteht dann irgendwo wieder etwas Raum. Raum auch, um zu träumen. Auch dazu, um über Vögel und Lilien nachzudenken und darüber, was Jesus über Vögel und Lilien sagt.

In diesen letzten Monaten bin ich oft über die Hauptstraße gegangen. Aber ich habe den Menschenstrom nicht nur als Strom von Sorge und Leid erlebt. Manchmal fühle ich mich sogar wohl in ihm, ja, ich kann elektrisiert sein von dem Gedanken: In all diesen Menschen pulsiert derselbe Wille zum Leben wie in mir. Er ist oft verborgen, verschüttet und beschädigt. Aber er füllt immer wieder leere Gesichter mit neuem Geist. Er läßt erloschene Augen immer wieder neu aufleuchten. Er gibt verbrauchten Gestalten unverbrauchte Energie. Und dann spüre ich, daß ich gegen alle Sorgen mit einer großen Kraft verbündet bin. Ich spüre sie in mir und um mich herum. Sie pulsiert in meinem Leben und im Leben, das mich umgibt. Aber sie ist mehr als all dies Leben. Sie ist in allem lebendig, in den kleinsten Partikeln und im ganzen Kosmos, in den Vögeln und Spatzen, den Saatkörnern und den Lilien.

Wenn ich diese Kraft spüre, dann bin ich glücklich. Und darum wünsche ich euch allen, daß ihr diese Kraft spürt – eine Gegenkraft gegen alle Sorgen. Diese Kraft ist der Friede Gottes, welcher höher ist als alle unsere Vernunft. Er bewahre eure Herzen und Sinne in Christo Jesu. Amen.

Diese Predigt wurde im Mittwochmorgengottesdienst in der Heidelberger Peterskirche am 12.2.1992 gehalten – kurz vor Semesterschluß, wenn Lehrende und Studierende meist in Termindruck geraten und einige Teilprüfungen fällig sind. Einer meiner Söhne war zu dieser Zeit in Südafrika und erlebte dort die zunehmende Welle von Gewalt. Sie bedrohte auch seine engsten Kontaktpersonen, vor allem Prince M.Mhlambi, den jungen südafrikanischen Bürgerrechtler und Gemeindeführer der Johannesburger Slumsiedlung Phola Park. Anfang 1992 verbrachten sie zusammen einen kurzen Urlaub an der Südküste. Am 10.10.1992 wurde Prince M.Mhlambi zusammen mit drei weiteren Jugendlichen während einer Autofahrt durch ein Killerkommando erschossen, als mein Sohn schon nach Deutschland zurückgekehrt war.

Die Macht des Konsenses
oder: Gibt es eine humane Kirchendisziplin?

(Matthäus 18,15-20)

Wenn aber dein Bruder sündigt, so geh hin und weise ihn zurecht unter vier Augen! Hört er auf dich, so hast du deinen Bruder gewonnen. Hört er dagegen nicht, so nimm noch einen oder zwei mit dir, damit ›jede Sache auf Aussage von zwei oder drei Zeugen beruhe‹. Wenn er jedoch nicht auf sie hört, so sage es der Gemeinde! Wenn er aber auch auf die Gemeinde nicht hört, so sei er dir wie der Heide und der Zöllner! Wahrlich, ich sage euch: Was ihr auf Erden binden werdet, das wird im Himmel gebunden sein, und was ihr auf Erden lösen werdet, das wird im Himmel gelöst sein. Wiederum sage ich euch: Wenn zwei von euch auf Erden darin übereinstimmen werden, irgendeine Sache zu erbitten, so wird sie ihnen zuteil werden von meinem Vater in den Himmeln. Denn wo zwei oder drei in meinem Namen versammelt sind, da bin ich mitten unter ihnen.

Es gibt unter uns gewiß Menschen, die schon einmal aus einer Gruppe ausgeschlossen wurden, sei es durch formelle Verfahren oder durch allgemeinen sozialen Druck. Mir ist das zwei Mal geschehen: Einmal in einer christlichen Jugendgruppe, das zweite Mal bei meiner ersten Arbeitsstelle. Als ich die Ausschlußregel im Matthäusevangelium jetzt las, ging mir das durch den Kopf. Ausschlüsse sind oft mit schmerzlichen Erlebnissen verbunden und hinterlassen Wunden. Die matthäischen Ausschlußregeln erscheinen mir auf dem Hintergrund meiner Erfahrungen gerade deshalb als ziemlich human. Man kann diese Regeln unter zwei Überschriften zusammenfassen: 1. »Von der Revidierbarkeit aller Ausschlüsse« und 2. »Von der Macht des Konsenses in der Gemeinde«.

Das erste Anliegen der Regeln ist, daß jeder Ausschluß revidierbar ist. Das zeigt der Kontext. Vorher steht das Gleichnis vom verlorenen Schaf – ein Gegenbeispiel zum Ausschlußverfahren. Geht es doch um den Versuch, jemanden wieder zu integrieren, der sich entfernt hat. Es folgt die Aufforderung zu grenzenlosem Vergeben. Nicht nur sieben, nein 77mal soll man seinem Bruder vergeben! Wenn immer der Ausgeschlossene umkehrt – er ist willkommen, ihm soll verziehen werden.

Das Matthäusevangelium formuliert also vorher und nachher den Willen, die Gemeinschaft mit jedem Gemeindeglied aufrechtzuerhalten – und alles, wirklich alles zu tun, um das zu ermöglichen. Daß es dazwischen dennoch vom notwendigen Ausschluß spricht, zeigt um so deutlicher: Es gibt Grenzen der Gemeinschaft. Selbst eine Gruppe, welche ihre Konflikte durch Vergebung lösen will und sich ihren verlorenen Schafen besonders verpflichtet weiß – selbst sie kommt nicht darum herum, sich klarzumachen, wann und unter welchen Bedingungen sie jemanden ausschließen muß.

Aber wenn das schon unumgänglich ist, so will man den Ausschluß doch fair vollziehen, und zwar in drei Stufen.

An erster Stelle steht das Gespräch unter vier Augen. Das ist eine gute Regel. Anstatt in der ganzen Gemeinde über den problematischen Fall herumzutratschen, soll man unter vier Augen mit ihm sprechen. Das ist eine Chance für den »Beschuldigten«: Er kann Mißverständnisse beseitigen. Es ist aber auch eine Chance für den Beschuldigenden: Er kann einen Vorwurf zurückziehen, wenn er sich als falsch erweist. Das öffentliche Ansehen beider bleibt unbeschädigt.

An zweiter Stelle sehen die matthäischen Ausschlußregeln ein Gespräch in Gegenwart von zwei Zeugen vor. Auch das ist eine gute Sache. Ich kann mich erinnern, daß ich bei einem meiner Konflikte im Grunde nur darum gerungen habe, daß man vor zwei Zeugen darlegt, was ich denn Schlimmes getan haben soll. Ein solches Gespräch kam nicht zustande. Ich erfuhr nie, was gegen mich vorlag.

Und schließlich die dritte Stufe. Sie besteht in einer Verhandlung vor der ganzen Gemeinde. Das ist eine ausgezeichnete Regel. Sie verhindert, daß eine kleine Gruppe in der Gemeinde ihre Interessen durchsetzt, indem sie einzelne ausschließt. Wenn wir schon jemanden ausschließen, so muß der Ausschluß von allen getragen sein und sich vor allen vertreten lassen. Bei meinem Rausschmiß aus einer christlichen Jugendgruppe hatte ich die Chance, vor der ganzen Gruppe zu sprechen. Ich wurde rehabilitiert – und es war für meinen Gegenspieler eher peinlich. Bei meinem zweiten Rausschmiß hatte ich diese Chance nicht.

Klar ist: Nur im Vorgriff auf einen Konsens, nur in der Überzeugung, daß alle Gruppenglieder dem Ausschluß zustimmen (auch wenn sie vielleicht faktisch nicht beteiligt sind) kann man einen Ausschluß vollziehen.

Dieser Konsens hat eine große Macht. Und das ist das zweite Thema unseres Textes: »Die Macht des Konsenses in der Gemeinde«. Diese Macht ist so groß, daß es fast ein wenig unheimlich ist. Da heißt es: »Was ihr auf Erden binden werdet, wird auch im Himmel gebunden werden.« Alle Entscheidungen über Aufnahme und Ausschluß, alle Entscheidungen über Lehrfragen seien gültig, wenn sie von einem Konsens getragen sind. Auch der Himmel, d.h. Gott selbst, akzeptiere ihn. Wird damit nicht ein Konsens unter Menschen überbewertet? Kann nicht auch die ganze Gemeinde im einträchtigsten Konsens irren? Und hat sie nicht schon oft geirrt?

Wer wollte das bestreiten? Und doch bleibt uns auf Erden nichts Besseres als die Suche nach einem Konsens. Wir blieben an ihn auch dadurch gebunden, wenn einer von uns meint, direkten Zugang zur absoluten Wahrheit zu haben – und ihn vielleicht auch hat.

Ich mache mir das oft anhand einer Geschichte von Rabbi Eliezer ben Hyrkanos klar. Der wich in einer relativ unbedeutenden Reinheitsfrage vom Konsens der anderen rabbinischen Gelehrten ab – und konnte seine Kollegen nicht überzeugen, obwohl er eine Reihe von Wundern zur Unterstützung seiner These aufbieten konnte.

Rabbi Eliezer sagte: »Wenn das Gesetz so ist, wie ich glaube, dann soll dieser Baum es uns sagen.« Und siehe da, der Baum verpflanzte sich von selbst um 100 Ellen. Die anderen Gelehrten aber sagten nur: »Das beweist nichts.«

Da sagte er: »Wenn ich recht habe, soll es der Bach sagen.« Und tatsächlich, der Bach floß plötzlich stromaufwärts. Die andern aber sagten nur: »Dies beweist nichts.«

Da sagte Eliezer: »Wenn das Gesetz so ist, wie ich glaube, dann sollen es diese Wände sagen.« Darauf stürzten die Wände ein. Einer der Rabbinen aber fuhr die Wände an: »Wie könnt ihr einstürzen, wenn Gelehrte sich streiten.« Und aus Achtung vor ihnen erhoben sie sich wieder – aber nur halb. Denn aus Achtung vor Rabbi Eliezer wollten sie sich nicht ganz erheben.

Schließlich sagte Eliezer: »Eine Stimme vom Himmel soll entscheiden.« Da erscholl eine Stimme vom Himmel, sie sagte: »Was habt ihr gegen Rabbi Eliezer. Das Gesetz ist so, wie er sagt.«

Die Rabbinen aber zeigten sich überhaupt nicht beeindruckt, sondern sagten: Im Gesetz steht geschrieben: »Ihr sollt nach mehrheitlicher Meinung entscheiden.« Und sie blieben bei ihrer Meinung.

Kurze Zeit später traf einer von ihnen den Propheten Elia, der über alle Vorgänge im Himmel informiert war, und fragte ihn: »Was hat Gott selbst gesagt, als wir unseren Streit hatten?« Elia gab zur Antwort: »Gott lächelte und sagte. Meine Kinder haben gegen mich gewonnen, meine Kinder haben gewonnen.«

Diese Geschichte sagt: Gott respektiert den Konsens seiner Kinder – auch dann, wenn er objektiv falsch ist. Er wartet geduldig darauf, bis die argumentative Auseinandersetzung der Menschen zur Wahrheit gelangt. Dies nicht-autoritäre Verfahren ist ihm wichtiger als irgendeine durch noch so viele Wunder unterstützte absolute Wahrheit.

Der so gefundene Konsens hat tatsächlich eine große Macht. Von ihm sagt das Matthäusevangelium: »Wenn zwei von euch auf Erden darin übereinstimmen, irgendeine Sache zu erbitten, so wird sie ihnen zuteil werden von meinem Vater in den Himmeln.«

Das Wort bringt zunächst eine ganz unrealistische Zuversicht zum Ausdruck: Schon die Übereinstimmung von zwei Christen im Gebet führe zur Erhörung. Übereinstimmung mit dem Nächsten ist hier eine richtige Wundermacht.

Aber ehe wir deshalb das Wort als bizarre Übertreibung beiseite legen, sollten wir weiterlesen: Auf die Zusicherung der Gebetserhörung folgt nämlich zur Begründung der Satz: »Denn wo zwei oder drei in meinem Namen versammelt sind, da bin ich mitten unter ihnen.« Wer in Übereinstimmung mit seinem Mitchristen ist und dieselben Anliegen aus der Tiefe seines Herzens vor Gott bringt, der hat zumindest eine Verheißung: Jesus ist bei ihm. Jesus ist dort, wo zwei oder drei Christen oder Christinnen übereinstimmen. Sein Geist ist ein Geist der Übereinstimmung, der bis in die Tiefen des Herzens geht. Und ob wir unsere Wünsche und Bitten erfüllt bekommen oder nicht – ein Wunsch ist schon immer erfüllt: Jesu Geist hat uns erfaßt, wo wir übereinstimmen.

Eben deshalb muß man alles tun, um solche Übereinstimmung zu suchen und zu erhalten. Eben deshalb muß man den verlorenen Schafen nachgehen, die mit uns nicht mehr übereinstimmen. Eben deswegen muß man dem anderen grenzenlos verzeihen – wenn es die Chancen jener Übereinstimmung fördert. Eben deshalb ist Konsens ein Stück Gegenwart des Himmels auf Erden.

Wo wir diese Übereinstimmung der Wünsche und Anliegen spüren, da spüren wir etwas von dem Frieden Gottes. Dieser Friede Gottes, der höher ist als alle unsere Vernunft, bewahre eure Herzen und Sinne in Christo Jesu. Amen.

Diese Predigt wurde am 4.7.1990 im Mittwochmorgengottesdienst der Heidelberger Peterskirche gehalten. Bei meinem Ausschluß aus einer christlichen Jugendgruppe handelte es sich um die üblichen Spannungen zwischen verschiedenen Strömungen: einerseits einer mehr an der Jugendbewegung orientierten Jugendkultur (mit einem antiautoritären Akzent), andererseits einer mehr an der Boy-Scout-Bewegung orientierten Jugendarbeit, die stark auf Disziplin und Leistung ausgerichtet war. Ich vertrat die erste

Strömung; u.a. war ich gegen das Hissen der deutschen Nationalfahne bei Reisen im Ausland. Mein Rausschmiß aus meiner ersten Arbeitsstelle erscheint mir noch heute wie etwas Absurdes. Ich war bereit und willens, nach einem Jahr zu gehen. Der Streit drehte sich primär darum, daß ich eine Begründung für die vorzeitige Beendigung meines Arbeitsverhältnisses haben wollte. – Die rabbinische Überlieferung von Rabbi Eliezer ben Hyrkanos findet sich im Babylonischen Talmud, im Traktat Baba Mezia 59b.

»Was ihr meinen geringsten Brüdern getan habt...«
Von der Gerechtigkeit in einer ungerechten Welt

(Matthäus 25,31-46)

Wenn aber der Sohn des Menschen in seiner Herrlichkeit kommen wird und alle Engel mit ihm, dann wird er sich auf den Thron seiner Herrlichkeit setzen. Und vor ihm werden alle Völker versammelt werden, und er wird sie voneinander sondern, wie der Hirt die Schafe von den Böcken sondert. Und die Schafe wird er zu seiner Rechten stellen, die Böcke aber zur Linken. Dann wird der König denen zu seiner Rechten sagen: Kommet her, ihr Gesegneten meines Vaters, ererbet das Reich, das euch von Grundlegung der Welt an bereitet ist! Denn ich war hungrig, und ihr habt mir zu essen gegeben; ich war durstig, und ihr habt mich getränkt; ich war fremd, und ihr habt mich beherbergt; [ich war] nackt, und ihr habt mich bekeidet; ich war krank, und ihr habt mich besucht; ich war im Gefängnis, und ihr seid zu mir gekommen. Dann werden ihm die Gerechten antworten und sagen: Herr, wann sahen wir dich hungrig und haben dich gespeist? oder durstig und haben dich getränkt? Wann sahen wir dich als Fremden und haben dich beherbergt? oder nackt und haben dich bekleidet? Wann sahen wir dich krank oder im Gefängnis und sind zu dir gekommen? Und der König wird ihnen antworten und sagen: Wahrlich, ich sage euch: Wiefern ihr es einem dieser meiner geringsten Brüder getan habt, habt ihr es mir getan.

Dann wird er auch sagen zu denen zur Linken: Gehet hinweg von mir, ihr Verfluchten, in das ewige Feuer, das mein Vater dem Teufel und seinen Engeln bereitet hat! Denn ich war hungrig, und ihr habt mir nicht zu essen gegeben; ich war durstig, und ihr habt mich nicht getränkt; ich war fremd, und ihr habt mich nicht beherbergt; [ich war] nackt, und ihr habt mich nicht bekleidet; [ich war] krank und im Gefängnis, und ihr habt mich nicht besucht. Dann werden auch sie antworten: Herr, wann sahen wir dich hungrig oder durstig oder als Fremden oder nackt oder krank oder im Gefängnis und haben dir nicht gedient? Dann wird er ihnen antworten: Wahrlich, ich sage euch: Wiefern ihr es einem dieser Geringsten nicht getan habt, habt ihr es auch mir nicht getan. Und diese werden in die ewige Strafe gehen, die Gerechten aber in das ewige Leben.

Das Matthäusevangelium schließt die Reden Jesu mit einer Rede vom letzten Gericht ab. Am Ende, vor dem höchsten Richter, werden die Menschen als gerecht beurteilt, die ihren geringsten Mitmenschen geholfen haben. Denn in diesen Mitmenschen ist ihnen der letzte Richter begegnet. Diese Rede enthält eine großartige Vision von Gerechtigkeit. Matthäus weiß, daß diese Vision bildliche Züge enthält. Er vergleicht die Tätigkeit des Richters mit dem eines Hirten, der Schafe und Böcke scheidet, um die Böcke, die keine Milch geben, zu schlachten und die Schafe weiter aufzuziehen. So drastisch stellt er sich das Weltgericht vor. Für den Evangelisten ist das trotz aller poetischer Züge mehr als ein Bild. Er glaubt an ein Gericht im wörtlichen Sinne. Aber ich bin sicher, daß unter uns nicht alle bereit sind, dem Evangelisten darin zu folgen. Einige werden Schwierigkeiten haben, an einen Weltenrichter zu glauben, der die Menschen wie Schafe und Böcke scheidet – die einen, um in das ewige Leben einzugehen, die anderen, um zu ewiger Strafe verurteilt zu werden. Einige werden mit Recht fragen: Ist das nicht eine religiöse Dichtung, ein Mythos? Ein Mythos, der eine neue Idee von Gerechtigkeit in Form einer Phantasie von der Endzeit darstellt? Vielleicht! Wie dem auch sei: Ich liebe diesen Mythos.

Um meine Liebe zu diesem Mythos verständlich zu machen, erzähle ich einen modernen Mythos von der Gerechtigkeit. Er hat ebenso poetische Züge wie das Bild vom Weltenrichter im Matthäusevangelium. Während wir uns aber bei Matthäus am Ende der Zeiten befinden, führt uns dieser Mythos in einen Zustand vor unserer Geburt zurück – vor alle Zeiten, vor Beginn der Geschichte.

Dieser Urzeitmythos sagt: Die Welt muß noch geschaffen werden. Wir sind alle in der Vorzeit versammelt und haben den Auftrag, eine gerechte Welt zu entwerfen, d.h. eine Welt, in der die Lebensschicksale und die Güter der Erde gerecht verteilt sind. Nach langer Beratung einigen wir uns auf folgendes Verfahren: Eine gerechte Welt müßte so aussehen, daß die Verteilung der Schicksale und der Lebensgüter in ihr von jedem Menschen akzeptiert werden kann – unter einer Voraussetzung: Jeder Mensch muß sie akzeptieren können, ohne zu wissen, welche Rolle und welches Schicksal er erhalten wird. Jeder muß damit rechnen, daß ihm die Rolle des »Geringsten unter allen Menschen« zufällt. Jeder muß seine Rolle und die Verteilung aller Geschicke auch dann noch bejahen können, wenn er ganz unten zu stehen kommt. Entscheidend für diesen Entwurf einer gerechten Welt ist das Nichtwissen über die zukünftige Verteilung der Geschicke. Entscheidend ist ein »Schleier der Unwissenheit«.

Nebenbei: Wir alle kennen dies Prinzip der Gerechtigkeit. Wenn wir in unserer Jugendgruppe einen Kuchen verteilen mußten, ließen wir ihn jemanden aufschneiden, der wußte: Er mußte als letzter ein Stück für sich auswählen. Da er damit rechnen mußte, daß alle vor ihm das jeweils größte Stück wählten, würde für ihn das kleinste Stück übrigbleiben. Er hatte ein echtes Motiv, den Kuchen gleich und gerecht aufzuteilen.

Das Leben ist kein Kuchen, den man in dieser Weise gerecht (nämlich in annähernd gleiche Stücke) aufteilen kann. Glück und Unglück, Ge-

sundheit und Krankheit, Macht, Besitz und Bildung sind ungleich verteilt. Die poetische Geschichte vom Entwurf einer gerechten Welt in der
Urzeit will uns entdecken lassen: Wie kann man auch unter der Voraussetzung einer ungleichen Verteilung der Lebenschancen Gerechtigkeit
verwirklichen? Das Kriterium dieser Gerechtigkeit ist das Schicksal der
Geringsten, derer, die am schlechtesten weggekommen sind. Und die
entscheidende Frage an uns ist: Würden wir das Schicksal dieser Geringsten als unser eigenes Schicksal bejahen?

Ich habe soeben einen Urzeitmythos erzählt, den ein moderner Philosoph, John Rawls, konstruiert hat, um sein Prinzip der Gerechtigkeit
darzustellen. Natürlich glaubt er nicht im wörtlichen Sinne, daß die Menschen vor aller Zeit über die Gestalt der Welt haben beraten und entscheiden können. Dennoch kann er mit seinem poetischen Bild (d.h. einem frei
geschaffenen und erdichteten Bild) seine Wahrheit besser als mit abstrakten
Gedanken zum Ausdruck bringen. Das Matthäusevangelium erzählt keine Urzeit-Geschichte. Es gibt eine Endzeitvision wieder. Wer Schwierigkeiten mit seinem Bild vom letzten Gericht hat, kann es zunächst einmal als
ein poetisches Bild nehmen, das eine Wahrheit über die Gerechtigkeit
enthält. Dies Bild läßt uns freilich mehr entdecken als ein allgemeines
Prinzip der Gerechtigkeit. Wir entdecken eine Gerechtigkeit, die vor einer letztgültigen Instanz, vor Gott selbst, Bestand haben soll. Wir entdek-
ken, was es bedeutet, von Gott als Richter zu sprechen.

Bevor wir das Bild vom Weltenrichter entziffern, möchte ich Sie in
einem ersten Teil dieser Bibelarbeit auffordern, selbst eine Richterrolle
zu übernehmen, nämlich die des Richters über die richtige Auslegung
unseres Textes. Über sie streiten sich zwei Parteien. Der Streit ist ungelöst. Wir müssen versuchen, wie ein neutraler Richter diese Parteien an-
zuhören und, so gut es geht, ein Urteil zu fällen.

In einem zweiten Teil geben wir diese Richterrolle ab und übernehmen
die Rolle derer, die vor Gericht zitiert werden. Wir wollen verstehen, was
es mit der großen Richterrolle auf sich hat – mit dem Bild vom Weltenrichter. Das ist eines der großen Bilder, die wir auf Gott anwenden – neben Bildern von Vater und Mutter, von König und Freund, Ehe- und
Bündnispartner.

Im dritten Teil wollen wir noch einmal die Rollen tauschen: Wir wol-
len zu Prozeßbeobachtern werden. Wir wollen herausfinden, was mit dem
Bild vom letzten Weltgericht gesagt wird – im Vergleich zum modernen
Urzeitmythos der Gerechtigkeit. Beide poetischen Bilder sind verwandt.
In beiden spielt ein »Schleier der Unwissenheit« eine zentrale Rolle. Die
Menschen vor der Schöpfung der Welt wissen nicht, welche Rolle sie in

der von ihnen konstruierten Welt übernehmen werden. Die Menschen vor
dem Weltenrichter wissen nicht, in welcher Rolle ihnen der Weltentrich-
ter begegnet ist. Wenn zwei so verschiedene Bilder von Gerechtigkeit
übereinstimmen, muß dann in ihnen nicht Wahrheit verborgen sein? Aber
welche? Und wo liegt der Unterschied trotz dieser Übereinstimmung?

I

Zunächst verstehen wir uns als exegetisches Gericht, das über wahre
und falsche Auslegungen zu entscheiden hat. Vor diesem Gericht streiten sich zwei Schriftgelehrte. Der erste vertritt eine Deutung unseres
Textes auf die ganze Menschheit, der zweite eine Deutung auf die Kirche. Der erste hält eine universalistische Auslegung für richtig, der zweite
eine partikularistische. Hören wir beide an, den Universalisten und den
Partikularisten.

Der Universalist umreißt seine Position so: Alle Menschen, gleichgültig ob Juden, Heiden oder Christen, werden vor Gott im Gericht nach
demselben Kriterium beurteilt: Haben sie notleidenden Menschen geholfen oder nicht? Der Matthäusevangelist beantwortet mit seiner Rede vom
letzten Weltgericht die uralte Frage: Was geschieht mit denen vor Gott,
die nicht an ihn glauben? Was geschieht mit den »Heiden«? Sind sie bloß
deshalb verloren, weil ihnen die Verkündigung nicht begegnet ist? Oder
weil sie nicht zum Glauben gekommen sind? Seine Antwort ist: Mitnichten sind sie verloren! Auch wenn sie Christus nicht begegnet sind, wenn
sie nichts von ihm hörten, nicht an ihn glaubten – unerkannt ist er ihnen in
jedem Hilfsbedürftigen begegnet. Unerkannt begegnet im Antlitz jedes
Menschen der Weltenrichter. Gerecht sind alle, die notleidenden Menschen helfen.

Der Partikularist trägt seine Gegenthese vor: Die Rede vom Weltgericht
spricht nicht vom Gericht über alle Menschen, sondern nur vom Gericht
über die Heiden. Sie werden nicht daran gemessen, was sie Notleidenden
überhaupt getan haben, sondern daran, was sie den Brüdern Jesu getan haben. Diese Brüder sind dieselben Jünger, die in der Aussendungsrede mit
der Verheißung ausgesandt wurden: »Wer euch aufnimmt, nimmt mich auf;
und wer mich aufnimmt, der nimmt den auf, der mich gesandt hat« (Mt
10,40). Das Bild vom Weltgericht will die Gemeinde Jesu trösten: Sie wird
zwar in der Welt viel von anderen erleiden – Hunger, Durst, Ablehnung,
Gefängnis – aber sie soll wissen: Gott wird die strafen, die ihnen Hilfe
verweigern. Er wird die belohnen, die ihnen helfen. Es geht auch nicht
darum, daß die guten Menschen das Gute um seiner selbst willen tun –

ohne den Weltenrichter zu erkennen, ohne die Konsequenzen zu sehen. Im Gegenteil: Die Rede vom Weltgericht will diese Konsequenzen bewußt machen. Sie will den Gerechten einen Lohn in Aussicht stellen.

Der Universalist protestiert: Die Vision vom Weltgericht wird durch diese Auslegung sektiererisch verengt. Als ginge es darum, daß die Gemeinde sich daran erbauen soll: Wie wichtig sind wir doch! Alle anderen Menschen werden im Weltgericht daran gemessen, wie sie sich zu uns verhalten. Diese Deutung der »geringsten Brüder« auf Christen und Missionare scheitert an einer einfachen Überlegung: Was wären das für merkwürdige Missionare, die sich helfen lassen, ohne zu sagen, daß damit der Sache Gottes geholfen wird? Was wären das für merkwürdige Christen, die ihre Retter im Unklaren darüber lassen, daß sie den Brüdern und Schwestern Jesu geholfen haben? In der Aussendungsrede heißt es ja nicht nur: »Wer euch aufnimmt, der nimmt mich auf!«, sondern es heißt weiter: »Wer einen Propheten aufnimmt, *weil* er ein Prophet ist – wer einen Gerechten aufnimmt, *weil* er ein Gerechter ist – wer einem dieser Geringsten auch nur einen Becher Wasser zu trinken gibt, *weil* er ein Jünger ist, der wird seinen Lohn erhalten« (Mt 10,40-42). Immer ist vorausgesetzt, daß die Hilfeleistenden wissen, es handelt sich um Christen, die im Namen Jesu tätig sind. Die Menschen im Weltgericht wissen dagegen nicht, mit wem sie es zu tun haben. Sie helfen den »Geringen« nicht deshalb, weil sie Propheten, Gerechte und Jünger sind. Sie helfen ihnen, weil sie in Not sind. Es handelt sich bei diesen Geringsten daher um *alle* Notleidenden. Und an der Einstellung zu ihnen werden *alle* Menschen gemessen. Wo Matthäus betont nicht nur von »Völkern«, sondern von *allen* Völkern spricht, spart er niemanden aus. Immerhin gehören zu diesen Völkern die »Schafe«, die der Menschensohn weidet. Schafe und Herde aber sind ein festes Bild für Israel oder die Kirche.

Der Partikularist gibt nicht auf, sondern widerspricht energisch: Die universalistische Auslegung auf alle Menschen und alle Notleidenden ist Wunschexegese. Aber Auslegung ist der Wahrheit verpflichtet, auch wenn sie uns nicht paßt. Exegetische Wahrheit ist, daß in einem urchristlichen Text unter den »Brüdern des Menschensohns« nur Christen verstanden werden können. Wenn in diesen Brüdern der Menschensohn, Jesus selbst, verborgen anwesend ist, so ist der Glaube an den Auferstandenen vorausgesetzt: Denn nur der Auferstandene kann in geheimnisvoller Weise in seiner Gemeinde präsent sein. Hier ist also von der Kirche die Rede.

Der Universalist kontert: Auch die partikularistische Auslegung ist Wunschexegese (oder besser Angstexegese). Es gibt Theologen, die haben Angst vor zu viel Humanismus in der Bibel. Sie haben Angst davor, daß Kirche und Glauben überflüssig werden, wenn es letztlich allein darauf ankommt, ob Menschen anderen Menschen geholfen haben. Und das sogar ohne religiöse Motivation, ohne dem Menschensohn (also Jesus) damit einen Gefallen tun zu wollen – sondern nur um der Sache willen – nur um anderen zu helfen.

Und was sagen wir nun angesichts des Streits der Schriftgelehrten? Da ich stellvertretend für alle die Jury bilden muß, mache ich einen Schlichtungsvorschlag: Beide Parteien haben recht, aber anders, als sie annehmen. Die Texte der Bibel haben oft eine Entwicklung durchgemacht. Für eine frühe Entwicklungsstufe des Textes (oder des hier verwandten Stoffes) hat die partikularistische Auslegung etwas Wahres gesehen. Für den jetzt im Matthäusevangelium vorliegenden Text aber läßt sich eine Bearbeitung in Richtung auf eine universalistische Sicht erkennen. Ich biete also zwei Deutungen an.

Meine erste Deutung, die sich auf den ursprünglichen Text bezieht, hat nur eine Voraussetzung: Dieser Text wurde ursprünglich von einem Juden zu Juden gesprochen. Ich frage: Was haben jüdische Hörer unter »allen Völkern« und unter »Brüdern« verstanden? Die Antwort darauf ist m.E. nicht schwer.

Viele Ausleger meinen zwar, der Bruderbegriff passe nur auf Christen. Es gebe keine Belege im Judentum dafür, daß die Israeliten als Brüder Gottes oder des Menschensohns vorgestellt werden. Beim Nachdenken darüber fiel mir auf: Der Brudername begegnet im Text genau dort, wo der Weltenrichter »König« genannt wird. In V.40 heißt es: »Und der *König* wird antworten und zu ihnen (d.h. zu den Gerechten) sagen: »Wahrlich, ich sage euch: Was ihr getan habt einem dieser meiner geringsten *Brüder*, das habt ihr mir getan!« Ich frage mich: Wo ist es denkbar, daß ein König seine Untertanen »Brüder« nennt? Das ist ja in sich schon eine aufregende Sache. Mit der Devise »Freiheit, Gleichheit, *Brüderlichkeit*« wurde einmal das Ende der Königsherrschaft in Europa eingeläutet. Monarchie und Brüderlichkeit passen nicht zueinander. Wer die Bibel kennt, weiß jedoch: Im Königsgesetz 5 Mos 17 wird der König gemahnt, sich nicht über seine Brüder zu erheben. Er soll aus den »Brüdern« stammen, d.h. aus dem Volk, das er beherrschen sollte. In Israel konnte der König ein Bruder neben anderen genannt werden. Israel korrigierte mit der Berufung auf Brüderlichkeit die Macht des Königs. Die Rede vom Weltgericht spricht nun nicht von einem vergangenen König Israels, sondern vom zukünftigen messianischen König. Seine Brüder sind die Israeliten. Dann aber sind die »Völker«, die diesen Brüdern gegenübergestellt werden, Heiden, d.h. Nicht-Israeliten.

Was war dann aber die ursprüngliche Pointe des Textes? Dazu muß man wissen: In Israel erwarteten einige Kreise einen zukünftigen König, der Israel von den Heiden erlösen würde. Viele stellten sich das als großes Strafgericht über die Heiden vor. Diese hatten Israel lange unterdrückt. Dafür sollten sie jetzt gestraft werden. Andere aber gaben den Heiden eine Chance. Im wichtigsten Text über die jüdische Messiaserwartung, in Psalm Salomos 17, finden sich zunächst scharfe Aussagen über die Heiden, aber am Ende werden die Heiden zum Zion strömen und die erschöpften Israeliten aus der Diaspora mitbringen. Sie helfen den zerstreuten Juden. Unser Text geht in diese Richtung noch weiter: Der Messias Israels wird alle Heiden daran messen, was sie den bedrängten Juden getan haben. Ob sie ihnen geholfen haben, als sie hungrig, durstig, nackt, fremd, krank und gefangen waren. Alle werden dabei an Kriterien gemessen, die ihnen wohl bekannt sind. Denn es gibt viele Belege dafür, daß die aufgezählten guten Taten zum Ethos aller Völker gehören. Besonders beeindruckend sind Formulierungen aus Ägypten.

Ich könnte mir vorstellen, daß Jesus mit dieser Rede vom Weltgericht eine enge nationalistische Haltung kritisiert hat, die es in jedem Volk gibt – und natürlich auch unter Juden gab. Er lehrte: Auch die anderen Völker haben eine Chance im Endgericht. Und er schließt sich damit einer liberaleren Strömung im Judentum an.

Für uns aber gewinnt der Text eine neue Bedeutung: Wir sind Heiden. Nach diesem Text werden wir alle daran gemessen, wie wir uns zu Juden verhalten. Durch eine lange Geschichte ist es in der Tat zum Kriterium für Humanität geworden, wie wir zum Judentum stehen. Es ist entscheidend geworden, ob wir das Gift des Antisemitismus überwinden. Ob wir diesem immer wieder aufkommenden Übel widerstehen. Ob wir Juden dort unterstützen, wo sie in Not sind.

Die partikularistische Deutung hat also im Prinzip (für die ursprüngliche Fassung des Textes) recht. Aber sie hat Unrecht, weil ursprünglich nicht an die Kirche, sondern an Israel gedacht war.

Nun aber zur zweiten Deutung. Der Matthäusevangelist selbst hat die Rede vom Weltgericht neu, nämlich universalistisch verstanden. Er denkt bei den »Brüdern« des Menschensohns an alle Menschen. Er spricht zweimal von diesen Brüdern und Hilfsbedürftigen. Das erste Mal (in V.40) charakterisiert er sie als »die Geringsten unter meinen Brüdern«, das zweite Mal nur als »diese Geringsten« (V.45). Er läßt also den Brudernamen bei der Wiederholung weg. Ihm kommt es also weniger auf irgendeine »Verwandtschaft« und Gruppenzugehörigkeit an, sondern auf die Tatsache, daß es sich um geringe Menschen handelt. Man hat dagegen eingewandt,

Matthäus kürze im zweiten Teil des Textes mit seinen vielen Wiederholungen ohnehin. Der Übergang von den »Geringsten meiner Brüder« zu den »Geringsten« sei Ausdruck dieser allgemeinen Kürzungstendenz, eine stilistische Variation, lasse sich also inhaltlich nicht auswerten. Das leuchtet nicht ein. Im Gegenteil: Gerade wenn man diese Kürzungstendenz in Betracht zieht, wird man darauf aufmerksam, daß sich der Ausdruck »die Geringsten unter meinen Brüdern« in zweifacher Weise abkürzen läßt. Entweder zu: »Was ihr meinen Brüdern getan habt, das habt ihr mir getan« – was einen guten Sinn ergibt; denn Brüder sind ein Stück von einem selbst. Oder man sagt: »Was ihr diesen Geringsten getan habt, habt ihr mir getan« – eine sehr kühne Aussage im Munde des Weltenrichters, der ganz oben steht, der nicht zu den Geringsten gehört, sondern von niemandem an Macht und Status überboten werden kann. Wenn Matthäus die zweite Möglichkeit wählt, dann macht er m.E. deutlich: Für ihn ist entscheidend, daß es sich um geringe und hilfsbedürftige Menschen handelt. Er sagt also nicht: Die Brüder Jesu sind gering und notleidend, sondern: Die Geringen und Notleidenden – das sind die Brüder Jesu.

So wie man bezweifeln darf, ob Matthäus bei den Geringsten ausschließlich an Christen denkt, darf man Zweifel haben, ob er bei »allen Völkern« ausschließlich an Nicht-Christen denkt. Denn zur Zeit des Matthäusevangelisten ist ein Teil aller Völker zu Christen geworden. Den Jüngern wird am Ende des Matthäusevangeliums aufgetragen, alle Völker zu Jüngern zu machen. Bis zum Endgericht werden viele aus den Völkern Christen geworden sein. Wenn im Endgericht »alle Völker« versammelt werden, sind zweifellos auch Christen unter ihnen. Auch sie werden gerichtet – nach demselben Maßstab, nach dem alle Menschen gerichtet werden.

Unser Urteilsspruch lautet also: Beide exegetischen Parteien haben recht. Matthäus bearbeitet eine ursprünglich allein auf Israel konzentrierte Rede über das Endgericht in universalistischer Weise: Er denkt an alle Menschen und alle Notleidenden.

II

Wir haben bisher die Richter im Streit der Schriftgelehrten gespielt. Aber jetzt wollen wir die Rolle des Richters abgeben, um uns selbst als Menschen zu erkennen, die vor einem Gericht stehen. Dieser Rollenwechsel fällt nicht leicht. Aber er bereitet sich schon dort vor, wo wir unsere Richterrolle ganz ernst nehmen. Vielleicht haben Sie bemerkt: Der exegetische Richter versucht, letztlich die Texte selbst sprechen zu lassen. Er richtet die umstrittenen Fragen so an die Texte, daß er ihnen eine Antwort entlocken kann: Eine Art Gerichtsurteil, das er nur nachspricht, nicht aber nach eigenem Ermessen fällt.

Ich will diese Beobachtung verallgemeinern, um klarzumachen, welche Erfahrungen in die Bilder vom höchsten Gericht eingegangen sind.

Der erste verallgemeinernde Schritt betrifft die Wissenschaft überhaupt. Auch von ihr sagt man oft, sie sei ein Gericht, in dem es um die Wahrheit geht. Zunächst denkt man auch hier, der Wissenschaftler sei der Richter, der alle Zeugen unparteiisch verhört, um dann sein Urteil zu fällen. Aber in Wirklichkeit ist es anders: Nicht nur die Exegese, alle Wissenschaft versucht, Fragen und Hypothesen so zu formulieren, daß der Gegenstand der Wissenschaft eine Antwort darauf gibt. Letztlich soll die Realität entscheiden, ob eine Vermutung standhält oder nicht. Die ganze Wissenschaft ist ein methodischer Versuch, die Realität zum Richter über unsere Vorstellungen und Mutmaßungen zu machen.

Ein zweiter verallgemeinernder Schritt führt von der Wissenschaft zum ganzen Leben. Das ganze Leben ist Versuch und Irrtum. Wir gestalten es versuchsweise so oder anders – und hoffen, daß wir aus der Realität Gewißheit erhalten: So geht es, und so geht es nicht. Wir alle wissen zu gut: Die Wirklichkeit ist zwar fehlerfreundlich und läßt viel Spielraum für Unsinniges, Unnützes und Falsches. Aber wenn wir auf Dauer grundsätzlich an den Grundbedingungen der Realität vorbeileben, so schlägt das in Katastrophen auf uns zurück. Wir sind daher immer eifrig damit beschäftigt, die Rückwirkungen unseres Handelns aus der Wirklichkeit zu dekodieren – auf einen verborgenen Richterspruch hin: Das geht, das geht nicht.

Ein dritter Schritt führt uns schließlich zur Religion: Religion und Glaube machen diesen Grundzug des ganzen Lebens bewußt. Wir sind durch und durch Produkt einer uns überlegenen Gesamtrealität. Diese hat uns hervorgebracht, erhält uns, ihrer Ordnung sind wir unterworfen – in Gedanken, Worten und Werken. Die Religion macht sensibel für diese umfassende Abhängigkeit. Sie macht bewußt, daß das ganze Leben eine Art Gerichtsprozeß ist, in dem unsere Gedanken, Worte und Werke getestet werden. Vor allem aber verwandelt sie ein passiv erlittenes Schicksal in einen bewußt geführten Prozeß, indem sie den Grund der uns hervorbringenden Gesamtrealität als Gott anspricht. Wir stehen in jedem Augenblick vor seinem Gericht. Wenn unser Leben abgelaufen ist, bleibt von diesem Leben nur noch das, was es im Urteil Gottes ist. Er ist unser Richter.

Die Religionen, die Gott als Richter vorstellen – und zu ihnen gehört auch die biblische Religion – gehen dabei ursprünglich von einem allzu einfachen Bild aus. Sie glauben, Gott belohne als Richter die gelungenen

Formen des Lebens, er verwerfe mißlungene Formen des Lebens. Aber dieses Bild vom »Richtergott« verändert sich im Laufe einer langen Geschichte mit Gott. Es verändert sich unter dem Druck der entscheidenden Frage, die wir an jeden Richter stellen: Ist er gerecht? Ist Gott gerecht? Geht es nicht den Schurken erstaunlich gut, den Guten aber oft schlecht? Läßt sich das Leiden auf Erden mit der Vorstellung eines gerechten Gottes vereinen?

Das Neue Testament hat darauf keine theoretische Antwort. Aber es gibt in ihm immer wieder Anstöße, die uns helfen können, mit dieser Frage praktisch umzugehen, ihre Unlösbarkeit auszuhalten und die in ihr enthaltene Qual in etwas Gutes zu verwandeln. Ich nenne jetzt nur die Impulse, die ich im Matthäusevangelium finde und die in unserem Text vom Weltgericht ihren Höhepunkt finden.

Du fragst: Wenn Gott ein gerechter Richter ist – warum geht es den Schurken so gut? Dazu lese ich im Matthäusevangelium: Gott läßt seine Sonne über Gute und Böse aufgehen, er läßt regnen über Gerechte und Ungerechte. Betrachte es als Zeichen seiner Großzügigkeit und Güte, daß er Schurken gut leben läßt. Vor allem: Nimm dir ein Beispiel daran! Liebe ebenso souverän wie Gott sogar deine Feinde, auch die ekelhaften Menschen, auch die kleinen und die großen Schurken.

Du fragst: Wenn Gott ein gerechter Richter ist – warum werden die Guten für Ihre Bemühungen so ungleich belohnt? Der eine hat Erfolg, der andere kümmert dahin! Lies im Matthäusevangelium das Gleichnis von den Arbeitern im Weinberg. Einige haben den ganzen Tag geschuftet, andere weniger, die letzten sogar nur eine einzige Stunde kurz vor Arbeitsschluß – aber alle bekommen den gleichen Lohn. Bist du neidisch, weil Gott gütig gegenüber diesen letzten Arbeitern ist, die sich nur ganz wenig anstrengen mußten?

Du fragst: Wenn Gott ein gerechter Richter ist – warum ist Gott so inkonsequent, daß er den Schurken immer wieder eine Chance läßt? Nicht nur einmal, sondern sieben Mal, ja siebenundsiebzig Mal. Bedenke, auch du profitierst von dieser Inkonsequenz Gottes. Denn auch du bist manchmal ein kleiner Schurke. Lies dies Gleichnis vom unbarmherzigen Knecht, dem eine große Summe Geld erlassen wird – der aber eine kleine Summe von seinem Mitknecht einfordert! Willst du dich etwa genauso verhalten? Auch dir hat Gott mit göttlicher Inkonsequenz kleine und große Bosheiten vergeben – und jetzt willst du darauf insistieren, daß ein Mitmensch wegen seiner kleinen oder großen Bosheiten von ihm mächtig gestraft wird?

Du fragst schließlich: Was soll ich aber zu denen sagen, die in dieser Welt zu kurz gekommen sind. Soll ich denen sagen: Das ist halt Gottes

Wille, daß es euch schlechter geht als anderen. Seid nicht neidisch auf die anderen, die mehr haben. Wäre das nicht zynisch? Recht hast du: Das wäre nicht nur zynisch. Das ist zynisch. Lies die Rede vom großen Weltgericht: Wo du Menschen begegnest, die zu kurz gekommen sind – Fremden, Kranken und Gefangenen, Menschen, die nicht genug zu essen, zu trinken, zu kleiden haben – dann wisse: In ihnen begegnet Gott selbst. Wenn du dich zynisch von ihnen abwendest, dann wendest du dich von Gott selbst ab. Ihre Not ist sein Ruf.

Der Richter tritt hier selbst in die Rolle derer ein, über die er richtet. Er tritt selbst in die Rolle derer ein, die hungern und dürsten, die krank und nackt sind und die im Gefängnis sitzen. Er versucht nicht, die Welt als gerecht darzustellen. Vielmehr deckt er die Ungerechtigkeit der Welt auf – ohne Verschönerung, Beschwichtigung, Verharmlosung. Er zeigt: Diese Welt ist grausam. Sie ist so grausam, daß Gott selbst in ihr vor die Hunde geht. Er geht in all denen vor die Hunde, die hungern und dürsten, die nackt und krank sind, die im Gefängnis sitzen. Aber eben deshalb hat er an dich eine große Erwartung: Er will, daß du dich von ihrer Ungerechtigkeit nicht überwältigen oder lähmen läßt. Er will, daß sie für dich zu einem mächtigen Impuls zur Mitmenschlichkeit, zur Güte, zur Überwindung von Ungerechtigkeit und Neid wird. Dann gehörst auch du zu den Gerechten und zu den Gesegneten, von denen in einer kalten Welt ein warmes Licht ausgeht.

Etwas abstrakter ausgedrückt: Die ethische Irrationalität der Welt wird von den Bildern und Erzählungen der Bibel immer wieder ins Bewußtsein gerufen. Aber diese Bilder und Erzählungen wollen diese irrationale Welt so interpretieren, daß sie zum Motiv ethischen Handelns wird und Selbstachtung auch im größten Leid ermöglicht. Und dann verlagern sich für uns die Fragen: Dann fragen wir nicht mehr zuerst: Ist die Welt gerecht? Ist Gott gerecht, wenn die Lebenschancen so verschieden verteilt sind? Wir fragen: Gehören wir zu den Gerechten? Gehören wir zu denen, die den Ruf Gottes in der Not des anderen – des Fremden, Kranken und Gefangenen – nicht überhört haben? Niemand verlangt, daß wir die ganze Welt in eine gerechte Welt verwandeln. Manchmal ist es schon viel, wenn wir die Leidenden nicht alleine lassen. Wenn wir einfach bei ihnen sind.

Du fragst jetzt vielleicht: Wenn es mir aber selbst schlecht geht, wenn das Leben unerträglich wird, wenn alles mißlingt, wenn alles weh tut? Dann lies das Matthäusevangelium bis zum Ende! Lies von der Passion Jesu! Lies die Geschichte von Gethsemane! Gott selbst teilt in Jesus Angst, Tod und Schmerz. Er leidet in allen seinen Kreaturen mit. Er leidet auch mit dir.

Es ist entscheidend, daß wir diesen Rollenwechsel Gottes nachvollziehen: vom Gott ganz oben zum Gott ganz unten. Es fällt uns dann leichter, auch unseren eigenen Rollenwechsel zu bejahen: von Richtern über die Welt zu Menschen vor dem Gericht. Am liebsten möchten wir natürlich an einer Art Richterrolle festhalten. Wir wollen die Welt prüfen, als Zeugen verhören und am Ende für gerecht oder ungerecht erklären. Aber faktisch sind wir schon immer die Geprüften, die Zeugen, diejenigen, die ihr Urteil empfangen. All unser Leben ist Versuch und Irrtum, um Gott zu entsprechen. Das traditionelle Bild von Gott als Richter, von dem wir ausgingen, sagt: Gott wählt die gelungenen Versuche unseres Lebens aus, und er verwirft die mißlungenen Versuche. Das neue Bild von Gott als Richter, das wir durch Mt 25 erhalten, aber sagt: Gott verändert in überraschender Weise die Maßstäbe. Er steht selbst auf der Seite des angeblich mißlungenen Lebens. Gelungenes Leben aber mißt er daran, ob es in Solidarität mit den Schwachen, Hungernden, Kranken und Gefangenen gelebt wird. Er ist ein Richter, der selbst auf der Seite derer steht, die manche als die Gerichteten ansehen. Er ist in ganz anderer Weise Richter, als wir glaubten.

Das ist die Gerechtigkeit, die in diesem Mythos eines endzeitlichen Gerichtes entworfen wird. Eine merkwürdige Gerechtigkeit! Vergleichen wir sie noch einmal mit einer anderen Konzeption von Gerechtigkeit!

III

Vertauschen wir jetzt noch einmal die Rollen. Verstehen wir uns abschließend noch einmal als Beobachter und Analytiker jener Prozesse, in denen es um Gerechtigkeit geht. Vergleichen wir noch einmal die Gerechtigkeit von Mt 25 mit der Gerechtigkeit in jenem modernen Urzeitmythos, den ich am Anfang erzählte. Ich glaube, daß beide Bilder und Mythen sich ergänzen. Sie haben zwei Gemeinsamkeiten. Einmal den schon erwähnten »Schleier der Unwissenheit«. Die Menschen vor aller Zeit wissen nicht, welche Rolle sie im Leben einmal erhalten werden. Die Menschen am Ende der Zeit, im großen Weltgericht, wissen nicht, in welcher Rolle ihnen der Weltenrichter begegnet ist. Dazu kommt eine zweite Gemeinsamkeit: Kriterium für Gerechtigkeit sind in beiden Fällen die »Geringsten«, diejenigen, die bei der Verteilung der Lebenschancen am schlechtesten weggekommen sind. An ihrem Schicksal hat sich zu bewähren, ob Gerechtigkeit herrscht oder nicht. An unserer Haltung ihnen gegenüber wird sich erweisen, ob wir gerecht sind oder nicht. Gerechtigkeit zeigt sich nicht im Wohlergehen einer möglichst großen Zahl von

Menschen. Sie erweist sich vielmehr an der Minorität derer, die ganz unten stehen. Dennoch bleiben zwei Unterschiede.

Die Menschen in der Urzeit stellen sich vor, welche Rolle sie selbst einmal erhalten werden – und danach fertigen sie ihren Entwurf einer gerechten Welt an. Die Menschen vor dem Weltgericht werden dagegen damit konfrontiert, daß in der Rolle des anderen der Weltenrichter selbst begegnet. Nicht ihr mögliches oder wirkliches eigenes Geschick wird zum Kriterium der Gerechtigkeit, sondern das Geschick des anderen. Beide Gesichtspunkte sind nicht unvereinbar. Aber wie könnten die beiden Geschichten lauten, wenn man beide Gesichtspunkte verbinden wollte?

Zunächst zur Urzeitgeschichte. Als die Menschen vor der Geschichte versammelt waren, um eine gerechte Welt zu entwerfen, da einigten sie sich auf folgendes Konstruktionsprinzip einer gerechten Welt: Wir entwerfen eine Welt, in der jeder damit rechnen muß, daß der, der ihm in der Rolle des niedrigsten Menschen begegnet, einmal die höchste Rolle einnehmen wird – mit Macht über Leben und Tod. Die Frage lautet also nicht mehr: Was können wir dem Niedrigsten zumuten, so daß wir seine Rolle zur Not auch selbst akzeptieren könnten? Sondern: Was können wir dem Höchststehenden zumuten, wenn er uns in der Rolle des Niedrigsten begegnet?

Und wie könnte die Endzeitgeschichte neu erzählt werden? Stellen wir uns vor, daß am Ende der Weltenrichter alle versammelt und ihnen die Rückkehr ins Leben anbietet. Und er zeigt ihnen die Welt und bietet ihnen die niedrigste Rolle an, die es in der Welt gab, und wir antworten: O nein, die wollen wir nicht. So ein Hundeleben ist für uns ganz unerträglich. Da wollen wir lieber gar nicht leben! Dann wird uns der Richter fragen: Und was habt ihr in eurem Leben dafür getan, daß solch ein Hundeleben für andere Menschen erträglicher wird? Was habt ihr dafür getan, daß solch ein Hundeleben ein menschliches Leben wird, das auch ihr akzeptieren könnt?

Beide Gesichtspunkte der Gerechtigkeit lassen sich vereinen. Aber es ist wohl charakteristisch, daß der philosophische Mythos fragt: Was können wir uns selbst zumuten? Der biblische Mythos jedoch: Was können wir dem anderen zumuten – dem anderen Menschen, der so unendlich viel wert ist, daß uns in ihm Gott selbst begegnet. Beides ist vereinbar. Denn es heißt auch in der Bibel: Liebe deinen Nächsten wie dich selbst. Mache das, was du dir selbst zumutest, zum Maßstab für das, was du anderen zumutest! Mache das, was du für dich selbst erwünschst, zur Richtschnur dafür, was du anderen antust!

Aber es bleibt noch ein zweiter Unterschied: Der philosophische Mythos ist eine Urzeitgeschichte, der biblische eine Endzeitgeschichte. Nach dem Urzeitmythos haben die Menschen eine Chance, bei der Konstruktion der Welt mitzuwirken. Die Verhältnisse, unter denen wir leben, werden so vorgestellt, als hätten wir sie selbst konstruieren können. Wir erscheinen als Schöpfer. Die Welt wird für uns erträglich unter der Voraussetzung, wir könnten bei der Konstruktion mitreden. Das wirkt sehr modern: Wir – die Techniker von Welt und Gerechtigkeit.

Anders der Endzeitmythos: Hier erscheinen wir nicht in der aktiven Rolle der Gestalter, sondern in der passiven Rolle der Beurteilten. Wir haben bei der Konstruktion der Welt nicht mitgeredet. Wir fanden sie vor. Wir fanden in ihr Hungernde, Durstende und Nackte, Fremde, Gefangene und Kranke. Wir haben das nicht so gewollt. Niemand hat uns vorher gefragt. Aber unsere Gerechtigkeit zeigt sich darin, wie wir mit dieser uns vorgegebenen Welt und den Menschen in ihr umgehen. Was wir daraus machen, obwohl wir bei der Inszenierung des Ganzen nicht mitreden konnten!

Dieser Endzeitmythos hat den Vorteil: Er ist realistischer. Denn in der Tat: So ist das Leben! Wir haben es nicht gewählt. Wir haben seine Grundbedingungen nicht selbst bestimmt. Wir können immer nur nachträglich ja zu ihm sagen.

Aber auch hier ist der Unterschied nicht unüberwindbar. Zweifellos: Die Welt wurde ohne uns geschaffen. Aber sie wurde von Gott so geschaffen, daß im Laufe einer langen Evolution der Mensch hervorging – das erste Geschöpf, das sich als Mitschöpfer verstehen darf. Ihm hat Gott ein Programm mitgegeben, das lautet: Handle so, als seist du mitverantwortlich für den weiteren Verlauf der Welt. Der Mensch ist der geschaffene Mit-Schöpfer Gottes. Gott hat ihm zugetraut, daß er zum Mit-Schöpfer seiner Gerechtigkeit wird.

Wenn ich als ein kleiner, unbedeutender Mit-Schöpfer dieser Gerechtigkeit noch eine abschließende Bemerkung machen darf, so würde ich sagen: Die Scheidung zwischen Gerechtem und Ungerechtem läßt sich nicht zwischen Personen durchführen. Nicht als Scheidung zwischen Schafen und Böcken. In jedem Menschen – auch im Heiligen – ist ein kleiner Bock lebendig. In jedem Menschen – auch im größten Schurken – ist ein kleines Schaf vorhanden, und sei es nur in dem kleinen Kind, das auch der größte Verbrecher einmal war.

Das soll die Matthäus-Version vom Weltgericht nicht abwerten. Ich finde es gut, daß Gott seine Gerechtigkeit zusammen mit Menschen verwirklichen will, die weder reine Schafe noch Böcke sind. Ich finde es großartig, daß er anderen Menschen helfen läßt durch Menschen, die keine Engel, sondern aus Gut und Böse zusammengesetzt sind. Und ich hoffe, daß einmal, wenn von uns nur noch das existiert, was wir im Urteil Gottes sind, daß dies Urteil als Ganzes trotzdem positiv ist.

Diese Bibelarbeit wurde am 11.6.1993 auf dem Deutschen Evangelischen Kirchentag in München gehalten. Der mit Mt 25,31-46 verglichene moderne Gerechtigkeitsmythos findet sich bei J. Rawls: Eine Theorie der Gerechtigkeit, stw 271, Frankfurt 1979 (engl. 1971), bes. S. 159ff.

Jesus und Hippokrates
Über das Ende der Dämonenangst

(Markus 9,14-29)

Und als sie zu den Jüngern kamen, sahen sie viel Volk um sie her und Schriftgelehrte, die mit ihnen verhandelten. Und alles Volk erstaunte, sobald sie ihn sahen, und sie liefen hinzu und grüßten ihn. Und er fragte sie: Was verhandelt ihr mit ihnen? Und einer aus dem Volk antwortete ihm: Meister, ich habe meinen Sohn zu dir gebracht, der einen stummen Geist hat; und wo er ihn überfällt, reißt er ihn herum, und er schäumt und knirscht mit den Zähnen, und er magert ab. Und ich sagte deinen Jüngern, sie möchten ihn austreiben; und sie vermochten es nicht. Da antwortete er ihnen und sprach: O du ungläubiges Geschlecht, wie lange soll ich bei euch sein? wie lange soll ich euch ertragen? Bringet ihn zu mir! Und sie brachten ihn zu ihm. Und als er ihn sah, riß ihn der Geist alsbald hin und her, und er fiel auf die Erde und wälzte sich schäumend. Und er fragte seinen Vater: Wie lange ist es her, daß ihm dies widerfahren ist? Er antwortete: Von Kindheit an; und er hat ihn oft sogar ins Feuer und ins Wasser geworfen, um ihn umzubringen. Aber wenn du etwas vermagst, so hab Erbarmen mit uns und hilf uns! Da sprach Jesus zu ihm: Wenn du [etwas] vermagst? Alles ist möglich dem, der glaubt! Alsbald rief der Vater des Knaben laut: Ich glaube: hilf meinem Unglauben! Als aber Jesus sah, daß das Volk zusammenlief, bedrohte er den unreinen Geist und sprach zu ihm: Du stummer und tauber Geist, ich gebiete dir: fahre aus von ihm und fahre nicht mehr in ihn hinein! Und nachdem er geschrieen und ihn heftig hin und her gerissen hatte, fuhr er aus; und er wurde wie tot, sodaß die meisten sagten: Er ist gestorben. Jesus aber ergriff ihn bei der Hand und richtete ihn auf, und er stand auf. Und als der in ein Haus gegangen war, fragten ihn seine Jünger für sich allein: Warum konnten wir ihn nicht austreiben? Da sprach er zu ihnen: Diese Art kann durch nichts ausgetrieben werden außer durch Gebet.

Meine Frau hat ein halbes Jahr in Bethel mit Epileptikern zusammengelebt. Als ich daran ging, meine Bibelarbeit über die Heilung des epileptischen Knaben vorzubereiten, meinte sie: »Es gibt noch immer Vorurteile gegen Epileptiker. Noch immer weiß nicht jeder: Epilepsie ist eine Krankheit wie jede andere. Sie ist nicht erblich. Sie ist keine Geisteskrankheit. Sie führt nicht notwendig zu geistiger Behinderung. Und sie ist ganz gewiß keine dämonische Besessenheit, wie in dieser Geschichte vorausgesetzt wird.«

Trotzdem werden Epileptiker bei uns noch immer diskriminiert, z.B. bei Einstellungen im öffentlichen Dienst. Aufklärung ist noch immer notwendig.

Die Geschichte dieser Aufklärung beginnt in der Antike. Ca. 400 v.Chr. schrieb ein unbekannter Arzt, dessen Schrift unter dem Namen des Hippokrates erhalten ist (und den ich der Einfachheit halber ›Hippokrates‹ nenne), eine Schrift über die Epilepsie, die »heilige Krankheit«, wie man sie zu seiner Zeit nannte. Seine revolutionäre These war: Epilepsie ist eine normale Krankheit. Sie wird nicht durch Götter verursacht, ist also keine »heilige Krankheit«. Ihr Ursprung liegt im Gehirn. Sie ist heilbar. Seine Auffassung setzte sich erst in moderner Zeit durch, gegen viele Hindernisse. Die Geschichte vom epileptischen Knaben war eines dieser Hindernisse. Der Kirchenvater Origenes kommentierte sie mit den Worten: »Ärzte mögen ... eine natürliche Erklärung (der Krankheit) versuchen, da nach ihrer Überzeugung kein unreiner Geist im Spiel ist, sondern eine Krankheitserscheinung des Körpers vorliegt ... wir aber glauben dem Evangelium auch darin, daß diese Krankheit ... von einem unreinen, stummen und tauben Geist bewirkt wird« (in Mt 13,6). Solche Urteile haben gewirkt.

Noch Friedrich von Bodelschwingh, der die Anstalten von Bethel ausgebaut hat, hatte Schwierigkeiten mit unserer Geschichte. Er mußte sich aus Liebe zu seinen Kranken dagegen wehren, daß man aus ihr ableitete, Epilepsie ginge auf eine Einwirkung des Satans zurück und sei keine gewöhnliche Krankheit.

Man muß zugeben: Auf den ersten Blick klafft zwischen der Aufklärung des Hippokrates und dem Dämonenglauben der Bibel ein abgrundtiefer Graben. Läßt sich dieser Graben überbrücken? Ergänzen sich beide Überlieferungen vielleicht doch? Gehören beide zusammen – wie Rationalität und Barmherzigkeit, Aufklärung und Liebe zusammengehören? Beide zielen ja darauf, kranken Menschen zu helfen.

In einem ersten Schritt möchte ich herausfinden, was die Erzähler der biblischen Wundergeschichte konkret mit einem Dämon verbinden und was sie ihm entgegensetzen.

Danach möchte ich zwei weitere Dämonenaustreibungen aus der Zeit Jesu erzählen, um zu zeigen, was es mit dem Dämonenglauben damals auf sich hatte.

In einem dritten Schritt möchte ich dann auf etwas Zeitloses in der Dämonenangst hinweisen und die These vertreten, daß wir beide, Hippokrates und Jesus, brauchen, um mit diesem zeitlosen Hintergrund der Dämonenangst fertigzuwerden.

I

Fragen wir zunächst: Was wird konkret in der Geschichte als Wirken des Dämons verstanden? Es sind zwei Züge, die nicht unbedingt mit Epilepsie zu tun haben, nämlich Stummheit und Selbstschädigung.

Der Dämon wird als »sprachloser« Geist eingeführt (V.17) und später ein »stummer und tauber Geist« (V.25) genannt. Dabei ist nicht nur an die Unfähigkeit gedacht, während eines Anfalls zu sprechen. Denn der Junge ist auch zwischen den Anfällen stumm. Nur so wird verständlich, warum nicht er, sondern sein Vater für ihn bittet. Wir würden sagen: Er ist mehrfach behindert.

Ein zweites Mal wird vom Dämon gesagt, daß er den Jungen ins Feuer und ins Wasser wirft, um ihn zu vernichten. Auch hier wird an die Erfahrung angeknüpft, daß Epileptiker fatal stürzen können – natürlich auch in Wasser und Feuer. Aber eine spezifische Tendenz dieser Krankheit ist das nicht. Vielmehr handelt es sich in unserer Geschichte um extrem selbstschädigendes Verhalten, um Autoaggression, wenn nicht gar um Tendenzen zur Selbsttötung.

Wenn man die Aussage des Vaters hinzunimmt, der Junge habe das alles von Kindheit an (V.21), dann paßt auch das zur Epilepsie. Sie wird in der Antike u.a. das »kindliche Leiden« (puerilis passio) genannt. Aber in die Krankheitsschilderung scheinen auch weitere Erfahrungen hineingeflossen zu sein – etwa mit autistischen Kindern, die nicht sprechen und gegen sich selbst gerichtetes aggressives Verhalten zeigen.

Entscheidend für uns ist: Einen epileptischen Anfall erlebten damals viele Menschen zweifellos als Wirken eines Dämons. Dessen Feindseligkeit aber zeigte sich für die Erzähler von Markus 9 weniger in dem Krankheitsbild selbst, als in diesen beiden Tendenzen zur Kommunikationslosigkeit und zur Selbstschädigung, die über das Erscheinungsbild einer durchschnittlichen Epilepsie hinausgehen. Die Erzähler dieser Geschichte hatten ein Gespür dafür: Nicht die epileptische Krankheit an sich war das Bedrohliche, sondern die durch sie bewirkte soziale Isolierung, Kommunikationslosigkeit und Selbstschädigung. All das verstärkte für sie den Eindruck, solche Menschen seien nicht Herr ihrer selbst. Eine unheimliche, fremde, feindselige Macht habe sich ihrer bemächtigt.

Diese Macht treibt in den Tod. Der Dämon zerrt den Jungen hin und her und verläßt ihn mit lautem Geschrei. Sein Schreien könnte ein erstes Zeichen seiner Überwindung sein: Bisher war er ein stummer Geist. Aber noch bei seiner Kapitulation will er dem Jungen schaden: Der fällt zu Boden. Die Leute sagen: Er ist tot. Jesus aber faßt ihn an der Hand und richtet ihn auf. Man kann auch übersetzen: »und er erweckte ihn«. Der

Schluß wird wie eine Totenerweckung erzählt. Und darin dürfte Absicht stecken: Die Auseinandersetzung mit dem Dämon soll als Auseinandersetzung mit tötender Macht dargestellt werden, als ein Kampf zwischen Todes- und Lebensmacht.

Das hat der Markusevangelist bewußt so gestaltet. Denn Dämonen sind bei ihm auch sonst mit Tod und Tötung verbunden. Im großen Dämonenexorzismus am galiläischen See (Mk 5,1ff) treiben die Dämonen den Besessenen dazu, in Gräbern zu wohnen. Sie wirken in der Nähe des Todes. Das wird noch deutlicher durch den Ausgang der Geschichte: Die Dämonen, die sich »Legion« nennen, fahren in eine Schweineherde und treiben sie in den See, wo die Tiere jämmerlich ersaufen. Auch diese Dämonen treiben ihre Opfer »ins Wasser«. Der von ihnen verursachte kollektive Schweineselbstmord zeigt, daß sie gegen alles Leben feindlich gesonnen sind, nicht nur gegen das Leben von Menschen.

Halten wir also fest: Der ›Dämon‹ ist für die Erzähler unserer Geschichte eine Macht, die durch Kommunikationslosigkeit und Selbstschädigung tötet, eine lebensfeindliche Macht.

Fragen wir nun weiter: Was wird dem Wirken dieses Dämons entgegengesetzt? Die Geschichte gibt eine klare Auskunft: Gegenmacht zum Dämon ist der Glaube. Dreimal wird von ihm gesprochen.

Das erste Mal ist vom Unglauben die Rede. Als der Vater von den vergeblichen Versuchen der Jünger erzählt, seinen Sohn zu heilen, antwortet Jesus mit der Klage: »O, du ungläubiges Geschlecht! Wie lange soll ich bei euch sein? Wie lange soll ich euch ertragen?« (V.19) Man wird diesen Unglauben zunächst auf die Jünger beziehen. Sie haben versagt. Gemeint ist: Hätten sie mehr Glauben, so hätten sie den Kranken heilen können! Aber das Wort »Geschlecht« meint in der Regel alle Menschen einer Generation oder eines Volkes. Es würde dann in unserer Geschichte auch den Vater einschließen, der später ja seinen unvollkommenen Glauben bekennt. Es würde auch den kranken Jungen meinen mit seinen Tendenzen zur Selbsttötung. Zu ihm würden auch die Schriftgelehrten gehören, die sich in einer früheren Fassung der Geschichte vielleicht einmal an den Exorzismus gewagt hatten, aber gescheitert waren. Auf jeden Fall ist »Unglaube« hier ein allgemeines Merkmal menschlicher Existenz. Wenn Jesus über ihn klagt, so meint er mehr als die mangelnde Fähigkeit zur Heilung. Es ist, als wolle er sagen: Gäbe es überall mehr Glauben, d.h. mehr lebensfördernde und heilende Kraft unter allen Menschen, dann könnten sich selbstzerstörerische und kommunikationsabbrechende Tendenzen nicht so destruktiv entfalten wie bei diesem Kind.

Das zweite Mal spricht der Vater vom Glauben in ganz merkwürdiger Weise. Er hat Jesus gebeten: »Wenn du etwas vermagst, so hilf und erbarm dich unser.« Jesus antwortet darauf sinngemäß: »Du sagst zu mir, wenn du etwas vermagst (und du zweifelst an meiner Macht) – ich aber sage zu dir: Alles vermag der, der glaubt.« Mit dieser Wendung »alles vermag der, der da glaubt« wird ein Gottesprädikat auf Menschen übertragen. Gott ist der, der alles vermag (vgl. Mk 10,27; 14,36). Wenn dasselbe vom Glauben gesagt wird, so heißt das: So wie der Unglaube ein Merkmal menschlicher Existenz schlechthin ist, so der Glaube eine Äußerung göttlicher Existenz. Zunächst ist Jesus gemeint. Er ist der »Glaubende«, der an der Macht Gottes teilhat. Er konnte sagen: »Wenn ich mit dem Geist Gottes (mit dem Finger Gottes) die Dämonen austreibe, so ist ja Gottes Herrschaft schon zu euch gelangt« (Mt 12,28; vgl. Lk 11,20). Das heißt: In seiner exorzistischen Macht ist Gott selbst aktiv. Aber ebenso eindeutig bezieht sich die Aussage »alles ist möglich dem, der da glaubt« auch auf den Vater. Denn der greift diesen Zuspruch auf, wenn er sagt: Ich glaube, hilf meinem Unglauben. Er möchte an diesem allmächtigen Glauben teilhaben.

Dämonische Macht, so sahen wir, ist für die Erzähler der Geschichte ein selbstzerstörerischer Trieb zum Tod, Glauben dagegen unbedingter Wille zum Leben. Gott selbst ist dieser unbedingte Wille zum Leben. Glaube bedeutet, an seinem Willen zum Leben teilhaben und durch ihn Leben ermöglichen.

Das dritte Mal wird weder vom Unglauben noch vom Glauben gesprochen, sondern von beidem. Der Vater bekennt: »Ich glaube, hilf meinem Unglauben!« Gerade als Reaktion auf Jesu Zuspruch des allmächtigen Glaubens wird sein Unglaubensbekenntnis verständlich: Muß nicht jeder Mensch davor zurückschrecken, sich göttliche Allmacht zuzuschreiben? Manchmal haben wir zwar solche Allmachtsphantasien: Wenn wir extrem selbstschädigenden und kommunikationslosen Menschen begegnen, dann schreit es in uns auf: Hätten wir doch nur einen Zipfel göttlicher Allmacht, um diesen Menschen Leben zu ermöglichen! Hätten wir Gottes Macht, um heillos zerstrittene Menschen zusammenzubringen! Oder auch nur, um das Leiden eines einzigen Kindes zu beseitigen! Aber solche Allmachtsphantasien sind eine Geburt der Verzweiflung. Wir übernehmen uns mit ihnen. Das führt nicht zur Hilfe für andere, sondern nur bei uns selbst zum Helfersyndrom mit völliger Selbstüberforderung. Der Markusevangelist warnt davor. Er fügt eine Sonderbelehrung an die Jünger im Haus hinzu: Diese Art dämonischer Macht, so sagt er, läßt sich mit normalen Mitteln nicht besiegen. Nur Gott selbst kann sie besiegen. Daher soll man für die Kranken beten.

Vom Glauben wird in unserer Geschichte also in dreifacher Weise gesprochen:

1. Alle Menschen leben im »Unglauben«, allen Menschen fehlt das unbedingte Zutrauen zum Leben. Unglaube ist hier ein Merkmal menschlicher Existenz.

2. Der Glaube hat Allmacht. Er wird dadurch zu einer göttlichen Kraft. Glaube erscheint hier als Äußerung göttlicher Existenz.

3. Der Vater hat zugleich Glauben und Unglauben. Der Zwiespalt zwischen menschlichem Unglauben und göttlicher Allmacht des Glaubens geht mitten durch ihn hindurch.

Im Blick auf die ganze Geschichte können wir nun sagen: Das Besondere dieser Geschichte ist der Kontrast zwischen Glauben und Dämon, zwischen Macht zum Leben und Macht zum Tode. Dieser Kontrast ist auch von der Erzählform her ungewöhnlich: Das Motiv vom Glauben begegnet sonst nur in Heilungsgeschichten ohne Dämonen – als Zutrauen zum großen Wundertäter. Singulär ist, daß der Glaube hier in eine Dämonengeschichte aufgenommen wurde. Singulär ist, den Glauben so eindeutig als Gegenmacht gegen das Dämonische zu verstehen!

In einem zweiten Schritt müssen wir nun genauer herausfinden: Wovor hatten die Menschen damals Angst, wenn sie vor Dämonen erzitterten? Und worin bestand die befreiende Macht des Glaubens für sie? Dazu ziehe ich zwei weitere Geschichten von Dämonenaustreibungen heran: eine jüdische und eine heidnische Geschichte aus dem 1. Jahrhundert n.Chr.

II

Beim jüdischen Historiker Josephus finden wir einen Bericht von einer Dämonenaustreibung, die während des Jüdischen Krieges (ca. 67/68 n.Chr.) geschehen ist. Er hat sie entweder selbst gesehen oder zuverlässig von ihr erfahren. Denn er nennt eine Reihe von Zeugen, die z.T. noch lebten, als er die Geschichte ca. 20-25 Jahre später niederschrieb. Mit anderen Worten: An der Geschichte muß etwas dran sein. Er erzählt:

> »Ich habe gesehen (oder »erfahren«), wie einer aus unserem Volk, ein gewisser Eleazar, in Gegenwart des Vespasian, seiner Söhne, der Militärtribunen und einer Menge anderer Soldaten die Besessenen von Dämonen befreite. Die Heilung geschah so: Er hielt an die Nase des Besessenen einen Ring, unter dessen Siegel eine von den Wurzeln angebracht war, die Salomo (für diesen Zweck) angegeben hatte. Als der Mann daran gerochen hatte, zog er den Dämon durch die Nasenlöcher heraus. Der Mann fiel sofort zusammen, und Eleazar beschwor den Dämon, nie mehr in ihn zurückzukehren. Dabei nannte er den Namen des Salomo und vollzog die Beschwörungen, die Salomo verfaßt

hatte. Um nun den Anwesenden zu beweisen, daß er diese Macht wirklich besitze, stell-te er ein Gefäß oder ein Fußbecken vor ihm auf und befahl dem Dämon, es umzustoßen, wenn er aus dem Menschen fahre, und so den Zuschauern zu erkennen zu geben, daß er den Mann verlassen habe. So geschah es ...« (Jos ant 8,45-49 = VIII,2,5).

Zwei Unterschiede zwischen diesem Exorzismus und den Wundertaten Jesu seien betont.

Der erste Unterschied: Eleazar arbeitet mit magischen Mitteln und tra-diertem Wissen, das man auf den König Salomo zurückführte: Ring und Wurzel entsprechen Salomos Rezepten, Salomos Name und Beschwö-rungsformel bannen den Dämon. Eleazar heilt in der Vollmacht einer an-deren Autorität. In der Jesusgeschichte tritt an die Stelle all dieser Mittel einzig und allein der Glaube, der Glaube des Wundertäters und der Glau-be der Hilfesuchenden. Wir finden kein magisches Wissen, keine Tradi-tion, keine große Autorität der Vergangenheit, nur diesen Glauben. Dabei fasziniert immer wieder folgender Zug: Wenn Menschen zu Jesus strö-men, um geheilt zu werden, suchen sie den großen Wundertäter, der das kann, was sie nicht können. Aber Jesus widerspricht dieser Erwartung. Er verweist sie auf sich selbst. Sein Wort: »Dein Glaube hat dich gerettet« gibt den Hilfesuchenden Anteil an ihrer Heilung. Etwas in ihnen war bei der Heilung wirksam, ihr Glaube an Jesus und Gott. Auch in der Ge-schichte vom epileptischen Knaben wird auf diesen Glauben verwiesen. Es ist der Glaube Jesu und des hilfesuchenden Vaters. Dieser Glaube ist die eigentliche Ursache der Heilung. Durch ihn werden Menschen aus Objekten von Hilfe und Heilung zu deren Subjekt.

Der zweite Unterschied: Eleazar beschwört den Dämon, nicht mehr in den Menschen zurückzukehren. Er vernichtet ihn nicht, sondern vertreibt ihn nur. Anders das Markusevangelium. In der ersten der drei großen Dämonenaustreibungen in der Synagoge zu Kapernaum rufen die Dä-monen Jesus zu: »Was haben wir mit dir zu tun, Jesus von Nazareth, du bist gekommen, uns zu vernichten!« Jesus treibt nicht nur Dämonen aus, bannt sie nicht nur an einen anderen Ort, wehrt sie nicht nur ab – und im übrigen können sie anderswo ihr Unwesen weiter treiben. Nach dem Mar-kusevangelium vernichtet er sie. Das ist seine Sendung. Dazu ist er ge-kommen! Und das wissen die Dämonen! Das Reich Gottes, das mit Je-sus anbricht, ist eine Welt ohne Dämonen. Es wird geradezu so definiert: »Wenn ich mit dem Geist Gottes die Dämonen austreibe, dann ist ja die Gottesherrschaft schon zu euch gelangt« (Mt 12,28). Dann bricht die ganze Dämonenherrschaft mit dem Oberdämon Beelzebul an der Spitze in sich zusammen. Das ist die Aussage des sogenannten Beelzebul-gesprächs (Mk 3,22ff).

Aber es gibt neben diesen beiden Unterschieden auch einen positiven Berührungspunkt zwischen Eleazar und Jesus. Eleazar vollzieht seinen Exorzismus in Gegenwart des Feldherrn Vespasian und seiner Söhne – also der späteren Kaiserfamilie der Flavier, die gerade dabei war, den jüdischen Aufstand niederzuschlagen und das Land zu unterwerfen. Die Geschichte von Eleazars Exorzismus wird man sich in jüdischen Kreisen damals mit großer Befriedigung erzählt haben. Sie zeigt: Vespasian mochte die Macht haben, Palästina zu unterwerfen. Wenn es aber um die Unterwerfung dämonischer Mächte ging, hatte der jüdische König Salomo die größere Macht.

Für die Christen hatte dagegen Jesus von Nazareth die allen überlegene Macht. Seine Wunder galten als mächtiger als alle konkurrierenden Wunder – so mächtig, daß am Ende des Markusevangeliums sogar der Vertreter der Weltmacht, ein römischer Centurio, die Hoheit des gekreuzigten Jesus erkennt: »Wahrhaftig, dieser Mensch war Gottes Sohn« (Mk 15,39). Auch die Dämonen, die Jesus austreibt, haben mit dieser Weltmacht zu tun. Einer dieser Dämonen nennt sich stolz »Legion«, als wäre er eine römische Heeresabteilung. Er möchte im Lande bleiben wie die Römer. Aber er wird ins Meer getrieben – was viele in Palästina gerne mit den Römern getan hätten. Diese Dämonen sind Repräsentanten unterdrückender fremder Mächte. Ihr oberster Herrscher heißt »Beelzebul«. Jeder in Syrien und Palästina mußte bei diesem Namen an die zahlreichen »Baal«-Götter im Umland Palästinas denken. Wenn Jesus nicht nur einzelne Dämonen vertreibt, sondern den Chef der ganzen Dämonenbande – irgendeine Baal-Gottheit, die in den Augen der Juden ein Dämon war –, dann zeigte sich darin: Angst vor Dämonen ist auch Angst vor überlegener politischer und kultureller Macht. Macht über Dämonen bedeutet Widerstand gegen sie und Befreiung von ihnen. Anders gesagt: Wo eine Situation politischer Unterdrückung und kultureller Bedrohung vorliegt, blüht der Dämonenglaube auf. In ihm schlägt sich das Bewußtsein nieder, von außen bedroht zu sein. Eine Analogie kann das veranschaulichen. In Sibirien beobachteten Ethnologen einen Stamm, der von seinem Nachbarstamm beherrscht wurde. Die Besessenen in dem unterdrückten Stamm sprachen die Sprache des unterdrückenden Stammes. Das bringt mich im Blick auf unsere Geschichte auf folgenden Gedanken. Der Dämon in ihr wird ein »unreiner Geist« genannt. Unrein ist in den Augen der jüdischen Bevölkerung alles Heidnische, Fremde, mit Götzendienst Verbundene. Wenn er darüber hinaus ein »stummer und tauber« Dämon ist, so erinnert das an heidnische Götter. Denn die konnten nach jüdischem Glauben weder sprechen noch hören (vgl. Ps 115,4-

11; 135,15-18; Jes 44,20). Auch sie waren »stumm und taub«. Fremde Götter aber waren für Juden Dämonen.

Aus dem skizzierten sozialen und historischen Kontext des Dämonenglaubens im neutestamentlichen Palästina können wir eine wichtige Erkenntnis ableiten: Wenn Jesus als Exorzist wirkte, so nahm er dem einfachen Volk damit nicht nur die Angst vor individueller Bedrohung durch Krankheit, sondern auch die Angst vor kollektiver Bedrohung durch die Fremden – durch Römer, Syrer und Griechen, durch deren Unreinheit und Götzendienst, durch deren militärische und kulturelle Macht. Er schuf so die Voraussetzungen dafür, sich den Fremden zu öffnen. Denn das kann man nur, wenn man die Angst vor dem Fremden in sich überwindet.

Wir können daher bei Jesus nicht scharf trennen zwischen einer »aufklärerischen« Offenheit für Fremde auf der einen Seite und den primitiven Exorzismen auf der anderen Seite. Denn das Bewußtsein, die dämonischen Mächte seien schon endgültig besiegt und überall auf dem Rückzug, schuf die Voraussetzung für Offenheit gegenüber Fremden. Die Kraft zur Überwindung des Dämonischen aber war der Glaube, der Anteil an Gottes Macht, an Gottes Willen zum Leben gibt.

Es wäre nun ganz falsch, deshalb die Fähigkeit zum Exorzismus an sich schon für etwas Progressives zu halten. Im Gegenteil, sie kann anders wirken: destruktiv und vorurteilhaft. Das möchte ich mit meiner zweiten Geschichte belegen. Sie spielt auch im 1. Jhdt. n.Chr. Sie erzählt, wie der neupythagoräische Philosoph Apollonios von Tyana eine Epidemie in der Stadt Ephesus bekämpfte. Er sammelte die Jugend der Stadt im Theater, wo ein alter Bettler saß, und forderte sie auf, diesen zu steinigen. Die jungen Leute weigerten sich zunächst. Sie hielten es für unmenschlich, einen Fremden zu steinigen, zumal der um sein Leben flehte. Aber Apollonios ließ nicht locker. Einige begannen, Steine zu werfen. Da schaute der Bettler seine Peiniger an. Sie meinten, in seinen Augen Feuer zu erkennen – den bösen Blick. Es war klar: Er war ein Dämon! Und damit waren alle Tötungshemmungen abgebaut. Sie steinigten ihn. Die Geschichte endet so:

> »Nach einer kleinen Weile ließ Apollonios die Steine wegräumen, um das Wesen, das sie getötet hatten, zu betrachten. Als nun die Steine zur Seite geschafft waren, schien der Mann ... verschwunden zu sein. An seiner Stelle fanden sie einen Hund vor, der in Form und Aussehen dem Molosser (d.h. einer Art Wolfshund) glich und an Größe einem Löwen gleichkam. Er war von den Steinen ganz zerschmettert und schäumte wie tollwütige Tiere.« (vitAp IV,10)

Selbst wenn diese Geschichte legendarisch sein sollte – sicher ist, daß so etwas geschehen konnte. Man erklärt Fremde und Außenseiter für dämonisch – und entfesselt gegen sie kollektive Aggression, um eine Krise in der Gemeinschaft zu bewältigen. Jeder erkennt hier die Mechanismen der Vorurteilsbildung: Aus Angst geborene Aggression wird gegen einen Sündenbock gelenkt, der für das Wohl der Gemeinschaft geopfert wird. Der Dämonenglaube gibt dem eine fadenscheinige Rechtfertigung – und so hat er oft in der Geschichte gewirkt – als lebensfeindliche Hexen-, Geister- und Dämonenangst.

Eben deswegen ist es so wichtig, sich den Unterschied zwischen den Dämonenaustreibungen Jesu (und ihm verwandter charismatischer Heiler) und dieser Art Dämonenbekämpfung klarzumachen. In der Dämonengeschichte des Apollonius wird der Mensch mit dem Dämon identifiziert. Kampf gegen den Dämon ist Aggression gegen den Menschen, in dem der Dämon vermutet wird. In den anderen Dämonenaustreibungen aber wird der kranke Mensch von seinem Dämon unterschieden. Der Mensch wird gerettet und geheilt, wenn der Dämon ihn verläßt.

Trotz dieses Unterschieds können wir in einer Hinsicht aus den beiden Dämonengeschichten (von Eleazar und Apollonius) dasselbe lernen: Dämonenglaube hat immer einen sozialen und politischen Kontext. In ihm schlägt sich ein Gefühl kollektiver Bedrohung nieder: Bedrohung durch eine fremde politische Macht oder durch eine Epidemie. Exorzismen und Geschichten von Exorzisten dienen dazu, diese Angst zu reduzieren. Entscheidend ist, wie sie gegen die Angst vorgehen: durch Tötung von Menschen, die man als Ursache der kollektiven Angst identifizieren zu können meint – dann enden wir in Hexen- und Dämonenwahn; oder als Befreiung von Menschen aus den Klauen des Dämons, so daß sich im Exorzismus die Macht des Lebens gegen die des Todes durchsetzt. Der entscheidende Unterschied zwischen einer humanen und inhumanen Kultur liegt nicht darin, ob überhaupt an Dämonen geglaubt wird oder nicht. Wir müßten sonst die meisten Kulturen und Gesellschaften für inhuman halten. Die meisten glauben an Dämonen und Geister. Entscheidend ist, ob der Kampf gegen Dämonen Menschen heilt oder zerstört. Das Neue Testament kennt nur den heilenden Kampf gegen Dämonen.

III

In einem letzten Abschnitt möchte ich noch einmal unsere Analyse vertiefen: Die Angst, die in Exorzismen bekämpft wird, hat noch eine tiefere Schicht – über alle politische und soziale Kontexte hinaus. Sie wurzelt in archaischen Vorzeiten und ist ein allgemein menschliches Erbe, das wir erst allmählich im Laufe der kulturellen Evolution überwinden. Es handelt sich um die archaische Doppelangst vor unkontrollierbaren Feinden in unserer Umwelt – und vor Kontrollverlust über uns selbst.

Die Geschichte des Apollonios verrät uns etwas über den Ursprung der ersten Form von Dämonenangst: Der Dämon entpuppt sich als Hund oder Wolf, ein Ungeheuer, so groß wie ein Löwe. Dämonenangst wurzelt in jenen Zeiten, in denen der Mensch noch ganz unmittelbar von Tieren bedroht und ihnen hilflos ausgeliefert war. Wir haben aus jener Vorzeit in uns eine archaische Angstbereitschaft, die ständig aktiviert werden kann. Auch aufgeklärte Zeitgenossen können das nachempfinden, wenn sie nachts allein durch den Wald gehen, wenn es im Gebüsch knackt und durch die Wipfel unheimlich rauscht. Dann sind wir wieder im Dschungel, in dem wir die Raubtiere nicht sehen – die uns sehen können. Jeder kann dann verstehen, was Gespenster- und Dämonenfurcht ist: Es ist die Projektion des nächtlich jagenden Raubtieres, dem wir im Dschungel wehrlos ausgesetzt sind (so K. Lorenz).

Und wenn immer das Leben als Dschungel erlebt wird, als ein gefährliches Chaos, das wir nicht mehr meistern, dann wird (oft unbewußt) in uns diese uralte Angst wach. Und wird zur Angst vor unsichtbar anwesenden Feinden – vor Dämonen, Hexen und Verschwörern usw. Dieser Zusammenhang zwischen archaischer Tierangst und Dämonenfurcht zeigt sich auch darin, daß viele Dämonen in der Antike Tiernamen haben.

Die meisten Kulturen kennen noch eine zweite Form von Dämonenangst, die Angst vor Besessenheit, also davor, daß ein Dämon in den Menschen eindringt und ihn so verdrängt, als wenn in einem Auto der bisherige Fahrer auf den Rücksitz verbannt wird und er ohnmächtig zusehen muß, wie ein anderer das Fahrzeug in den Abgrund hinein steuert. Solche Besessenheitsangst tritt besonders in Kulturen auf, die auch positive ekstatische Zustände des Außer-sich-seins kennen. Derartige positive und negative Zustände des Außersichseins, die man heute auch neurophysiologisch zu erfassen sucht, scheinen nämlich das Tor dafür zu sein, daß es zu Entfremdungs- und Verdrängungsprozessen kommt, bei denen der Mensch die Kontrolle über sich an destruktive Tendenzen verliert, so daß man früher sagte: Er ist besessen. Der abweichende Bewußtseinszustand »entgleist« sozusagen. Die meisten vormodernen Kulturen können nun Zustände des Außersichseins kontrollieren, herbeiführen und solche Entgleisungen auffangen, beenden. »Exorzisten«, Schamanen und Medizinmänner sind die Experten dafür. Und es besteht für mich kein Zweifel daran, daß Jesus über solche exorzistische Fähigkeiten verfügt hat – d.h. über die Fähigkeit, Entgleisungen bei Veränderungen im Gehirn aufzufangen, die bei abweichenden Bewußtseinszuständen eintreten. Die Angst vor solchen Entgleisungen (d.h. vor Besessenheit durch einen Dämon) hat alle Kulturen vor uns in einer für uns kaum vorstellbaren Weise gequält.

Beide Formen der Dämonenangst sind also tief in archaischen Zeiten verwurzelt, in denen Menschen die Umwelt nur begrenzt kontrollieren konnten und in ständiger Angst lebten, die Kontrolle über sich selbst zu verlieren. Es ist die Angst vor der »Bestie« im Dschungel um uns herum – und vor der Bestie in uns. Diese archaischen Ängste müssen bis in die Übergangszeiten zwischen Tier und Mensch zurückreichen. Damals erworbene Reaktionsformen und Erlebnismöglichkeiten sind auch heute in uns allen unbewußt vorhanden. Dämonenangst hat hier ihre psychische Basis in uns allen. Wir besiegen sie deshalb nicht einfach dadurch, daß wir erklären: Dämonen gibt es nicht. Die gibt es in der Tat nicht. Wenigstens meine ich das. Aber die archaische Angst in uns – die gibt es weiterhin. Sie ist real. Mit ihr müssen wir uns auch in Zukunft auseinandersetzen. Und dabei haben wir zwei Verbündete: Jesus und Hippokrates.

Das mag zunächst erstaunen. Ist nicht Jesus selbst ein Exorzist? Teilte er nicht in peinlicher Weise den Dämonenglauben seiner Zeit? Und war nicht Hippokrates ein Gegner derer, die Krankheiten wie Epilepsie auf Dämonen zurückführen wollten? All das ist richtig. Trotzdem gibt es Gemeinsamkeiten.

Hippokrates wollte sozusagen den »Dämonenglauben« als Erklärung für Epilepsie aus den Köpfen der Menschen vertreiben. Jesus dagegen wollte die Dämonen selbst aus der Welt schaffen. Der eine bekämpfte falsche Vorstellungen, der andere die Realitäten, auf die sich diese Vorstellungen beziehen. Aber im Endeffekt müßte beides auf dasselbe hinauslaufen: Ob wir den Dämonenglauben aus unseren Köpfen entfernen oder die Dämonen aus der Welt – das Resultat wäre in jedem Fall eine von Dämonen freie Welt, eine Welt ohne Angst vor Dämonen.

Man könnte natürlich (mit vielen modernen Menschen) sagen, Hippokrates und seine Aufklärung seien viel wichtiger als der Kampf Jesu für eine dämonenfreie Welt. Denn es ist ganz logisch: Wenn man davon überzeugt ist, daß es keine Dämonen gibt, kann man es sich sparen, sie auszutreiben.

Nun ist es zweifellos wichtig, den Dämonenglauben mit Hippokrates aus den Köpfen der Menschen auszutreiben. Aber es genügt nicht! Warum nicht? Ich nenne zwei Gründe.

Der erste Grund ist der, daß der Mensch nicht nur Kopf und Großhirn ist. Im Menschen gibt es archaische Schichten, die noch immer an Dämonen glauben, auch wenn unser Verstand von deren Nicht-Existenz überzeugt ist. Es reicht nicht aus, falsche Vorstellungen zu zerstören, denn das, was hinter ihnen steckt, muß ebenfalls verwandelt werden. Hinter den Dämonen aber stecken unsere archaischen Ängste. Wir brauchen daher auch heute noch die Bilder vom dämonenaustreibenden Jesus, damit wir diese Ängste besiegen, damit wir bis in unsere unbewußtesten Schichten hinein frei von Dämonenfurcht werden. In uns allen gibt es ein kleines Kind, das sich vor Dämonen fürchtet. Es wird nicht schon dadurch erwachsen, daß wir ihm erzählen, es gebe keine Dämonen. Es wird durch Glauben erwachsen: Durch Glauben daran, daß wir im Kampf gegen alles, was das Leben schädigt, Gott zum Verbündeten haben. Durch einen Glauben, der an Gottes unbedingtem Willen zum Leben teilhat. Durch einen Glauben, durch den Gott selbst in uns gegenwärtig ist.

Dieses kleine Kind in uns, das sich noch immer vor Gespenstern und Dämonen fürchtet, braucht vor allem in einer Hinsicht Unterstützung durch Jesus: Es hat Angst vor den Folgen eigenen Fehlverhaltens. Wenn es etwas Schlimmes macht, dann, so meint es, würde es zur Strafe von bösen Geistern geplagt. Diese Angst finden wir in vielen Kulturen und selbst heute noch bei manchen Menschen in unserer Gesellschaft.

In den Dämonenaustreibungen, die von Jesus erzählt werden, fehlt davon jede Spur. Die Besessenen sind arme Menschen. Der epileptische Knabe hat keine Sünde begangen. Auch nicht sein Vater. Wenn überhaupt, dann haben alle versagt: das ganze ungläubige Geschlecht, alle Menschen. Aber es kann nicht die Rede davon sein, daß die Besessenen zur Strafe für vergangene Schuld von ihren Dämonen gequält werden. Mit einem Wort: Das Phänomen der tiefgreifenden Störung von Menschen, die man damals Besessenheit nannte, wird entmoralisiert. Nicht moralisieren, sondern helfen – das ist die Devise. Und darin trifft sich Jesus mit Hippokrates: Hippokrates spricht sich nämlich dagegen aus, die an Epilepsie Erkrankten zu entsühnen, als hätten sie ein Vergehen begangen und als müsse man sie deshalb von den Tempeln fernhalten. Genau das Gegenteil müsse man tun: »beten, die Patienten in die Tempel bringen und zu den Göttern flehen« (de morbo sacro 1).

Und nun der zweite Grund, warum Jesus für uns ein Verbündeter im Kampf gegen unsere archaische Dämonenangst ist. Man könnte ja sagen, daß er für uns überholte Vorstellungen teilt, wenn er noch nicht ganz erforschte »Entgleisungen« im Gehirn bei abweichenden Bewußtseinszuständen

»dämonische Besessenheit« nennt. Wir neigen dazu, das für eine zeitbedingte Interpretation tiefer psychischer Störungen zu halten. Aber in einer Hinsicht bringt Jesus eine Vorstellung, die über Hippokrates hinausführt in Richtung auf die Wahrheit. Ich erinnere daran: Unter allen Exorzisten der Antike (und vielleicht sogar der ganzen Welt) ist Jesus der einzige Exorzist, der sagt: Mit meinem Wirken hat es grundsätzlich ein Ende mit der Herrschaft der Dämonen. Mit meinem Wirken kommt die Gottesherrschaft. In ihr wird es keine Dämonen mehr geben. Mit anderen Worten: Jesus deutet die Überwindung von Dämonen und Dämonenangst als einen entscheidenden Schritt über die ganze bisherige Geschichte hinaus. Er sieht im Ende der Dämonen das Kommen der Gottesherrschaft schon hier und jetzt. Schon jetzt beginnt eine neue Phase der Wirklichkeit. Für Hippokrates wie für alle Griechen war dagegen die Wirklichkeit statisch, durch die Wiederkehr desselben bestimmt. Daß sie sich grundsätzlich auf einen neuen Zustand hinbewegt, war ein Gedanke, der erst in biblischer Tradition aufkam.

In der Tat glaube ich, daß mit der Überwindung von archaischer Dämonenangst in uns ein Schritt in eine neue Welt gemacht wird: Sofern wir fürchten, durch die Umwelt um uns oder durch fremde Impulse in uns überwältigt zu werden, bleiben wir noch immer auf der Stufe der biologischen Evolution, in der wir tief verwurzelt sind. Erst wenn wir die Angst vor dem Kontrollverlust über eine undurchsichtige Umwelt und über uns selbst, die panische Angst vor der »Bestie« in der Welt um uns herum und dem Durchbruch der »Bestie« in uns überwinden, erst dann sind wir wirklich die ersten Freigelassenen der Schöpfung.

Noch einmal: Um diesen Schritt zu tun, brauchen wir beide, Hippokrates und Jesus, als Verbündete. Hippokrates verkörpert ärztliche Rationalität. Sie sagt uns, wie wir Krankheiten und Störungen erklären und heilen können. Jesus verkörpert dagegen jene Barmherzigkeit, die uns motiviert, uns auch den aussichtslos Erkrankten zuzuwenden und gerade in der Hilfe für sie kleine Schritte ins Reich Gottes zu sehen. Er verkörpert den Glauben als unbedingten Willen zum Leben. Beides gehört zusammen, Rationalität und Barmherzigkeit, Aufklärung und Liebe.

Beides aber hat lange gebraucht, bis es zusammenfand. Trotz Hippokrates führte man die Epilepsie und viele andere Kranheiten jahrhundertelang auf Dämonen zurück. Trotz Jesus glaubten die Christen meist nicht, daß mit seinem Erscheinen die Dämonen endgültig besiegt waren. Vielmehr schufen sie durch Dämonen und Hexenwahn unfaßbares Leid. Beide Traditionen konnten sich so lange nicht durchsetzen, weil die kollektiven und individuellen Bedrohungsängste zu groß waren, um nicht immer wieder Dämonenangst hervorzurufen. Erst in der Neuzeit – aufgrund der Aufklärung – konnte eine Kultur entstehen, in der Dämonenangst in weiten Kreisen »gebannt« ist, auch wenn es immer wieder Wellen gibt und geben wird, in denen archaische Dämonenängste hochkommen. Aber sie können gebannt werden durch Aufklärung und Liebe. Sie können bezwungen werden, wo Rationalität und Barmherzigkeit sich verbinden. Sie können überwunden werden, wo beide, Vernunft und Liebe, einem unbedingten Willen zum Leben dienen. Mir jedenfalls würde vor einer Gesellschaft und Kirche grauen, in der nicht beides zusammenfände. Mir würde vor einer Welt grauen, in der das Wissen darum verloren ginge, daß beide, Liebe und Vernunft, einem unbedingten Ja zum Leben verpflichtet sind, nämlich Gott selbst. Aber beide haben sich ja schon zusammengefunden. Im letzten Jahrhundert verbanden sie sich in Bethel, wo heute das größte medizinische Zentrum zur Behandlung und Erforschung von Epilepsie in unserem Land ist. Beide, Hippokrates und Jesus, hätten ihre Freude daran.

Diese Bibelarbeit wurde auf dem Deutschen Evangelischen Kirchentag im Ruhrgebiet 1991 am 6.6.1991 in Bochum gehalten. Sie erschien unter dem Titel: Gottesherrschaft – Ende der Dämonenangst in: R. Degenhardt (Hg.): Geheilt durch Vertrauen. Bibelarbeiten zu Markus 9,14-29, Kaisers Taschenbücher 110, München 1992, 62-79. Die unter dem Namen des Asklepios überlieferte antike Schrift über Epilepsie (»de morbo sacro« = Über die heilige Krankheit) ist übersetzt in W. Müri (Hg.): Der Arzt im Altertum, München/Zürich 1979, S. 243-269. Die Anschauung des Origenes über Epilepsie wird referiert nach E. Lesky/J.H. Waszink: Art. Epilepsie, Realenzyklopädie für Antike und Christentum 5, Sp. 819-831, dort Sp. 830. Die jüdische Erzählung von einem antiken Exorzismus findet sich in Flavius Josephus, antiquitates judaicae, 8,45-49. Die Übersetzung stammt von mir; das ganze Werk ist übersetzt von H. Clementz: Des Flavius Josephus Jüdische Altertümer, Wiesbaden o.J. Die heidnische Erzählung von einer Dämonenabwehr findet sich bei Philostratos: Das Leben des Apollonios von Tyana, hg. von V. Mumprecht, München/Zürich 1983, S. 363-367. Die im Hintergrund der Bibelarbeit stehende Theorie von Dämonen und Dämonenangst stützt sich einmal auf eine gelegentliche Äußerung von H.v. Ditfurth: Der Geist fiel nicht vom Himmel. Die Evolution unseres Bewußtseins, Hamburg 1976, S. 167-169, der dort (ohne Nachweis) K. Lorenz mit dem Diktum zitiert: »Das Gespenst ist die Projektion des nächtlich jagenden Raubtieres«. Ferner stützt sie sich auf die Arbeit der amerikanischen Sozialanthropologin F.D. Goodman: Ekstase, Besessenheit, Dämonen. Die geheimnisvolle Seite der Religion, Gütersloh 1991.

»Wir Menschen sollten mehr als Affen sein!«
Eine antiautoritäre Predigt

(Markus 10,35-45)

Da traten Jakobus und Johannes, die Söhne des Zebedäus, zu ihm und sagten: Meister, wir möchten, daß du uns eine Bitte erfüllst. Er antwortete: Was soll ich für euch tun? Sie sagten zu ihm: Laß in deinem Reich einen von uns rechts und den andern links neben dir sitzen. Jesus erwiderte: Ihr wißt nicht, um was ihr bittet. Könnt ihr den Kelch trinken, den ich trinke, oder die Taufe auf euch nehmen, mit der ich getauft werde? Sie antworteten: Wir können es. Da sagte Jesus zu ihnen: Ihr werdet den Kelch trinken, den ich trinke, und die Taufe empfangen, mit der ich getauft werde. Doch den Platz zu meiner Rechten und zu meiner Linken habe nicht ich zu vergeben; dort werden die sitzen, für die diese Plätze bestimmt sind.

Als die zehn anderen Jünger das hörten, wurden sie sehr ärgerlich über Jakobus und Johannes. Da rief Jesus sie zu sich und sagte: Ihr wißt, daß die, die als Herrscher gelten, ihre Völker unterdrücken und die Mächtigen ihre Macht über die Menschen mißbrauchen. Bei euch aber soll es nicht so sein, sondern wer bei euch groß sein will, der soll euer Diener sein, und wer bei euch der Erste sein will, soll der Sklave aller sein. Denn auch der Menschensohn ist nicht gekommen, um sich dienen zu lassen, sondern um zu dienen und sein Leben hinzugeben als Lösegeld für viele.

Das erste, was mir zu diesem Predigttext einfiel, war die Erinnerung eines Theologiestudenten. Während seines ersten Semesters erfuhr er, daß man im Wüstensand Ägyptens einen Papyrusfetzen gefunden hatte, auf dem nur ein Satz stand: »Wer der Größte unter euch sein will, sei euer aller Diener«. Der Dozent erklärte dazu: »Wäre von Jesus nur dieser eine Satz überliefert, so wäre das für ihn Grund genug, Christ zu werden oder Christ zu bleiben.« Ob dieser Ausspruch so gefallen ist, mag offen bleiben. Im Verzeichnis neutestamentlicher Papyri ist ein solcher Papyrusfetzen nicht aufgelistet. Entscheidend ist: Könnten wir sagen, was jener Dozent gesagt haben soll – als Menschen, als Universitätsangehörige und als Christen? Darüber möchte ich mit euch nachdenken.

Als Mensch möchte ich folgende Überlegung beisteuern. Als ich Anfang der 70er Jahre mit meinen Kindern den Kölner Zoo besuchte, faszinierte uns die Affeninsel: ein Spiegelbild menschlichen Lebens. Nach Hause zurückgekehrt, schrieb ich ein Kinderlied darüber. Die Tierbeobachtungen in ihm sind unscharf und die Reime dürftig, aber wir haben es trotzdem oft gesungen. Es lautet:

> Auf der Affeninsel geht es menschlich her.
> Denn da herrscht der Pavian.
> Alles Affenvolk verwöhnt den Alten sehr.
> Alles ist ihm untertan.
> So was findet nicht nur dieser Affe fein.
> Auch bei uns regieren manche Oberaffen.
> Doch wir Menschen sollten mehr als Affen sein:
> Affen können ihre Herrscher nicht abschaffen.
>
> Auf der Affeninsel kriegt das beste Stück
> von dem Fraß der Pavian.
> Läßt er allergnädigst einen Rest zurück,
> kommen auch die anderen dran.
> So was findet nicht nur dieser Affe fein.
> Auch bei uns regieren manche Oberaffen.
> Doch wir Menschen sollten mehr als Affen sein.
> Affen werden ihre Herrscher nie abschaffen.
>
> Auf der Affeninsel ist das Volk beglückt,
> wenn mit untertän'gem Fleiß
> aufgespürt wird, was den Oberaffen zwickt
> an dem königlichen Steiß.
> So was findet nicht nur dieser Affe fein.
> Auch bei uns regieren manche Oberaffen.
> Doch wir Menschen sollten mehr als Affen sein.
> Affen wollen ihre Herrscher nicht abschaffen.

Was wir da gesungen haben, war der Traum von einer herrschaftsfreien Gesellschaft. Er ist älter als die 70er Jahre. Er begegnet uns schon in der Bibel, z.B. in der Geschichte vom Rangstreit der Zebedaiden.

In ihr stehen den zwei Zebedaiden zehn andere Jünger gegenüber. Zusammen repräsentieren sie die 12 Stämme Israels. Sie träumen von einer Erneuerung Israels. Sie träumen davon, die ersten Plätze in der Regierung des neuen Israels zu erhalten.

Doch Jesus hält ihnen entgegen: Im erneuerten Israel soll es nicht zugehen wie unter anderen Völkern. Dort mißbrauchen die Herrscher ihre Macht. So aber soll es nicht unter euch sein.

Vorbild einer neuen Herrschaftsweise soll der »Menschensohn« sein, der »Mensch« oder der »Menschliche« (alles ist gleichbedeutend). Von diesem Menschensohn hatte Daniel geweissagt, daß sein Reich kommen werde – nach dem Ende der Tiere, welche die großen Weltmächte symbolisieren, nach dem Reich des Löwen, des Bären, des Panthers und eines vierten noch schrecklicheren Untiers. Danach werde Gott die Herrschaft einer menschlichen Gestalt übertragen.

Es besteht kein Zweifel: Die ersten Christen träumten von einer neuen Herrschaftsweise, um dem Reich der Tiere zu entrinnen. Jesus definiert diese neue Herrschaftsweise so: »Wer bei euch groß sein will, der soll euer Diener sein, und wer bei euch der Erste sein will, der soll der Sklave aller sein.«

Jesus sagt nicht: Wer unter euch groß sein will, soll der erste Diener des Staates oder der Gerechtigkeit sein. Er sagt: Er soll *euer* Diener – Diener von Menschen, nicht von Institutionen und Prinzipien – sein.

Jesus sagt nicht: Wer bei euch der Erste sein will, der sei der Diener der Guten. Er sagt: Er sei Diener *aller*, der Guten und Bösen, der Starken und Schwachen.

Jesus sagt nicht, der Erste soll Diener, sondern *Sklave* sein. Es geht nicht nur um eine neue Gesinnung. Es geht um Verpflichtungen, die im Bilde eines Rechtsverhältnisses zum Ausdruck gebracht werden.

Mitten im Neuen Testament finden wir den Traum von einer verwandelten Herrschaft. Aber ist er nicht utopisch? Ist er nicht ein weltfremder Herz-Jesu-Anarchismus?

Stellen wir uns vor, wir könnten den Affen auf der Affeninsel vom Beginn einer neuen Welt predigen. Wir könnten erzählen, daß wir in dieser neuen Welt Herrscher absetzen, daß wir sie vor Gericht verklagen, daß wir von ihnen in Parlamenten Rechenschaft fordern (auch über die Benutzung von Dienstwagen). Was würden die Affen dazu sagen? Würden sie nicht sagen: Ihr Spinner! Unser Affenrealismus sagt uns: Was ihr sagt, ist unmöglich. Unsere Affengeschichte lehrt uns: Es wird immer so bleiben wie bisher. Unser Affenverstand sagt uns: Ohne Oberaffen geht es nicht!

Wie aber verhalten wir uns, wenn wir im Neuen Testament die Botschaft von einer verwandelten Herrschaft hören? Verhalten wir uns nicht wie jene Affen – nur auf höherem Niveau? Sagen wir nicht: Menschlicher Realismus sagt uns: Das ist unmöglich! Menschliche Geschichte lehrt uns: Es wird immer so bleiben wie bisher. Menschlicher Verstand versichert uns: Ohne Herrschaft geht es nicht. Sind wir nicht unwiderlegbar? Und doch träumen wir weiter den Traum von einer Gesellschaft, in der Herrschaft reduziert ist. Hätten ihn Menschen nicht seit je her geträumt, so gäbe es keine Demokratie. Und würden wir ihn nicht weiter träumen, würden wir demokratische Herrschaftsformen nicht weiter entwickeln.

Nun meine zweite Überlegung als Wissenschaftler: Es könnte sein, daß dieser Traum nie in der ganzen Gesellschaft, wohl aber in der Wissenschaft in Erfüllung geht. Denn im Streit um die Wahrheit gilt nicht der Status eines Menschen, sondern sein Argument. Hier, in Wissenschaft und Universität, nimmt der Traum von einer herrschaftsfreien Lebensform unvollkommen Gestalt an. Und von hier verbreitet er sich immer wieder in die Gesellschaft.

Ich halte das für einen faszinierenden Gedanken und fühle mich ihm verpflichtet. Aber die Abhängigkeiten, an denen wir uns in der Universität reiben, gehören ebenso zur Wissenschaft wie der Traum vom herrschaftsfreien Leben. Wissenschaft muß erlernt werden. Einige lehren sie, andere lernen. Auf der einen Seite stehen die, die prüfen, bewerten und zensieren – und auf der anderen Seite die, die geprüft, bewertet und zensiert werden. Es gibt eine Lern- und Prüfungshierarchie – vom Erstsemester bis zum Ordinarius.

Wenn es auch auf einem fernen Stern Wissenschaftler gäbe, die uns durch riesige Fernrohre beobachten könnten, so könnten die Verhaltensforscher dort eine Untersuchung anfertigen mit dem Titel: »Affeninsel und Universität. Ein Vergleich.« Der Erkenntnisgewinn wäre allerdings bescheiden. Daß es an Universitäten Herrschaftsstrukturen gibt, weiß jeder.

Aber eben deswegen ist Jesu Wort über einen neuen Umgang mit Herrschaft auch unter uns angebracht: »Wer bei euch groß sein will, der soll euer Diener sein, und wer bei euch der Erste sein will, der soll der Sklave aller sein.«

Das heißt: Wer in der Wissenshierarchie oben steht, soll sich als Diener von Menschen verstehen, die auf der Suche nach Wahrheit sind. Nicht als Diener eines abstrakten Prinzips. Auch nicht als Diener der Wahrheit (denn die hat keiner gepachtet).

Das heißt ferner: Wer in der Wissenshierarchie oben steht, ist allen verpflichtet – nicht nur den Guten und Erfolgreichen. Wir haben eine besondere Verantwortung für die, die sich bei uns als die »Letzten« erleben. Ich denke an die vielen, die durch die Einschüchterungslawine des Wissens erschlagen werden. An die vielen, die sich in unserem Betrieb nicht respektiert fühlen.

Das heißt schließlich: Es reicht nicht aus, die rechte Gesinnung zu fordern. Wir sind verpflichtet, durch Rechtsverhältnisse Mißbrauch auszuschließen und Willkür zu begrenzen.

Bei alledem bleibt der Widerspruch zwischen herrschaftsfreiem Dialog und Wissenshierarchie in der Wissenschaft. Dieser Widerspruch macht uns verletzbar und kränkbar. Unsere Verletzbarkeit ist in der Wissenschaft

selbst begründet. Die Universität hat deswegen eine unheimliche Fähigkeit, unglückliche Menschen hervorzubringen. Sie macht so unglücklich,
weil in ihr der Traum von einer herrschaftsfreien Lebensform nicht nur
geträumt, sondern immer wieder verraten und doch immer wieder zei-
chenhaft realisiert wird.

Wenigstens hoffe ich, daß die Verhaltensforscher auf fernen Sternen
auch Material für eine Untersuchung finden mit dem Titel: »Affeninsel
und Universität. Ein Kontrast.« Sie müßten zumindest einen Kontrast herausfinden: Affen leiden nicht so tief wie wir an dem Widerspruch zwischen Traum und Realität.

Unsere fiktiven Erderforscher müßten aber noch einen weiteren Ort entdecken, wo unter diesem Widerspruch gelitten wird: die Kirche. Ihr gilt
meine dritte Überlegung als Christ. Jeder weiß: Der alte Adam treibt in der
Kirche wie überall sein Wesen. Aber er hat in ihr weniger Rechtsansprüche
als anderswo. Denn in der Gemeinde treffen sich Menschen, denen zuge-
sagt ist, daß sie nach dem Bilde des »neuen Adams« umgestaltet werden.
Ihnen gilt das Wort Jesu: Wer der Größte unter euch sein will, der sei euer
aller Diener.

Jesus meinte damit das erneuerte Israel – in den Evangelien ist die Gemeinde gemeint. Sie soll sich anders verhalten als die Welt, in der Unterdrük-
kung und Machtmißbrauch herrscht.

Aber ist das nicht ebenso richtig und falsch wie die Antwort eines Kan-
didaten im theologischen Examen? Gefragt, wer die Kirche regiert, antwortete er: »Jesus Christus und der heilige Geist.« Darauf der Prüfer: »Bitte, antworten Sie ernsthaft!« Ernsthaft, im Sinne von Nüchternheit und
Illusionslosigkeit, wäre zu sagen, daß auch die Kirche ein Herrschaftsap-
parat ist. Auch in ihr herrschen Menschen. Es sind zwar Menschen, die
merkwürdigerweise nur »Diener« sein wollen. Aber wie ein katholischer
Würdenträger einmal weise bemerkte: »Wir dienen ja alle so gern – am
liebsten in leitender Stellung.«

Dies war schon ein Problem in urchristlicher Zeit. Deshalb bringt Markus den Grundsatz von den Ersten und Letzten im Abschnitt über Gemein-
defragen gleich dreimal: am Anfang, in der Mitte und am Ende. Jedesmal
mit einem Hinweis, wie dieser Grundsatz konkretisiert werden soll.

Am Anfang erzählt er, wie die Jünger darum stritten, wer unter ihnen
der Größte sei. Da sagt Jesus zu ihnen: ›Wer der Erste sein will, soll der
Letzte von allen und der Diener aller sein.‹ Und er stellte ein Kind in ihre
Mitte, nahm es in seine Arme und sagte zu ihnen: ›Wer ein solches Kind
um meinetwillen aufnimmt, der nimmt mich auf; wer aber mich aufnimmt,

der nimmt nicht nur mich auf, sondern den, der mich gesandt hat.‹ Das heißt: Wer in der Gemeinde Verantwortung übernehmen will, soll sich um Kinder kümmern – so, als nehme er in ihnen Gott selbst auf. Das Matthäus-Evangelium verallgemeinert das: In allen Hilfsbedürftigen, in den Hungernden, Durstigen, Obdachlosen, Nackten, Kranken und Gefangenen begegnet uns der Weltenrichter.

In der Mitte des Gemeindeabschnitts fragen die Jünger: Wir haben alles verlassen: Haus, Brüder, Schwestern, Mutter, Vater, Kinder und Äcker – und was bekommen wir dafür? Jesus antwortet, daß sie schon während ihres Lebens Häuser, Brüder, Schwestern, Mütter, Kinder und Äcker 100fach zurückerhalten werden – aber unter Verfolgungen. Ihr Lohn besteht darin, daß sie Geborgenheit in der Familie Gottes finden, bei Brüdern und Schwestern, Müttern und Kindern. Von Vätern ist nicht die Rede. In der Gemeinde sind alle Brüder und Schwestern. Deshalb fügt Markus hier seinen Grundsatz noch ein zweites Mal hinzu! Viele Erste werden Letzte sein. Nur hier fährt er fort: Und die Letzten werden Erste sein. Nur hier finden wir einen Rollentausch auf Gegenseitigkeit. Gemeint ist: Alle werden am Ende denselben Status haben.

Am Ende seines Gemeindeabschnittes wiederholt Markus ein drittes Mal seinen Grundsatz – in unserem Predigttext. Die beiden Zebedaiden wollen die ersten sein. Aber Jesus kann ihnen nur das Martyrium zusichern. Sie werden seinen Kelch trinken und mit seiner Taufe getauft werden. Als das Markus-Evangelium geschrieben wurde, waren wahrscheinlich beide Zebedaiden schon hingerichtet. Der Erste in der Gemeinde sein, heißt also: Nicht Privilegien genießen, sondern sich Gefährdungen aussetzen!

Ist das eine unrealistische Utopie? Ein blauäugiger Herz-Jesu-Anarchismus? Unbestreitbar ist, viele Gemeinden und Kirchen haben diese Utopie leider kompromittiert. Aber in allen Kirchen blieb die Erinnerung an den Menschensohn, der nicht gekommen ist, um sich dienen zu lassen. Er ist das Urbild der Hilfe für die Gefährdeten. Er ist das Vorbild der Bereitschaft zur Selbstgefährdung. Er ist der erste unter vielen Brüdern und Schwestern – und zugleich der Letzte, der elend am Kreuz starb. Gott zeigt uns durch ihn: Der Erste wird zum Letzten, der Letzte wird der Erste. Der Gestorbene wird zum Ursprung des Lebens, der Gerichtete zum Richter, der Ohnmächtige zum Weltenherrn. In seinen Augen ist keiner der Allerletzte, keiner ganz unten. Oben und Unten werden vertauscht. Denn wir sind alle nach dem Bilde dieses einen Menschen geschaffen und werden nach seinem Bilde umgeschaffen. Spätestens in ihm haben wir Menschen das Reich der Tiere verlassen. Spätestens durch ihn haben wir den Sprung vom Affenfelsen geschafft.

Wenn einmal unsere Kultur vom Wüstensand bedeckt sein wird, dann hoffe ich, daß man in der Wüste einen kleinen Fetzen Papier finden wird, auf dem nur ein Satz steht: »Wer der Erste unter euch sein will, der sei der Diener aller.« Und ich hoffe, daß einige dann sagen: Ihr Leben hat sich gelohnt. Sie versuchten, Herrschaft human zu gestalten. Ihr Glaube ist gerechtfertigt, denn er gab ihnen Kraft dazu. Ihre Kultur war tief problematisch und oft brutal. Aber um dieses Grundsatzes willen war es gut, in ihr zu leben – als Mensch, als Wissenschaftler und als Christ.

Diese Predigt wurde am 17.3.1991 in der Peterskirche in Heidelberg gehalten. Die eingangs zitierte Anekdote findet sich bei W.Hoffsümmer: Kurzgeschichten 1, Mainz 1981, S.70f. in folgender Fassung, für die als Gewährsmann Martin Krolzig genannt wird: »Während der ersten Semester meines Studiums erfuhr ich in einem Seminar, daß man im heißen Wüstensand Ägyptens einen kleinen Papyrusfetzen gefunden hatte, auf dem nur ein Satz stand: ›Wer der Größte unter euch sein will, der sei euer aller Diener.‹ Unser Professor nahm an dieser Stelle seine Brille ab, schaute uns nachdenklich, aber sehr freundlich an und erklärte nach einer kurzen Pause: ›Wenn es von dem ganzen Neuen Testament nur dieses eine Wort Jesu gäbe, wäre das für mich ausreichender Anlaß, um entweder Christ zu werden oder zu bleiben.‹« In der Predigt wird kurz auf die Dienstwagenaffäre um die damalige Bundestagspräsidentin Rita Süssmuth angespielt, die damals noch akut war – verglichen mit anderen Skandalen eine Kleinigkeit: Sie hatte im Rahmen der geltenden Regeln den Gebrauch von Dienstwagen allzu großzügig auf ihren Mann ausgedehnt. Abschließend sei die Melodie zu dem zitierten Affenlied mitgeteilt:

Text u. Melodie: Gerd Theißen

Auf der Af-fen-in-sel geht es mensch-lich her. Denn da herrscht der Pa-vi-an. Al-les Af-fen-volk ver-wöhnt den Al-ten sehr. Al-les ist ihm un-ter-tan. So was fin-det nicht nur die-ser Af-fe fein. Auch bei uns re-gie-ren man-che O-ber-af-fen. Doch wir Men-schen soll-ten mehr als Af-fen sein: Af-fen kön-nen ih-re Herr-scher nicht ab-schaf-fen.

»Ihr seid kein Dreck, ihr seid Samen!«
Von der Weisheit meiner Großmutter

(Lukas 8,4-8)

Als aber viel Volk zusammenkam und die Leute aus allen Städten zu ihm hinzogen, sprach er in einem Gleichnis: Der Sämann ging aus, um seinen Samen zu säen. Und indem er säte, fiel etliches auf den Weg und wurde zertreten, und die Vögel des Himmels fraßen es auf. Andres fiel auf den Felsen; und als es aufging, verdorrte es, weil es keine Feuchtigkeit hatte. Andres fiel mitten unter die Dornen, und die Dornen, die mit aufwuchsen, erstickten es. Noch andres fiel auf den guten Boden und wuchs auf und trug hundertfältige Frucht. Als er das sagte, rief er: Wer Ohren hat, zu hören, der höre!

Nur wenigen Gleichnissen wird in den Evangelien eine Auslegung hinzugefügt. Eins davon ist das Gleichnis vom Sämann und seinem Samen. Es galt schon bald als so rätselhaft, daß man den Hörern nicht zutraute, es ohne Anleitung zu verstehen. Dabei war das Bild von der Saat ein vertrautes Bild. Gerade deshalb dachte sich jeder etwas anderes bei ihm.

Einige dachten wahrscheinlich: Der Same – das sind wir. Gott hat uns in die Welt geworfen, damit wir Frucht bringen.

Andere dachten: Der Same – das sind unsere Taten, in dem Sinne, wie Paulus mahnt: »Was der Mensch sät (d.h. tut), das wird er ernten.«

Wieder andere meinten vielleicht: Der Same – das ist Gottes Wort, das überall hin gestreut wird, aber selten ankommt.

Das Gleichnis ist mehrdeutig. Kein Exeget kann bis heute willkürfrei zwischen den drei Deutungen entscheiden. Aber gerade diese Mehrdeutigkeit ist eine Chance: Sie erleichtert es uns, das Gleichnis so zu hören, wie es verstanden sein will: als Aufforderung, in der Wirklichkeit etwas zu entdecken, das ihm entspricht, als Poesie für eine Entdeckungsreise im Leben.

Die erste Deutung sagt: Wir sind der Same! Wir sind nicht Steine, wir sind nicht Dreck, wir sind nicht Luft. Wir sind Same, der Frucht bringen soll.

Wie gut hat's der, der im Bewußtsein lebt, fruchtbar zu sein! Etwas *wert* zu sein! Aber wie quälend sind die Zweifel daran. Sie sind fast unvermeidlich, wenn man in einer streng reformierten Gemeinde aufwächst. Da wurde mir schon als Kind klargemacht: Du bist nicht in diese Welt hineingeworfen, um dich irgendwie durchzumogeln. Du bist Same, der Frucht bringen soll, auch wenn es Widerstände gibt und viel unfruchtbaren Boden. Ich erinnere mich an rauhbeinige Pastoren, die gegen die Vorstellung vom »lieben« Gott wetterten. Nein, Gott sei kein »lieber Gott«, riefen sie, sondern ein Gott der Liebe. Aber mir erschien diese Liebe immer wie eine harte pädagogische Liebe: eine Erziehung zur Realität, mit dem Ziel, Illusionen über sich und die Welt zu verlieren; denn nur so konnte man effektiv fruchtbar sein. Dazu war man erwählt! Dazu hatte man einen Auftrag. Das war die Botschaft.

Sie schuf in mir als Kind Angst. Gehörte man denn zu denen, die etwas taugen? Gehörte man vielleicht doch zu denen, die daneben fallen – auf den Weg, den Felsen, unter die Disteln. Wer war dieser verlorene Same? Waren das die Kinder, die nie ihre Hausaufgaben hatten und immer schmuddelige Hefte? Waren das die verbraucht aussehenden Männer, die stets eine Bierflasche im Mantel hatten? Waren das all die, von denen die Oma sagte: »Jott will, dat auch die leben.« Und wenn man fragte: »Warum geht es denen so schlimm?«, dann sagte sie nur: »Dat schlimmste Leed is, wat d'r Mensch sich selbs' andeed.« Und damit war Gott aus dem Schneider. Für die Oma.

Und dabei hatte sie es wirklich nicht leicht. Sie hatte einen an den Rollstuhl gefesselten Mann, dazu vier Enkel, deren Elternhaus zerbombt, deren Mutter gestorben, deren Vater in Kriegsgefangenschaft war. Um die kümmerte sie sich zusammen mit einer anderen Tochter. Sie hatte erlebt, daß viel verloren geht. Und wie bewältigte sie das? Mit Bibelsprüchen vom Neukirchener Kalender. Und immer wieder damit: »Dat schlimmste Leed is, wat d'r Mensch sich selbs' andeed.«

Wie vielen bin ich seitdem begegnet, die sich als verlorenen Samen erlebten – geworfen in eine feindliche Welt, in der sie keinen Wurzelboden fanden, keinen Raum, nur kalte Felsen und Disteln.

Verzweifelten, die sagen: Mir gelingt nie etwas. Immer sitze ich im Dunkeln.

Verlassenen, die daran zweifeln, ob sie anderen Menschen etwas wert sind.

Suizidalen, die eine verführerische Stimme nach unten zieht – in eine Totenstille, in der alles Leid zu Ende sein soll.

Dazu kommen in diesen Tagen Stimmen derer, die nur indirekt zu uns dringen, verborgen in Fernsehbildern, auf denen wir immer nur »intelligente Bomben« explodieren sehen, aber fast nie die viel intelligenteren Menschen, die durch sie zerfetzt und verletzt werden. Wie viele Kinder werden darunter sein! Wie viele werden ihre Eltern verlieren! Und nicht alle werden eine Oma finden, die sie aufzieht.

Diese Stimmen der Verlorenen fesseln unsere Aufmerksamkeit – und deshalb können wir die Botschaft des Gleichnisses kaum hören. Denn es sagt: Wie viele auch verlorengehen, einige, einige wenige bringen um so mehr Frucht!

Fast möchte man gegen diese Botschaft protestieren. Schon in der Antike wandte sich ein Jude Ende des 1.Jahrhunderts gegen die Gleichsetzung von Same und Mensch. Er klagte zu Gott, wie kannst du den Menschen, dein Ebenbild, um dessentwillen du alles geschaffen hast, dem Samen gleichstellen, der schnell zugrunde geht, wenn er zu früh oder zu spät Regen bekommt. Und ein christlicher Gnostiker meinte etwas später, das Gleichnis vom Sämann müsse von einem bösen Gott sprechen, von einem unfähigen Bauern, der den Samen verlorengehen läßt.

Und wir? Reihen wir uns ruhig unter diese Kritiker ein! Ich habe keine Erklärung dafür, warum so viele in unserer Welt verlorengehen. Ich will keine dafür finden. Ich weigere mich, danach zu suchen. Denn wir vergrößern nur das Leid der Verlorenen, wenn wir ihnen sagen: Es geht euch nicht nur faktisch schlecht, sondern begründet, ja verdientermaßen schlecht.

Das Gleichnis gibt uns vielleicht einen Hinweis, wie wir denken können: Alle sind guter Same! Keiner ist Stein, keiner Dreck oder Luft! Alle sind dazu bestimmt, Frucht zu tragen. Kein Same wurde bewußt daneben geworfen. Ausdrücklich heißt es: Der Sämann ging aus, um zu säen, nicht, um daneben zu säen. Er will den Erfolg. Der Mißerfolg geschieht ohne seinen Willen.

Wir alle sind guter Same. Und wenn ich Verlorene treffe, dann sage ich mir: In ihnen ist derselbe Same wie in mir, dasselbe Programm zum Leben wie in mir. Es konnte sich nur nicht entfalten – unter Bedingungen, unter denen auch ich verkümmert wäre. Keine höhere Absicht steckt dahinter. Die Schöpfung ist leider so konstruiert, daß Derartiges möglich ist. Sie ist vielleicht noch nicht zu Ende konstruiert. Aber wenn man sich erst einmal zur Realität bekehrt hat, dann hat es keinen Zweck zu leugnen: Es gibt in der Welt unfruchtbares Land. Aber es gibt nirgendwo einen Auftrag, es unfruchtbar zu machen – durch Bomben, Gift und Verwüstung. Das war nicht vorgesehen.

Und dennoch bleibt alles ein grausames Spiel. Man kann es nicht leugnen und darf sich nie damit abfinden.

Damit komme ich zur zweiten Deutung des Gleichnisses: Der Same –
das sind unsere Taten. Wir sind der Sämann. Wie positiv wirkt jetzt das
Gleichnis auf mich! Stimmt es nicht: Wie oft triffst du mit deinem Tun
daneben! Wie viel setzt du in den Sand! Wie viele deiner Taten zerbrechen an der steinigen Realität, wie viele Vorhaben ersticken in den Dornen des Lebens!

Und wie sieht es in dir aus? Wie viel Land liegt in dir unfruchtbar da?
Wie viel in dir ist durch Fußtritte verhärtet, durch Leid versteinert, durch
Unkraut und Disteln überwuchert.

Laß dich dadurch nicht entmutigen! Irgendwo gibt es guten Boden –
um dich herum und in dir. Irgendwann einmal fällt dein Same auf fruchtbares Land, auch wenn du noch so viel Mißerfolg vorher hattest. Irgendwann einmal blühst du auf und bringst viel Frucht.

Als ich die reformierte Frömmigkeit meiner Kinderjahre verlassen hatte
und ein Weltkind wurde wie alle anderen, da ging mir auf: Diese Welt ist
so konstruiert, daß jeder Erfolg den Mißerfolg in Kauf nehmen muß. Ohne
Irrtum gibt's keine Erkenntnis, ohne Bankrott keine Wirtschaft, ohne Krise kein Erwachsenwerden, ohne Krankheit kein Leben. Nichts gibt es
ohne Verluste, nichts ohne Preis. Aber wenn du durch dein Handeln in
diesem Gewinn- und Verlustspiel mitmachst, dann bist du zum Mitspieler
dieser Wirklichkeit geworden. Egal, wer sie konstruiert hat, egal, was du
von ihm weißt und glaubst: Du verhältst dich wie ein Ebenbild des un-
bekannten Konstrukteurs: risikofreudig, den Erfolg wollend, aber den
ungewollten Mißerfolg in Kauf nehmend.

Die Wissenschaft ist unser erfolgreichster Versuch, an diesem Gewinn-
und Verlustspiel teilzunehmen. Sie lehrt uns, lieber falsche Hypothesen
über die Statik von Gebäuden zusammenbrechen zu lassen als diese Ge-
bäude selbst. Sie läßt unsere Hypothesen sterben, damit wir überleben.
Sie läßt unsere Irrtümer auf den Weg, auf den Felsen und unter die Disteln
fallen, damit die Wahrheit uns hundertfach entschädigt.

Man kann dies Gewinn- und Verlustspiel der Wissenschaft treiben und
Gott verdrängen und vergessen. Man braucht dann wenigstens nicht darüber zu grübeln, warum er es zuläßt, daß so viele verlorengehen. Aber ob
man will oder nicht, man spielt immer sein Spiel, nach Spielregeln, die
keiner von uns ausgedacht hat, die wir vorfanden, die wir nur akzeptieren
können.

Wenn dir das einmal bewußt geworden ist und dir geht auf (obwohl du
ein Weltkind bist wie alle anderen), daß du bei diesem Spiel nicht allein
bist – dann darfst du vor den treten, der dir eine so harte Erziehung zur
Realität abnötigt, und darfst sagen:

»Gott, du hast diese Schöpfung so konstruiert, daß es ohne Verluste keinen Gewinn gibt. Das ist hart. Aber dennoch spiele ich in deinem Spiel mit. Denn du hast mir eine einzigartige Chance eingeräumt: Mitzuwirken, daß weniger Menschen verlorengehen. Du verlangst von mir nur, etwas von mir freiwillig verlorenzugeben, etwas von meiner Kraft, von meiner Zeit, von meinem Leben – damit ich es zurückerhalte, dreißig-, sechzig- und hundertfach. Deine Schöpfung ist hart. Sie hat einen Defekt. Aber sie ist noch nicht zu Ende konstruiert. Du hast uns geschaffen, damit wir diese Härte überwinden. Und indem wir uns an deinem Schöpfungsspiel beteiligen und darauf vertrauen, daß es sich humanisieren läßt, rechtfertigen wir es, so daß wir ihm zustimmen können – auch durch unseren Protest gegen seine Härte.«

Lange habe ich in meiner Jugend so gedacht. Und im Grunde denke ich heute noch so. Aber meine Erziehung zur Realität war noch nicht zu Ende. Noch einmal mußte ich die Weisheit meiner Oma neu buchstabieren: »Dat schlimmste Leed is, wat d'r Mensch sich selbs' andeed!«

Denn, das schlimmste sind die Illusionen, die wir uns über uns selbst machen.

Und damit komme ich zur dritten Deutung des Gleichnisses: Der Same – das ist das Wort. Das ist Gottes Ruf, dér dich meint, obwohl du so hart bist wie Fels und so abweisend wie Disteln. Dies Wort nimmt dir deine Illusionen über dich selbst.

Es sagt: Du hast recht. Du sollst dafür sorgen, daß Menschen nicht verlorengehen. Aber tust du das denn? Tust du nicht das Gegenteil?

Was machst du in der Wissenschaft? Nur Experimente, die Leben ermöglichen? Baust du nicht mit ihr entsetzliche Waffen, die alles Leben bedrohen, die heute Israel bedrohen – und damit erneut die moralische Integrität von uns Deutschen!

Und was produzierst du in der Wirtschaft? Nur Waren, die das Leben ermöglichen? Produzierst du nicht vor allem Abhängigkeit vom Wohlstand, eine Abhängigkeit, die uns in Kriege hineintreibt, wenn wir diesen Wohlstand bedroht sehen. Unsere Gesellschaft ist süchtig – ölsüchtig, mit allen destruktiven Folgen einer lebensgefährdenden Sucht.

Und was machst du mit der Religion? Gewiß, sie wurde zu einem grossen Motor der Friedenssehnsucht. Aber sie steckt auch in den Fanatismen, die unsere Welt zu zerstören drohen. Konflikte scheinen überall dort besonders unlösbar, wo Religion im Spiele ist, in Indien, Pakistan, in Nordirland, im Nahen Osten.

Das ist der Mensch! Das bist du. Und du willst den häßlichen Defekt in der Schöpfung reparieren, willst verhindern, daß so viele Menschen verlorengehen? Willst die Schöpfung durch dein Handeln gar rechtfertigen? Du Tor, merkst du nicht, wie sehr du darauf angewiesen bist, selbst rechtfertigt zu werden durch Gottes Wort?

Und dies Wort sagt dir: Du hast versagt an der Aufgabe, die Schöpfung zu humanisieren. Aber trotzdem hält Gott an dir fest. Er verurteilt deine Taten, aber nicht deine Person. Er bucht dein Versagen auf die Verlustseite, dich selbst aber auf die Gewinnseite. Er macht einen Unterschied zwischen Person und Werk.

Diese Rechtfertigungsbotschaft hat dieselbe Struktur wie ein humanes Wissenschaftsethos. Das sagt: Du darfst Hypothesen verwerfen, um selbst zu überleben. Die Rechtfertigungsbotschaft sagt: Du darfst alle deine Taten verwerfen, um selbst nicht verworfen zu werden. Du darfst leben.

Die Menschlichkeit dieser Rechtfertigungsbotschaft, wie sie bei Paulus und Luther zu finden ist, war für mich eine große Entdeckung, nachdem ich das Haus meiner kindlichen Frömmigkeit verlassen und das Land des säkularen Bewußtseins kennengelernt hatte. Diese Botschaft ist humaner als die Wissenschaft, lebensfreundlicher als der Wohlstand, toleranter als religiöse Fanatismen.

Auf sie müssen wir heute hören. Wer weiß, was wir in diesen Tagen mit Worten und Taten verüben, was sich im Nachhinein nicht mehr wird halten lassen – weil es die Welt näher an den Abgrund brachte. Und das gilt für uns alle. Das gilt für die, die den Krieg am Golf als die ultima ratio bejahen, als das Schlimmste, um Allerschlimmstes zu verhindern. Und das gilt für die, die in ihm ein frevelhaftes Spiel mit dem Feuer unter den Öltanks der Erde sehen. Für alle kommt die Stunde, wo wir sagen müssen: Vergib uns unsere Schuld, wie auch wir vergeben unsern Schuldigern!

Deshalb verstehe ich die Weisheit meiner Großmutter heute noch einmal neu – als etwas Tröstliches: Was sich der Mensch selbst antut, dafür ist er verantwortlich. Es muß nicht sein. Es ist Schuld. Wo aber Schuld ist, da ist auch Vergebung möglich – und Umkehr. Und wo Menschen umkehren, kann die Welt anders werden.

Wir haben drei Variationen des Gleichnisses durchgespielt:

Der Same – das sind wir Menschen. Gott hat uns in die Welt geworfen. Viele drohen, verlorenzugehen. Daher gilt zum Glück auch die zweite Deutung:

Der Same – das sind unsere Handlungen, mit denen wir den Verlorenen beistehen können! Nur, wir versagen dabei, vergrößern oft die Verluste. Daher ist es gut, daß auch die letzte Deutung gilt:

Der Same – das ist Gottes Wort, das uns aufrichtet, wenn wir versagen, und das uns zur Umkehr bringt.

In allen drei Variationen aber bleibt das Unheimliche: Es geht etwas verloren. Auch Gottes Wort geht verloren. Es erreicht nicht jeden, für den es lebenswichtig wäre, etwas von der Liebe Gottes zu spüren. Und deshalb muß ich noch eine letzte Variation hinzufügen. Im Johannesevangelium wird das Bild vom Samen auf Jesus selbst angewandt. Dort heißt es:

»Wenn das Weizenkorn nicht in die Erde fällt und stirbt, bleibt es allein. Wenn es aber stirbt, trägt es viel Frucht.«

Jesus selbst ist hier der Same, der stirbt. Er selbst geht verloren. Lesen wir so noch einmal das Sämannsgleichnis:

Ein Sämann ging aus zu säen. Aber unter dem Samen war ein Weizenkorn, mit dem er sich besonders identifizierte. Gerade dies eine Korn ging verloren. Es fiel auf den harten Weg, es verkümmerte auf Felsen, erstickte unter Disteln. Es starb in der Erde, um durch seinen Tod hindurch viel Frucht zu bringen: dreißig-, sechzig- und hundertfach.

Was heißt das? Das heißt, daß die rauhbeinigen Pastoren meiner Kindheit recht hatten. Gott ist nicht der »liebe Gott«, der alles so herrlich regieret. Er ist keine Garantie dafür, daß alles gut ausgeht, was wir hier anrichten und tun. In dieser Welt geht etwas von ihm selbst verloren. Er ist ein Gott der Liebe, der sich in dem einen Menschen, in Jesus von Nazareth, seinem Sohn und unserem Bruder, zu allen Verlorenen gestellt hat.

Als ich ein Kind war, machte mir die Botschaft Angst: Ihr seid Same, dazu bestimmt, fruchtbar zu sein. Wer wußte schon, ob man fruchtbares Land war.

Als ich erwachsen wurde, erkannte ich: Gott ist in denen anwesend, die meinen, unfruchtbares Land zu sein, wertlos und unnütz. Er ist nicht nur bei denen, die ihren festen Weg gehen, die sich wie Felsen in den Krisen des Lebens behaupten und sich im Dickicht des Daseins ihren Platz verschaffen können.

Er ist bei denen, die wissen: Was wir tun und getan haben, läßt sich oft nicht rechtfertigen.

Er ist bei denen, die sich danach sehnen, neu geschaffen zu werden, weil sie vor ihrer Verstrickung in Vergeblichkeit und Unmenschlichkeit ekelt.

Er ist bei denen, die hungert und dürstet nach Gerechtigkeit, weil sie sie nicht besitzen.

Heute verstehe ich neu, was es heißt: »Dat schlimmste Leed is, wat d'r Mensch sich selbs' andeed.« Das Schlimmste ist, wenn man in sich den

Glauben erstickt, fruchtbarer Same zu sein. Das Schlimmste ist, wenn man sich vor der Liebe Gottes versperrt. Sie erreicht uns anonym in jeder Freundlichkeit, in jeder Hilfe, jedem Lächeln und jeder Umarmung. Sie erreicht uns direkt durch sein Wort. Das ruft uns immer wieder zu: Ihr seid Same. Auch wenn es euch dreckig geht. Auch wenn Schmerz euch versteinert hat. Dann gilt erst recht: Ihr seid kein Dreck, ihr seid keine Steine. Ihr seid wunderbarer Same in Gottes Hand.
Amen.

Diese Predigt wurde am 3.2.1991 in der Peterskirche gehalten – 18 Tage nach Ausbruch des Golfkrieges. Der in der Predigt genannte jüdische Autor am Ende des 1.Jhdts n.Chr. ist der Verfasser des IV Esra. Dieser läßt Esra in einem Dialog mit einem Offenbarungsengel sagen: »Der Same des Bauern geht, wenn er deinen Regen nicht zur rechten Zeit erhalten hat und nicht aufgegangen ist, oder wenn er durch zu viel Regen verdorben ist, zugrunde. Aber den Menschen, der von deinen Händen geschaffen ist und dein Ebenbild genannt wurde, weil er dir ähnlich gemacht ist, und um dessentwillen du alles geschaffen hast, stellst du dem Samen des Bauern gleich. Nein, (unser) Herr, verschon dein Volk und erbarm dich deines Erbes; du erbarmst dich ja deiner Schöpfung.« (IV Esr 8,43-45; vgl. J.Schreiner: Das 4.Buch Esra, Jüdische Schriften aus hellenistisch-römischer Zeit V,4, Gütersloh 1981, S.368). Eine gnostische Schrift »Memoria Apostolorum« (zitiert bei Orosius c.2, S.154,4-18) behauptet, der Sämann von Mt 13,3ff / Lk 8,4ff sei kein guter Sämann gewesen. Sie bemerkt dazu, »daß er, wäre es ein guter gewesen, nicht nachlässig gewesen wäre und keinen Samen entweder ›abseits auf den Weg‹ oder ›auf das Steinige‹ oder das Unbearbeitete gestreut hätte.« Die Rede sei von dem unvollkommenen und bösen Gott dieser Welt (vgl. W.Schneemelcher (Hg.): Neutestamentliche Apokryphen I, Evangelien, Tübingen ⁵1987, S.302). – Der Grundsatz, es sei besser, Hypothesen als Menschen sterben zu lassen, stammt von K.Popper: Objektive Erkenntnis. Ein evolutionärer Entwurf, Hamburg ⁴1984, vgl. S.255; 258, 274.

Gottesverehrung im Geist und in der Wahrheit
Über die Mystik des Johannesevangeliums und den Dialog der Religionen

---

(Johannes 4,1-41)

Als nun Jesus erfuhr, daß die Pharisäer gehört hatten, er mache und taufe mehr Jünger als Johannes – jedoch taufte Jesus nicht selbst, sondern seine Jünger – verließ er Judäa und zog wieder nach Galiläa. Er mußte aber durch Samarien reisen.

Er kam nun in die Nähe einer Stadt Samariens, namens Sychar, nicht weit von dem Grundstück, das Jakob seinem Sohne Joseph gegeben hatte. Dort aber war der Brunnen Jakobs. Jesus nun, von der Reise müde geworden, setzte sich so an den Brunnen; es war um die sechste Stunde. Da kommt eine Frau aus Samarien, um Wasser zu schöpfen. Jesus sagt zu ihr: Gib mir zu trinken! Seine Jünger waren nämlich in die Stadt gegangen, um Speise zu kaufen. Die samaritische Frau nun sagt zu ihm: Wieso begehrst du, der du ein Jude bist, von mir, die ich eine samaritische Frau bin, zu trinken? (Juden verkehren nämlich nicht mit Samaritanern.) Jesus antwortete und sprach zu ihr: Kenntest du die Gabe Gottes und [wüßtest du,] wer der ist, der zu dir sagt: Gib mir zu trinken, so hättest du ihn gebeten, und er hätte dir lebendiges Wasser gegeben. Sie sagt zu ihm: Herr, du hast kein Schöpfgefäß, und der Brunnen ist tief; woher hast du nun das lebendige Wasser? Bist du etwa größer als unser Vater Jakob, der uns den Brunnen gegeben hat – und er hat daraus getrunken und seine Söhne und sein Vieh? Jesus antwortete und sprach zu ihr: Jeder, der von diesem Wasser trinkt, wird wieder dürsten; wer aber von dem Wasser trinkt, das ich ihm geben werde, wird in Ewigkeit nicht dürsten, sondern das Wasser, das ich ihm geben werde, wird in ihm zu einer Quelle von Wasser werden, das sprudelt, um ewiges Leben zu spenden. Die Frau sagt zu ihm: Herr, gib mir dieses Wasser, damit ich nicht dürste und nicht hierher kommen muß, um zu schöpfen!

Er sagt zu ihr: Geh hin, rufe deinen Mann und komm hierher! Die Frau antwortete und sagte: Ich habe keinen Mann. Jesus sagt zu ihr: Mit Recht hast du gesagt: Ich habe keinen Mann; denn fünf Männer hast du gehabt, und der, den du jetzt hast, ist nicht dein Mann. Da hast du die Wahrheit gesagt.

Die Frau sagt zu ihm: Herr, ich sehe, daß du ein Prophet bist. Unsere Väter haben auf diesem Berge angebetet, und ihr sagt, in Jerusalem sei der Ort, wo man anbeten muß. Jesus sagt zu ihr: Weib, glaube mir, die Stunde kommt, wo ihr weder auf diesem Berge noch in Jerusalem den Vater anbeten werdet. Ihr betet an, was ihr nicht kennt; wir beten an, was wir kennen; denn das Heil kommt von den Juden. Aber die Stunde kommt und ist jetzt da, wo die wahren Anbeter den Vater in Geist und Wahrheit anbeten werden; denn so will der Vater seine Anbeter haben. Gott ist Geist, und die ihn anbeten, müssen ihn in Geist und Wahrheit anbeten. Die Frau sagt zu ihm: Ich weiß, daß der Messias kommt, der der Christus genannt wird; wenn dieser kommt, wird er uns alles kundmachen. Jesus sagt zu ihr: Ich bin's, der ich mit dir rede.

Und währenddem kamen seine Jünger, und sie verwunderten sich, daß er mit einer Frau redete. Doch sagte keiner: Was hast du im Sinn? oder: Was redest du mit ihr? Die Frau nun ließ ihren Wasserkrug stehen und ging weg in die Stadt und sagte zu den Leuten: Kommet, sehet einen Menschen, der mir alles gesagt hat, was ich getan habe! Sollte dieser etwa gar der Christus sein? Sie gingen zur Stadt hinaus und machten sich auf den Weg zu ihm.

Inzwischen baten ihn die Jünger: Rabbi, iß! Er aber sprach zu ihnen: Ich habe eine Speise zu essen, die ihr nicht kennt. Die Jünger sagten nun zueinander: Es hat ihm doch niemand zu essen gebracht? Jesus sagt zu ihnen: Meine Speise ist, daß ich den Willen dessen tue, der mich gesandt hat, und sein Werk vollende. Sagt ihr nicht: Es sind noch vier Monate, dann kommt die Ernte? Siehe, ich sage euch: Erhebet eure Augen und betrachtet die Felder: sie sind schon weiß zur Ernte. Der, welcher erntet, empfängt Lohn und sammelt Frucht fürs ewige Leben, damit sich zugleich der freue, welcher sät, und der, welcher erntet. Hier nämlich ist das Wort wahr: Ein anderer ist's, der sät, und ein anderer, der erntet. Ich habe euch ausgesandt, zu ernten, was ihr nicht erarbeitet habt; andre haben gearbeitet, und ihr seid in ihre Arbeit eingetreten.

Aus jener Stadt aber glaubten viele von den Samaritern an ihn um des Wortes der Frau willen, die bezeugte: Er hat mir alles gesagt, was ich getan habe. Als nun die Samariter zu ihm kamen, baten sie ihn, bei ihnen zu bleiben; und er blieb zwei Tage dort. Und noch viel mehr Leute glaubten um seines Wortes willen.

»Im Gespräch zwischen den Religionen und Konfessionen redet man oft aneinander vorbei. Aber es gibt eine Ausnahme: Wenn man die Mystiker aus allen Religionen und Konfessionen zusammenbringt, dann verstehen sie sich sofort.« Diese Feststellung eines Religionswissenschaftlers geht mir immer wieder durch den Kopf, wenn ich die Geschichte von der Samaritanerin am Brunnen lese. Auch diese Geschichte erzählt von einem Dialog zwischen verschiedenen religiösen Gruppen, zwischen Juden und Samaritanern. Auch sie redeten aneinander vorbei, ja, sie verstrickten sich in Haß und Feindschaft, obwohl sie an denselben Gott glaubten, eine lange gemeinsame Geschichte hatten und die fünf Bücher Mose als heilige Schrift teilten. Auch zwischen ihnen wird in unserer Erzählung die Verbindung durch eine mystische Spiritualität geschaffen: durch die Erkenntnis, daß Gott Geist ist und daß seine Verehrung im Geist und in der Wahrheit geschehen muß – unabhängig von konkurrierenden Kultorten, unabhängig vom Tempel in Jerusalem oder vom heiligen Berg Garizim, unabhängig von Rom oder Mekka, unabhängig von Moskau oder Washington. Die Erzählung atmet den Geist johanneischer Mystik, der Erfahrung einer neuen Einheit zwischen Gott und Mensch durch den Geist. Solche »Mystik« überwindet hier die Grenzen zwischen Religionen und Konfessionen.

Dies geschieht auf der Ebene menschlicher Beziehungen durch eine Frau. Auch das ist kein Zufall. Frauen überwinden im Neuen Testament oft Grenzen. Im Markusevangelium ist die Syrophönikerin unter allen

Heiden die erste, die Kontakt mit Jesus hat. In der Apostelgeschichte wird die Purpurhändlerin Lydia als erste von allen Griechen Christ. Im Johannesevangelium offenbart sich Jesus zuerst der Samaritanerin mit dem Offenbarungswort »Ich bin's«. Als erste trägt sie die Botschaft über die Grenzen des Judentums hinaus.

Schließlich geschieht die Überwindung sozialer Grenzen noch auf einer dritten Ebene: durch Austausch materieller Güter. Jesus und seine Jünger brauchen Wasser und Speise. Deswegen müssen sie mit Samaritanern Kontakt aufnehmen. Deswegen sind in dieser Geschichte Juden und Samaritaner aufeinander angewiesen.

Um die innere Dramatik dieser Geschichte zu verstehen, müssen wir uns in einem ersten Schritt die Barrieren zwischen Juden und Samaritanern vor Augen führen. Wir schauen dabei in eine Geschichte von Vorurteil und Aggression. Manches erinnert an das Verhältnis von Protestanten und Katholiken in Nordirland oder von Türken und Griechen auf Zypern. In einem zweiten Schritt wollen wir auf dem Hintergrund solcher Spannungen die Geschichte von der Samaritanerin am Brunnen erneut lesen – als Begegnung zwischen Jesus und einer Frau, als Austausch materieller Güter und als Bildersprache, die eine mystische Erfahrung erschließt. Dabei wollen wir fragen, was die sublime, oft etwas weltfremde johanneische Spiritualität mit der harten, sozialen Wirklichkeit dieser Welt zu tun hat.

Zunächst also einige geschichtliche Informationen über das Verhältnis von Juden und Samaritanern:

Entgegen einem zähen Vorurteil geht die religiöse Trennung von Juden und Samaritanern nicht bis in alttestamentliche Zeit zurück. Wohl stoßen wir seit eh und je auf politische Spannungen zwischen Nord- und Südreich und später zwischen Samaritanern und Juden. Aber sie teilten denselben Glauben. Erst Ende des 4. Jahrhunderts. v.Chr., als die Eroberungszüge Alexanders neue politische Verhältnisse im ganzen Orient schufen, nutzten einige Samaritaner die Gelegenheit, ein eigenes Heiligtum auf dem Berg Garizim zu bauen (vgl. Jos ant 11,321-324). Sie erzählten, auf diesem Berg sei Abraham von Melchisedek gastfreundlich aufgenommen worden (vgl. 1 Mos 14,17-24). Deswegen verehrten sie Gott auf diesem Berg (vgl. Euseb praep ev 9,15,5). Diese Gründungsgeschichte des samaritanischen Heiligtums zeigt, wie hoch die Gastfreundschaft gegenüber Fremden bei Samaritanern im Kurs stand. Man erkennt das auch daran, daß eine Reformbewegung unter den Samaritanern im 2. Jahrhundert den von ihnen verehrten Gott der Bibel mit dem auch Griechen verständlichen Namen: den »gastfreundlichen Zeus«, den Zeus Xenios, nennen wollten. Diesen Reformern schwebte eine Gottesverehrung vor, die sich nicht mehr schroff gegen die Griechen und gegen Fremde überhaupt abgrenzt.

Gleichzeitig hatte es entsprechende Reformversuche unter den Juden in Jerusalem gegeben. Ihre Anhänger wollten sich nicht mehr von allen anderen Völkern trennen, wollten umkehren, um die in ihren Augen verhängnisvolle Absonderung des eigenen Volkes und der eigenen Religion von allen anderen zu überwinden. Die Jerusalemer Reformer nannten Gott deshalb »Zeus Olympios«. Ihre Parole lautete: »Laßt uns hingehen und mit den Völkern, die rings um uns sind, ein Übereinkommen treffen, denn seitdem wir uns von ihnen abgesondert haben, traf uns viel Unheil« (1 Makk 1,11). Dagegen erhob sich der Aufstand der Fundamentalisten auf dem Lande, der Kampf der Makkabäer. Ihnen war schon die Existenz eines zweiten Tempels auf dem Garizim, erst recht aber die Identifikation des Gottes der Bibel mit Zeus ein Greuel. Sobald sie politische Unabhängigkeit und ausreichende militärische Macht erlangt hatten, zerstörten sie Hauptstadt und Tempel der Samaritaner (128 oder 107 v.Chr.) – wahrscheinlich in der Hoffnung, die religiöse Spaltung durch Zwangsintegration der Samaritaner rückgängig zu machen.

Dazu aber kam es nicht. Die Samaritaner schlossen sich, obwohl sie keinen Tempel mehr hatten, nicht dem Jerusalemer Tempel an. Sie blieben bei ihrer gesonderten Form des biblischen Glaubens. Sie leiteten damit möglicherweise eine der größten Revolutionen in der Religionsgeschichte ein: Sie praktizierten wahrscheinlich als erste eine Religion nicht nur ohne Tempelkult, sondern ohne einen großen Teil der traditionellen blutigen Tieropfer. Von allen Opfern, die das Alte Testament kennt, feiern sie bis heute nur das Passaopfer auf dem Berg Garizim. Es könnte sein, daß sie die anderen Opfer seit der Zerstörung ihres Tempels nicht mehr vollzogen. Sie verehrten Gott vor allem durch Wortgottesdienste. Darin sind ihnen später Juden und Christen gefolgt, spätestens seitdem auch der Tempel in Jerusalem 70 n.Chr. zerstört worden war. Mit einem Wort: Die Samaritaner taten einen ersten Schritt auf dem Weg zu einer Gottesverehrung »im Geist und in der Wahrheit«, in Richtung auf eine Gottesverehrung ohne blutige Opfer.

Die Spannungen zwischen Juden und Samaritanern aber blieben bestehen. Die Juden schauten auf das »törichte Volk von Sichem« herab (Sir 50,25f). Sie unterstellten: Die Samaritaner sind töricht, weil sie nichts von dem Gott wissen, den sie verehren – ein abschätziges Urteil, das auch der johanneische Jesus übernimmt (Joh 4,22). Vielleicht behaupteten Samaritaner tatsächlich, Gott sei über alles Verstehen erhaben – so daß er auch ohne Tempel und die üblichen Opfer verehrt werden könne. Gott sei ganz anders, als wir ihn uns vorstellen. Deswegen warteten sie auf einen Propheten, der in Zukunft Aufklärung über die wahre Gottesverehrung bringen werde. Daraus machte das Vorurteil gegen sie die Unterstellung: Die Samaritaner gäben selbst zu, daß sie nicht wüßten, was sie verehrten. Grund genug, mit solchen Leuten den Kontakt zu vermeiden: »Juden verkehren nicht mit Samaritanern«, stellt die Samaritanerin fest (Joh 4,9).

Einige Zwischenfälle im ersten Jahrhundert n.Chr. können dies spannungsvolle Verhältnis beleuchten:

Der erste Zwischenfall: Kaum hatten die Römer 6 n.Chr. die direkte Verwaltung Judäas und Samariens übernommen, verübten einige Samaritaner einen makabren Übergriff auf den Jerusalemer Tempel. Als in der Passanacht alle Jerusalemer in ihren Häusern waren, um das Passamahl zu essen, schlichen sie in den Tempel und verstreuten in ihm Leichenknochen. Damit war der Tempel entweiht (Jos ant 18,29-30; bell 2,117). Wir sind uns wohl einig: Solche Provokationen gegen andere Religionsformen sind gewiß keine Gottesverehrung im »Geist und in der Wahrheit«.

Der zweite Zwischenfall: Unter Pilatus sammelte ein samaritanischer Prophet Anhänger um sich, zog mit ihnen zum Berg Garizim, um ihnen dort die verschollenen Tempelgeräte zu zeigen, die nach samaritanischer Überlieferung Mose dort vergraben haben soll. Hätte man sie auf dem Garizim gefunden, so wäre das als ein Wink Gottes verstanden worden, er wolle hier verehrt werden, nicht in Jerusalem. Pilatus aber griff brutal zu. Er ließ die Menschenmenge niedermetzeln. Das Entsetzen über das Massaker führte zu seiner Absetzung 36 n.Chr. (Jos ant 18, 85-89). Nebenbei sei daran erinnert: Dieser Pilatus hatte schon einmal kurzen Prozeß mit einem galiläischen Propheten gemacht. Auch der hatte einen neuen Tempel geweissagt – nur nicht auf dem Garizim, sondern in Jerusalem.

Der dritte Zwischenfall ereignete sich in den 50er Jahren. Beim Durchqueren Samariens wurde ein galiläischer Pilger auf dem Weg nach Jerusalem ermordet. Das war der Funke, der ein Pulverfaß zur Explosion brachte. Samaritanische und galiläische »Banditen« (wir würden sagen: Terroristen) rissen das Land in eine schwere Krise (ant 20,118ff). Der römische Historiker Tacitus spricht von einem regelrechten Krieg (Tac ann 12,54). Auch hierzu erinnere ich daran: Die Feindseligkeit von Samaritanern gegenüber Pilgern nach Jerusalem ist aus dem Neuen Testament gut bekannt. Nach dem Lukasevangelium (9,51-56) wird Jesus in einem samaritanischen Dorf nicht aufgenommen, weil er auf dem Weg nach Jerusalem ist. Zwei seiner Jünger wollen Feuer und Schwefel vom Himmel auf das Dorf regnen lassen, also Brandstiftung mit Hilfe Gottes begehen.

Jesus weist sie scharf zurecht. Die Erzählung beleuchtet gut die Feindselig-keit auf beiden Seiten – und das, obwohl die Samaritaner traditionell Hil-fe und Gastfreundschaft hochhielten. Es war wie immer: Alle Völker ha-ben humane Ideale. Auch wir. Aber wenn es um die ungeliebten Fremden und Nachbarn geht – dann werden sie suspendiert.

Die drei Zwischenfälle haben einen gemeinsamen Nenner: Immer geht es um die Konkurrenz zweier Heiligtümer und Konfessionen. Religiöse Überzeugungen überlagern einen älteren politischen Konflikt und ma-chen ihn gerade dadurch unlösbar. Die Geschichte von der Samaritanerin am Brunnen setzt gegen diese rauhe Realität die Utopie einer Verehrung Gottes im Geist und in der Wahrheit! Sie setzt dagegen die sublimen Ge-danken der johanneischen Mystik! Sie setzt rätselhafte Bilder von Wasser und Speise gegen Haß und Vorurteil.

Um den sanften Protest dieser Geschichte gegen die harte Realität von Vorurteil und Aggression zu verstehen, wollen wir sie auf drei Ebenen lesen:

– Erstens auf der Beziehungsebene: Jesus begegnet einer Frau.
– Zweitens auf der materiellen Ebene: Jesus erhält von anderen Men-schen Wasser und Speise.
– Drittens auf der Ebene der Symbolik: ›Wasser‹ und ›Speise‹ werden zu Bildern einer mystischen Erfahrung.

a) Bei unserer ersten Lektüre der Geschichte konzentrieren wir uns auf die Beziehung zwischen Jesus und der Frau. Jeden Bibelleser erinnert sie an die idyllische Brunnenszene bei der Brautwerbung für Isaak. Durch diese alttestamentliche Geschichte erhält die neutestamentliche Brunnen-szene eine Art Hintergrundserotik. Die meisten Bibelausleger wagen nicht, das offen auszusprechen – sowenig wie die Jünger, die nach ihrer Rück-kehr aus dem samaritanischen Ort Jesus in einem intensiven Gespräch mit einer Frau am Brunnen vorfinden – allein unter sich. Sie sind irritiert. Kein Wunder! Denn die Erzählung setzt voraus, daß sich beide, Jesus und die Samaritanerin, über Herkunft und Sitte hinwegsetzen, wenn sie als ein jüdischer Mann und eine samaritanische Frau Kontakt miteinander aufnehmen. Das muß die Jünger verwirren. Aber sie wagen nicht offen zu fragen, was Jesus mit der Frau hat! Als wollten sie Jesus keine verfängli-chen Fragen stellen. Der Leser kann freilich die Antwort auf ihre unausge-sprochene Frage geben: Er hat ja vorher den viel umrätselten Dialog über die Ehen der samaritanischen Frau gelesen. Er weiß, daß Jesus das The-ma Ehe und Sexualität von sich aus vorher angesprochen hat. Dabei geht es nicht darum, die Frau als leichtlebiges Flittchen bloßzustellen. Nirgendwo findet sich eine Andeutung von Kritik an der Lebensführung der Frau. Sie hat ein außergewöhnliches Schicksal. Fünf Männer hat sie gehabt. Sie sind entweder gestorben oder haben sich durch Scheidung von ihr getrennt. Mit ihrem jetzigen Mann aber lebt sie nicht in einer formalen Ehe. Jesus akzeptiert ihr außergewöhnliches Schicksal. Er respektiert die menschlichen Bindungen der Frau, auch ihre nicht-eheliche Bindung an ihren jetzigen Mann. (Zwischen den Zeilen sei ein kleiner Seufzer gestattet: Möchten doch alle Christen die nicht-ehelichen Beziehungen ihrer Mitmenschen so unbefangen akzeptieren, wie Jesus es in unserer Geschichte tut!) Für die Geschichte selbst aber ist wichtig: Wenn die Frau bei ihrem Brunnentreffen mit Jesus zunächst sagt: »Ich habe keinen Mann«, so ist das noch ein wenig zweideutig. Das könnte bei erfahrenen Lesern von Brunnenszenen die Erwartung wecken, da werde etwas Zärtliches angebahnt. Wenn aber Jesus von sich aus die Bindung der Frau an einen Mann offenlegt und diese Bindung anerkennt, indem er sagt: »Das hast du gut gesagt!«, dann schaltet er beim Leser jene Hintergrunderotik aus, die mit der idyllischen Brunnenszene unwillkürlich gegeben ist. Jetzt ist klar: Jesus will keinen Flirt. Er will der Frau als Offenbarer begegnen. Er will ihr als der erwartete Messias entgegentreten, der lehren wird, wie Gott in Wahrheit und im Geist zu verehren ist. Dieser Frau gegenüber spricht er zum ersten Mal sein »Ich bin« – noch bevor er sich in seinen großen Ich-bin-Worten offenbart: Ich bin das Brot des Lebens, das Licht der Welt, der gute Hirte. Ich bin die Auferstehung und das Leben. Ich bin der Weg, die Wahrheit und das Leben. Ich bin der gute Weinstock.

Als erster offenbart Jesus einer Frau die Wahrheit – in einer Brunnenszene, die unwillkürlich Gedanken an die Geschlechtsrollen von Mann und Frau wach werden läßt. Auf diesem Hintergrund sagt die Erzählung: Gott wird im Geist und in der Wahrheit verehrt, wo Mann und Frau über ihre Geschlechtsrollen hinauswachsen und Kommunikationsschranken überwinden, die ihnen Sitte und Herkommen auferlegen. Deshalb wird eine Brunnenszene zum Ort der Offenbarung – ein Ort, wo sich Mann und Frau zusammenfinden, hier aber in einem sublimeren Sinne, nämlich in der Verehrung Gottes im Geist und in der Wahrheit.

b) Ehe wir uns der Frage zuwenden, was diese Verehrung im Geist und in der Wahrheit meint, müssen wir die Geschichte noch ein zweites Mal lesen: »materialistisch« und konkret. Denn gerade das Johannesevangelium mit seiner sublimen mystischen Spiritualität läßt hin und wieder überraschende Durchblicke auf die harten Tatsachen dieser Welt zu.

So kann es kein Zufall sein, daß der Verlauf der Geschichte von der elementarsten aller materiellen Fragen bewegt wird – von der Frage, woher wir Wasser und Speise bekommen. Wasser gibt die Frau, Speise holen die Jünger aus dem Dorf. Beides ist nicht einfach da.

Es kann auch kein Zufall sein, daß Jesus in dieser Geschichte als bedürftiger Mensch auftritt. Er verlangt nach Wasser. Er braucht Brot. Andere bringen es ihm.

Es kann schließlich kein Zufall sein, daß von menschlicher Arbeit gesprochen wird, durch die solche Lebensgüter zugänglich werden: Von der Arbeit der Frau, die in der Hitze des Tages den Weg zum Brunnen gehen muß, um Wasser zu schöpfen, sowie von der Arbeit der Säenden und Erntenden, die in jedem Brotfladen vorausgesetzt wird. Wasser und Brot sind nicht vorhanden. Erst durch menschliche Arbeit werden sie zugänglich. Erst durch Mühe werden sie geschaffen.

Vor allem aber wird eins deutlich: Wasser und Brot sind wie alle Lebensmittel knapp. Sie stehen nicht unbegrenzt zur Verfügung. Wasser muß immer wieder geschöpft, Brot immer wieder erarbeitet werden. Wer es trinkt und ißt, wird wieder dürsten und erneut Hunger haben.

In diesem Zusammenhang begegnet zum ersten Mal die Religion: Mit ihr werden Besitzrechte über die knappen materiellen Güter begründet. Der Brunnen ist Jakobs Brunnen. Er »gab ihn uns«, sagt die Samaritanerin (Joh 4,12). Er legitimiert seinen Besitz bis in die Gegenwart. Brunnen sichern Lebenschancen. Das Alte Testament kennt sie nicht nur als idyllischen Ort für die Anbahnung von Ehen, sondern auch als Orte, um deren Besitz gekämpft wird (vgl. 1 Mos 21,22-34). Das Recht auf sie muß begründet, muß durchgesetzt und verteidigt werden. Das geschieht einerseits mit physischer Gewalt, andererseits mit der religiösen Tradition – mit der Berufung auf den Patriarchen Jakob, dem einst dieser Brunnen gehört hat und der ihn für alle Zeit den Samaritanern vermachte.

Zugegeben: das alles sind Trivialitäten! Und doch sind sie ungeheuer wichtig. Gerade diese sublime johanneische Geschichte macht etwas vom harten Verteilungskampf um knappe materielle Lebenschancen sichtbar. Und sie zeigt: Religiöse Überlieferungen sind dabei oft nur die Begleitmusik, um dem Menschen ein gutes Gewissen in diesem Verteilungskampf um Lebensgüter zu geben!

In unserer Geschichte ist dabei eins unverkennbar: Solange sich die Samaritanerin auf der Ebene der materiellen Lebensgüter und ihrer Legitimation durch religiöse Traditionen bewegt, mißversteht sie Jesus. Jesus meint nicht den Brunnen, wenn er vom »lebendigen Wasser« spricht. Jesus meint nicht Jakob, wenn er vom Geber dieses Lebenswassers spricht. Die Samaritanerin verfällt ebenso wie später die Jünger einem typischen »johanneischen Mißverständnis«.

Dies Mißverständnis begegnet uns nicht nur im Johannesevangelium, sondern in der ganzen Geschichte des Christentums und der Religionen. Religion wird immer wieder dazu mißbraucht, die Verteilung von Lebenschancen zu legitimieren und den Verteilungskampf um die knappen materiellen Mittel mit Nebel zu umhüllen. Diesem Mißbrauch der Religion muß immer neu widersprochen werden. Deshalb bereitet mir die Parole »Marx ist tot, Jesus lebt« Unbehagen. Marx hat den Verteilungskampf um materielle Güter analysiert. Er hat ihn oft falsch analysiert. Es stimmt: Marx ist tot. Aber nicht die von ihm analysierten Verteilungskämpfe. Die gehen weiter. Jesus lebt. Und deswegen darf man sich mit diesen weitergehenden Verteilungskämpfen zwischen Ost und West, Nord und Süd nicht abfinden. Der Glaube an Jesus darf nicht die meditative und mystische Begleitmusik zum Knirschen der Verteilungskämpfe in unserer Gesellschaft sein. Das wäre keine Gottesverehrung im Geist und in der Wahrheit. Denn die Verehrung Gottes im Geist und in der Wahrheit weist über die Verteilungskämpfe um Lebenschancen hinaus. Aber wie?

c) Um das herauszufinden, ist eine dritte Lektüre der Erzählung notwendig. Im Johannesevangelium haben Ereignisse und Worte neben ihrem wörtlichen Sinn eine symbolische Bedeutung. So auch hier. Das Wasser ist Symbol für eine Energie, die ewiges und wahres Leben verleiht. Jesus gibt diese Energie. Er sagt: »Wer von diesem Wasser aus dem Brunnen trinkt, den wird wieder dürsten. Wer aber von dem Wasser trinken wird, das ich ihm gebe, den wird in Ewigkeit nicht dürsten, sondern das Wasser, das ich ihm geben werde, das wird in ihm eine Wasserquelle werden, die in das ewige Leben hinein entspringt« (4,13f). Hier wird mit der Doppeldeutigkeit des Begriffs »lebendiges Wasser« gespielt. Im Griechischen bedeutet er zunächst: Quellwasser – im Unterschied zu Wasser in Zisternen und Brunnen. Der Evangelist versteht den Ausdruck aber in einem symbolischen Sinn: Jesus meint mit »lebendigem Wasser« eine »Leben spendende Kraft«. Er denkt dabei an den Geist. Denn im 7. Kapitel spricht er noch einmal vom »lebendigen Wasser«: Jesus sagt dort vom Glaubenden: »Von seinem Leib werden Ströme lebendigen Wassers fließen.« Und der Evangelist fügt ausdrücklich als Deutung hinzu: »Das sagte er aber von dem Geist, den die empfangen sollen, die an ihn glauben« (Joh 7,38f). Jesus verheißt der Samaritanerin also den Geist Gottes, eine unerschöpfliche Quelle von Lebenskraft. Er verheißt ihr damit das, was wahre Gottesverehrung ermöglicht – nämlich eine innere Übereinstimmung mit Gott. Denn Gott selbst ist Geist – und wahre Gottesverehrung geschieht durch den Geist. Sie wird möglich, weil der ›Geist Gottes‹, d.h. weil Gott selbst in seinen Verehrern anwesend und tätig ist.

Sie geschieht in denen, die den Geist besitzen und dadurch mit Gott
übereinstimmen, der selbst Geist ist. Sie geschieht durch die, die eines
Wesens mit ihm sind. Wenn das keine ›Mystik‹ ist, dann weiß ich nicht,
was man überhaupt noch ›Mystik‹ nennen kann. Auch wenn der Begriff
›Mystik‹ zu den »bad words« der protestantischen Theologie dieses
Jahrhunderts gehört, so sollten wir ihn nicht vermeiden. Mystik gab es
immer wieder im Christentum, nicht nur im späten Mittelalter. Sie gibt es
auch in unseren Kirchenliedern, bei Paul Gerhardt und Gerhard Tersteegen.
Auch im Neuen Testament gibt es zweifellos Mystik, vor allem in den
johanneischen Schriften. Aber es ist eine Mystik besonderer Art. Was zeich-
net sie aus? Ich versuche im folgenden drei Merkmale dieser johanneischen Mystik herauszuarbeiten.

Das erste Merkmal ergibt sich aus dem Doppelbild von Wasser und Spei-
se. Wie das Wasser eine symbolische Bedeutung hat, so auch die Speise.
Als die Jünger zu Jesus kommen und ihm zu essen mitbringen, sagt Jesus:
»Ich habe eine Speise zu essen, von der ihr nichts wißt ... Meine Speise ist
die, daß ich tue den Willen dessen, der mich gesandt hat, und vollende
sein Werk« (Joh 4,32.34). Die ›Speise‹ wird hier zum Symbol für Gottes
Willen. Dieser Wille soll getan werden. Und er soll nicht weniger in den
Menschen hineingenommen werden wie die äußere Speise. Johanneische
Mystik ist daher an erster Stelle eine Willensmystik, eine Vereinigung des
Willens Gottes mit dem Willen des Menschen. Sie ist weniger eine Mystik des Genusses, der Schau, der emotionalen Spitzenerlebnisse – sie ist
eine Mystik des Tuns. Im Handeln wird die Einheit mit Gott erlebt, im
Tun der Liebe. Der 1. Johannesbrief enthält den Zentralsatz dieser johanneischen Willens- und Liebesmystik: »Gott ist Liebe. Und wer in der
Liebe bleibt, der bleibt in Gott und Gott bleibt in ihm« (1 Joh 4,16).
    Das zweite Merkmal johanneischer Mystik ergibt sich aus dem Kon-
trast zwischen wörtlicher und symbolischer Bedeutung. Wasser und Brot
(im wörtlichen Sinne) sind begrenzte Güter. Man muß sie teilen. Je mehr
Menschen an ihnen Anteil erhalten, um so kleiner wird die Menge, die
jeder erhält. Wasser und Brot im symbolischen Sinne aber stehen unbegrenzt zur Verfügung. Der Geist Gottes, sein Wille, seine Liebe werden
nicht weniger dadurch, daß viele Menschen von ihnen ergriffen werden.
Wer an ihnen Anteil bekommt, verbraucht nichts, was anderen fehlt. Er
nimmt niemandem etwas weg. Diese geistlichen Güter gewinnen vielmehr an Wert, je mehr an ihnen Anteil erhalten. Hier gibt es keine Verteilungskämpfe um knappe Lebensgüter. Im Gegenteil, wenn Menschen offen werden für Gottes Wirklichkeit, dann betreten sie einen Lebensraum,

der jenseits aller Verteilungskämpfe liegt. Das hat Rückwirkungen auf den irdischen Verteilungskampf. Wer einmal entdeckt hat, daß die eigentlichen Lebensgüter beliebig geteilt werden können, der wird auch die materiellen Lebensgüter mit anderen teilen. Der 1. Johannesbrief drückt das so aus: »Wenn aber jemand dieser Welt Güter hat und sieht seinen Bruder in Not und schließt sein Herz vor ihm zu, wie bleibt dann die Liebe Gottes in ihm?« (1 Joh 3,17). Deswegen ist es so wichtig, daß wir unsere Erzählung nicht nur auf der symbolischen Ebene lesen, sondern auch auf der materiellen Ebene. Die Grenze zwischen Juden und Samaritanern wird auf beiden Ebenen durchbrochen. Alles beginnt auf der materiellen Ebene. Alles beginnt konkret damit, daß eine Samaritanerin auf Jesu Bitten hin ihm Wasser zum Trinken gibt. Die Gemeinsamkeit »im Geist und in der Wahrheit« beginnt mit dem Teilen irdischer Lebensmittel, beginnt mit Essen und Trinken.

Noch ein drittes Merkmal johanneischer Mystik können wir der Geschichte entnehmen. Jesus sagt zur Samaritanerin nicht einfach: »Ich gebe dir lebendiges Wasser. Ich bin die Quelle. Schöpfe aus ihr, solange du willst!« Er sagt vielmehr: »Das Wasser, das ich dir gebe, wird in *dir* zur Quelle werden. *Du* wirst aus einem Empfänger der Lebensenergie zum Energiespender, aus einem Gefäß zur Quelle, aus einem Menschen, dem etwas mangelt, zu einem Menschen, der überströmend gibt.« In der Tat bleibt die Samaritanerin nicht passiv. Sie wird aus einer Empfängerin des Wortes zur Übermittlerin der Botschaft.

Auffällig ist, daß sich im Dialog zwischen Jesus und den Jüngern etwas Ähnliches wiederholt. Jesus sagt, seine Speise sei der Wille Gottes, seine Arbeit wolle er vollenden. Er vergleicht diese Arbeit mit dem Säen und Ernten auf den Äckern der Umgebung. Der, der sät, und der, der erntet, sind verschieden. Gemeint ist der schmerzliche Tatbestand, daß immer einige schuften, andere aber davon profitieren. Anders aber ist es bei der Arbeit zur Durchführung des Willens Gottes. Hier gilt: »Wer erntet, empfängt schon seinen Lohn und sammelt Frucht zum ewigen Leben, damit sich miteinander freuen, der da sät und der da erntet« (Joh 4,36). Hier gibt es nicht die Unterscheidung zwischen denen, die schuften, und denen, die den Ertrag haben. Hier profitiert nicht der eine auf Kosten des anderen. Ähnlich wie beim Bild vom Lebensquell der Gegensatz von Empfängern und Spendern aufgehoben wird, so wird beim Bild vom Brot der Gegensatz von Arbeitenden und Erntenden überwunden. Beide sind zwar nicht identisch, aber beide freuen sich zugleich.

In beiden Bildern vom Wasser und vom Brot erkennen wir ein wichtiges Merkmal johanneischer Mystik. Aus Abhängigen sollen Selbständige werden, aus Untergeordneten Gleichgestellte, aus Sklaven Freunde (Joh 15,15). Abhängig sind wir alle von den zufälligen religiösen Traditionen, in denen wir aufgewachsen sind. Abhängig sind wir von Eltern und Lehrern. Abhängig sind wir wie die Samaritaner von den Traditionen des Judentums. Denn im Judentum setzte sich zum ersten Mal der Gedanke des einen und einzigen Gottes durch, dort wurde das Liebesgebot formuliert, aus ihm stammen Jesus und seine Jünger. Von den Juden kommt das Heil (Joh 4,22). Wir treten in ihre Arbeit ein, profitieren von ihrer Mühe, von ihren Leiden, von ihrer Erfahrung. Aber wo Gott im Geist und in der Wahrheit verehrt wird, da wachsen wir über die Abhängigkeit aus unseren Traditionen hinaus – und begegnen Gott in ursprünglicher Weise. Durch Gottes Geist werden wir aus Gefäßen zur Quelle, aus Empfängern zu Gebern, aus Objekten der Botschaft zu deren Subjekt. Wir eignen uns, was wir als Tradition empfangen haben, neu und ursprünglich an – als hätten wir es selbst entdeckt. Die Geschichte macht das auf sehr schlichte Weise klar. Die Samaritanerin läuft in ihre Stadt, verkündet dort von Jesus. Viele kommen durch sie zum Glauben – abhängig von der durch sie vermittelten Tradition. Aber dann begegnen die so zum Glauben gekommenen Samaritaner Jesus selbst. Und sie sagen zu der Frau: »Von nun an glauben wir nicht mehr um deiner Rede willen; denn wir haben selber gehört und erkannt: Dieser ist wahrlich der Retter der Welt« (Joh 4,42).

Ich nenne noch einmal kurz die drei Merkmale johanneischer Mystik:
1) Sie ist eine Mystik des Willens – ein Einswerden mit der Liebe Gottes. Sie ist keine individualistische Mystik, sondern eine Sozialmystik. Verehrung Gottes »im Geist und in der Wahrheit« geschieht nur dort, wo sie mit anderen Menschen verbindet – auch über Abgründe von Vorurteil und Haß hinweg.
2) Sie ist eine Mystik, die den Verteilungskampf zwischen knappen Lebensgütern begrenzen und überwinden will. Sie will über den Streit zwischen konkurrierendem Willen zum Leben hinaus – im Vertrauen auf einen unerschöpflichen Reichtum geistlicher Güter. Ob Gott »im Geist und in der Wahrheit« verehrt wird, zeigt sich darin, daß der Verteilungskampf um materielle Lebenschancen reduziert wird.
3) Sie ist eine Mystik, die Menschen aus ihrer Abhängigkeit von religiösen Traditionen befreien will, indem sie von Begegnungen mit Gott aus zweiter Hand zur Begegnung mit ihm aus erster Hand führt. Erst dann verehren wir Gott »im Geist und in der Wahrheit«, wo wir innere Freiheit gegenüber unseren Traditionen gewinnen, weil wir selbst erfahren, wovon sie zeugen.

Paßt auf diese johanneische Mystik, was ich eingangs sagte: Daß sich die Mystiker in allen Religionen sehr schnell verständigen können, während die Dogmatiker aneinander vorbeireden? Zweifel sind angebracht. Um sie deutlich zu machen, muß ich den Religionstyp noch etwas näher charakterisieren, der im Johannesevangelium vorliegt.

Grundsätzlich lassen sich zwei Religionstypen unterscheiden: ein mystischer und ein prophetischer bzw. kerygmatischer Typ. Für beide ist die letzte Wirklichkeit und unsere Lebenswelt unterschieden. So wie jedes Tier in seiner artspezifischen Umwelt lebt, so auch der Mensch. Wie man fragen kann, was die Ameise von der Sonne weiß – so kann man fragen: Was weiß der Mensch von der letzten Wirklichkeit, die allem zugrundeliegt? Nur mit einem Unterschied: Der Mensch weiß, daß die Welt, in der er lebt, nicht identisch ist mit der Wirklichkeit an sich. Er ist sich der Begrenztheit seiner Lebenswelt bewußt. Und er fragt sich, wie er mit dieser letzten Wirklichkeit Kontakt aufnehmen kann.

Diese Kontaktaufnahme geschieht in den kerygmatischen Religionen durch eine von außen kommende Botschaft. Kerygma heißt »Botschaft«. Gott konfrontiert den Menschen dadurch mit sich selbst, daß er ihn durch Ereignisse und Boten von außen anspricht. Der Weg der Mystik ist dagegen ein Weg nach innen. Er wird in der Hoffnung gegangen, in einer Tiefenschicht des Selbst, die unserem normalen Bewußtsein entzogen ist, auf Gott zu stoßen.

Beide Religionstypen können sich verbinden. Die westlichen Religionen, Judentum, Christentum und Islam, sind von ihrer Grundstruktur her kerygmatische Religionen. Aber in ihnen gibt es überall eine mystische Gegenströmung. Die östlichen Religionen, Hinduismus und Buddhismus, sind mystische Religionen. Aber sie kennen auch prophetisch-kerygmatische Bewegungen.

Das Johannesevangelium gehört in seiner Grundstruktur zweifellos dem kerygmatischen Religionstyp an. Gott macht sich in ihm durch einen Ruf von außerhalb des Menschen bemerkbar. Zwischen Gott und Mensch herrscht eine tiefe Kluft wie zwischen Licht und Finsternis, Wahrheit und Lüge, Leben und Tod. Über diese Kluft hinweg kommt Jesus als Gesandter des Vaters. Er erhebt einen unerhörten Anspruch im Johannesevangelium: »Ich bin der Weg, die Wahrheit und das Leben. Niemand kommt zum Vater denn durch mich« (Joh 14,6). Hier liegt das Problem: Wird mit solchen Sätzen nicht die Tür zum Dialog zwischen den Religionen zugeschlagen? Ist das Johannesevangelium nicht mitschuldig an den Exzessen des christlichen Absolutheitsanspruchs? Ist es nicht zumindest mitschuldig an der langen Geschichte des christlichen Antijudaismus, einer Feindschaft gegen

Juden, die diesen einen Weg zur Wahrheit und zum Leben nicht gehen wollten? Werden nicht die Juden schon im Johannesevangelium in unerträglicher Weise als »Teufelskinder« gebrandmarkt? (Vgl. Joh 8,44)

Ich gestehe, daß mich diese Fragen schon lange quälen. Oft scheint es mir, als hätte das Johannesevangelium zwei Seiten: eine warme, tolerante, mystische – und eine andere Seite: eine kalte, intolerante, dogmatische. Es wäre aber nicht gut, eine Bibelarbeit mit quälenden Fragen abzuschließen. Aber nicht nur aus diesem Grunde möchte ich Ihnen meine Antwort auf diese Fragen nicht vorenthalten.

Dazu ist die Erkenntnis wichtig, daß sich im Johannesevangelium der kerygmatische mit dem mystischen Religionstyp in eigenartiger Weise verbindet: Der Mensch empfängt nicht nur die Botschaft aus einem radikalen Jenseits. Er wird vielmehr durch diese Botschaft verwandelt – wird selbst zur Verkörperung dieser Botschaft. Der Wille, mit dem er von außen konfrontiert wird, wird verbunden mit seinem eigenen Willen im Innern.

Entscheidend ist nun: Was für ein Wille ist das? Wofür wird der Absolutheitsanspruch erhoben? Es wäre einseitig zu sagen, dies geschehe im Johannesevangelium für Jesus selbst. Der johanneische Jesus sagt vielmehr: »Wer an mich glaubt, der glaubt nicht an mich, sondern an den, der mich gesandt hat« (12,44). Die Sendung Jesu, sein Auftrag – das ist das Entscheidende. Immer wieder sagt Jesus im Johannesevangelium, daß er vom Vater gesandt ist. Daß er eine Botschaft bringt. Aber immer wieder rätselt man darüber, was denn eigentlich seine Botschaft sei. Oft scheint es so, als sei seine Botschaft vor allem die, daß er der Bote ist. Tatsächlich konnte man meinen, im Johannesevangelium offenbare der Offenbarer nur, daß er der Offenbarer ist. Aber das ist doch offenbar eine ganz inhaltslose Aussage. Das kann doch nicht alles sein. Nun, in den Abschiedsreden enthüllt Jesus endlich seine Botschaft. Hier sagt er einmal betont, daß er jetzt alles seinen Jüngern sagt, was er beim Vater gehört hat, so daß sie von jetzt ab nicht mehr Sklaven, sondern Freunde sind, nicht mehr Abhängige, sondern Gleichgestellte. Denn nur Freunden sage der Sohn eines Hausherrn alles, was der Vater gesagt hat, nicht Sklaven. Diese Botschaft ist eindeutig. Sie lautet:

»Dies ist mein Gebot, daß ihr euch untereinander liebt, wie ich euch liebe. Niemand hat größere Liebe als die, daß er sein Leben läßt für seine Freunde. Ihr seid meine Freunde, wenn ihr tut, was ich euch gebiete. Ich sage hinfort nicht, daß ihr Sklaven seid; denn ein Sklave weiß nicht, was sein Herr tut. Euch aber habe ich gesagt, daß ihr Freunde seid; denn alles, was ich von meinem Vater gehört habe, habe ich euch kundgetan« (Joh 15,12-15).

Alles hat Jesus damit gesagt. Dies ein und alles ist das Liebesgebot: Damit hat er gesagt, was der einzige Weg zum Vater ist, die einzige Wahrheit, der Zugang zum Leben: Es ist die Liebe. Der Absolutheitsanspruch des Johannes-Evangeliums ist ein absoluter Anspruch der Liebe. Sie ist der Weg, die Wahrheit und das Leben. Niemand kommt zum Vater denn durch sie. Jesus ist nur der Weg, die Wahrheit und das Leben, weil er Bote dieser Liebe ist. An ihn glauben, heißt: Nicht an ihn glauben, sondern an den, der ihn gesandt hat, an Gott selbst. Gott selbst aber wird in den johanneischen Schriften dreimal ausdrücklich definiert: als Geist (Joh 4,24), als Licht (1 Joh 1,5) und als Liebe (1 Joh 4,16). Und immer wird dazu gesagt, daß der Mensch dazu bestimmt ist, teilzuhaben an dem, was Gottes Wesen ausmacht: Gott ist Geist und will im Geist und in der Wahrheit verehrt werden. Gott ist Licht und will, daß Menschen im Lichte leben. Gott ist Liebe. Und wer in der Liebe bleibt, in dem bleibt Gott, und Gott bleibt in ihm. Das ist der Kern der johanneischen Mystik.

Wenn wir Christen uns am Dialog der Religionen beteiligen und darunter leiden, wie schwierig er ist – schwierig wegen der vielen Absolutheitsansprüche, die wir in unseren Traditionen vorfinden, schwierig wegen der Verteilungskämpfe, die mit dem Konflikt der Religionen unlösbar verbunden sind, schwierig wegen der wachsenden Verteilungskämpfe zwischen Ost und West, Nord und Süd – dann sollten wir darauf achten, daß wir einen johanneischen Mystiker in diesen Dialog hineinschmuggeln, hinter dem Rücken der Dogmatiker (auch der johanneischen Dogmatiker). Vielleicht bringt er einen der wichtigsten Beiträge zum Dialog der Religionen, zum Weg auf eine Gottesverehrung im Geist und in der Wahrheit, die alle verbindet. Für die Samaritaner bedeutete dieser Weg zur wahren Gottesverehrung wahrscheinlich damals den Beginn eines allmählichen Abschieds von blutigen Tieropfern. Christen, Juden und Moslems sind ihnen darin weiter gefolgt. Ein entscheidender Schritt vollzog sich aber erst in der Neuzeit, seit der Aufklärung, und er ist noch immer nicht beendet: Entscheidend ist die Überwindung der blutigen Menschenopfer, die man in Religionskriegen und Ketzerprozessen religiösen Absolutheitsansprüchen geopfert hat. Die Gottesverehrung im Geist und in der Wahrheit ist so lange noch nicht erreicht, bis nicht überall klar ist: Es gibt nur einen Absolutheitsanspruch, den der Liebe. An ihm müssen wir alles kritisch messen – auch unsere eigene Religion, auch das Neue Testament, auch den Protestantismus. Wer nicht sich selbst zuerst an diesem Anspruch mißt, hat kein Recht, andere daran zu messen. Wer nicht selbst innere Unabhängigkeit gewinnt gegenüber seinen partikularen Traditionen, kann sie nicht bei anderen einfordern. Auch die Verehrung Gottes im Geist und in der Wahrheit wird immer durch partikulare Traditionen bestimmt sein – bei uns durch jüdische, christliche und humanistische Traditionen. Aber wir sollten diese Traditionen deshalb nicht verabsolutieren. Nur Gott ist absolut, nicht aber die Traditionen, die von ihm zeugen. Nur Gott ist die Wahrheit selbst, nicht aber die Bilder, die wir von ihm entwerfen. Nur Gott selbst ist die letztgültige Wirklichkeit, nicht aber die Tempel, in denen wir ihn verehren – mögen sie nun in Jerusalem oder auf dem Garizim stehen, in Rom oder Wittenberg, in Mekka oder Benares, in Washington oder in Moskau. Denn die Verehrung Gottes im Geist und in der Wahrheit ist erst dort zu ihrem Ziel gelangt, wo jeder einzelne Mensch selbst zum Tempel Gottes wird, in dem sein Geist, sein Licht und seine Liebe wohnen – und wo keiner im Verteilungskampf um Lebenschancen untergeht.

Diese Bibelarbeit wurde am 8.6.1991 auf dem Deutschen Evangelischen Kirchentag im Ruhrgebiet (in Bochum) und in Versailles am 13.10.1991 gehalten. Sie wurde zuerst veröffentlicht u.d.T. »Die Samaritanerin am Brunnen oder: Die Verehrung Gottes im Geist und in der Wahrheit«, in: K.v.Bonin (Hg.): Deutscher Evangelischer Kirchentag Ruhrgebiet 1991, München 1991, 209-221. Eine Auswahl von Quellentexten zu den Samaritanern findet sich bei H.G. Kippenberg/G.A. Wewers: Textbuch zur neutestamentlichen Zeitgeschichte, Göttingen 1979, 89-106.

Der Traum von einem Leben,
das nicht auf Kosten anderen Lebens lebt

(Römer 5,8)

Gott erweist seine Liebe darin, daß Christus für uns gestorben ist, als wir noch Sünder waren.

Über diesen Wochenspruch wollen wir heute morgen nachdenken.

Es ist für viele Menschen anstößig, daß Paulus meint, Gott zeige den Menschen seine Liebe durch das Sterben eines unschuldigen Menschen. Sie fragen: Hat Gott das nötig? Konnte er seine Liebe nicht auf andere Weise zeigen? Handelt er nicht grausam und ungerecht, wenn er seinen eigenen Sohn dem Tod ausliefert? Ist die Bibel in einer zentralen Vorstellung inhuman?

Am Bild vom stellvertretenden Tod Christi wird man sich immer reiben. Auch ich habe mich daran gerieben – bis ich darauf kam, daß das ärgerliche Problem noch tiefer liegt: Nicht darin, daß Gott jemanden einen stellvertretenden Tod sterben läßt, sondern daß wir ständig anderes Leben für uns sterben lassen – nicht nur einmal, sondern immer wieder. Nicht nur in archaischer Vorzeit, sondern in gesteigertem Maße in der Gegenwart.

Ich denke dabei zunächst an die vielen Kreaturen, die der Ausbreitung des homo sapiens zum Opfer gefallen sind – nicht nur die unvorstellbar vielen Individuen, sondern unzählige Arten, deren genetische Information für immer aus dem Prozeß der Welt ausgeschieden ist. Ein Zoologe erzählte mir, er würde seine Vorlesung mit der Feststellung beginnen, daß sich im Laufe der Vorlesung deren Gegenstand gewaltig reduziere. Wir leben in einer Zeit eines unvorstellbaren Artensterbens. Warum? Weil sich unsere Lebensform auf Kosten anderer durchsetzt.

Archaische Gesellschaften wußten etwas von diesem Zusammenhang. Sie wußten, daß Leben auf Kosten anderen Lebens lebt. Im Mittelpunkt der Religion stand jahrhundertelang das blutige Opfer, Tötungsakte, bei denen

man Tiere opferte, in der Hoffnung, das eigene Leben schützen und steigern zu können. Wir haben kein Recht, uns über solche archaischen Gesellschaften erhaben zu fühlen. Wir opfern Tiere in einem gigantischen Aus-
maß – um unser eigenes Leben expandieren und steigern zu können.

Im Blick darauf müßten wir sagen: »Gott erweist seine Liebe darin,
daß Christus für uns gestorben ist, als wir noch andere Lebewesen für uns
opferten.«

Aber leider bleibt es nicht beim Opfer von Tieren. Wir lassen auch
Menschen für uns sterben. Es gibt einen Zusammenhang zwischen dem
Elend unterentwickelter Staaten und unserem Wohlstand. Wenn die Le-
benserwartung anderswo bei 40 Jahren liegt, bei uns aber ca. 70 Jahre
beträgt, so bedeutet das: Das frühere Sterben der anderen hängt damit
zusammen, daß wir sie im Durchschnitt überleben.

Nun könnte man einwenden: Das sind doch sehr indirekte Zusammenhänge. Wir opfern keine Menschen. Über dies archaische Stadium sind
wir hinaus. Andere Gesellschaften mochten sogar ihre Kinder geopfert
haben – wir nicht.

Aber sind wir da so sicher? Opfern wir nicht direkt und indirekt das
Leben unserer Kinder in einer Weise, die alles übertrifft, was vorherige
Generationen hier verübt haben?

Wir leben auf eine so intensive Weise auf Kosten zukünftiger Generationen, wie es in der bisherigen Menschheitsgeschichte noch nie da-
gewesen ist. Wir zerstören die Grundlagen ihres Lebens durch Ausbeu-
tung der Ressourcen und fahrlässige Gefährdung der Umwelt. Aber nicht
nur das. Wir sind auch bereit, das Leben unserer Kinder direkt zu opfern.
Ich denke an die vielen Abtreibungen. Um keine Mißverständnisse hervorzurufen: Ich bin unfähig, irgend jemanden anzuklagen, der eine Abtreibung vollzieht. Zum menschlichen Leben gehört für mich auch die
Liebeszuwendung der Eltern zum neugeborenen Kind – ein von vornherein abgelehntes Leben ist ein totes Leben, ein Leben im Todesschatten
verweigerter Liebe. Aber dennoch meine ich: Jede Abtreibung ist für uns
eine Niederlage – eine Niederlage des Willens zum Leben. Ich bin traurig
über die große Zahl und empfinde tiefe moralische Unsicherheit, ob das
gut ist. Die große Zahl des getöteten, zukünftigen Lebens hält uns den
Spiegel vor Augen: Wir sind auf eine erschreckende Weise bereit, das
Leben unserer Kinder zu opfern, um unser eigenes Leben zu retten, zu
bewahren, wenn nicht sogar zu steigern.

Unser Wochenspruch müßte für uns daher lauten: »Gott erweist seine
Liebe darin, daß Christus für uns gestorben ist, als wir noch andere Menschen für uns sterben ließen.«

Überall, wohin ich sehe, leben Menschen auf Kosten anderen Lebens. Überall leben wir auf Kosten anderen Lebens: auf Kosten der Tiere, der Menschen neben uns, auf Kosten des ungeborenen Lebens. Wir sind alle in einen verhängnisvollen Zusammenhang verstrickt. Keiner ist frei. Keiner ist ohne Sünde. Denn dieser verhängnisvolle Zusammenhang ist Sünde – ist Lieblosigkeit, Verstoß gegen die Verbundenheit allen Lebens.

Wenn einem das als das eigentliche Ärgerliche und Deprimierende klar geworden ist: Daß Menschen anderes Leben stellvertretend für sich selbst leiden lassen, dann kann man das Bild vom stellvertretenden Sterben Christi in neuer Weise verstehen.

Durch das Bild kann uns etwas von der Liebe Gottes aufgehen.

Gott tritt selbst in die Welt, in der Leben auf Kosten anderen Lebens lebt. In Christus ist er allen Menschen nahe, die für andere leiden müssen. In Christus zeigt er, daß er an dieser Welt leidet, wo die großen Fische die kleinen fressen. In dieser Welt erweist Gott seine Liebe darin, daß Christus für uns gestorben ist, damit er uns nahe ist in dieser Welt, in der Leben für anderes Leben stirbt.

Aber mehr noch als das: Gott zeigt eine Alternative zu dieser Welt auf. Er gibt ein Modell für eine Gegenpraxis. Er zeigt: Liebe besteht darin, nicht anderes Leben für sich zu opfern, sondern das eigene Leben für anderes Leben zu opfern oder bescheidener: etwas vom eigenen Leben zu opfern, damit anderes Leben davon etwas hat. Deshalb können wir sagen: »Gott erweist seine Liebe darin, daß Christus für uns gestorben ist, damit wir frei werden von dem Zwang, anderes Leben für uns sterben zu lassen.«

Die ersten Christen haben das so verstanden. Weil Christus alles brachte, was man sich von Opfern erhoffte, beendeten sie die blutigen Opfer. Sie hielten sich fern von Tätigkeiten, die mit Blutvergießen verbunden waren. Zwar hätten sie gesagt: Ein Soldat darf Christ werden (wenn er sich nur möglichst des Blutvergießens enthält) – aber sie hätten kaum gesagt: Ein Christ soll Soldat werden. Auf jeden Fall hatten sie starke Skrupel dabei. Ämter, bei denen man Blut vergoß, lehnten sie ab. Gladiatorenkämpfe fanden sie schlimm.

Wir müssen in einem noch viel umfassenderen Sinne lernen, was es heißt: In Christus ist ein Leben erschienen, das nicht auf Kosten anderen Lebens lebt. Das ist ein Leben, das nicht mehr den Gesetzen dieser Welt unterworfen ist, in dem jedes Leben Vorteile sucht auf Kosten anderen Lebens. Das ist ein Leben, in dem eine neue Welt – mitten in der alten – beginnt.

Es beginnt, wenn wir die Kraft spüren, etwas von unserem eigenen Leben zu opfern, damit alle Kreaturen auf diesem Planeten mit uns leben können.

Es beginnt, wenn wir die Kraft finden, etwas von unseren eigenen Lebensmöglichkeiten einzuschränken, damit auch unsere Kinder auf dieser Erde leben können.

Es beginnt, wenn wir frei vom Zwang werden, anderes Leben für uns selbst opfern zu müssen.

Es beginnt in unseren Herzen, wenn wir den Frieden Gottes spüren, welcher höher ist als alle unsere Vernunft. Er bewahre unsre Herzen und Sinne in Christo Jesu, Amen.

Diese Predigt wurde im Mittwochmorgengottesdienst in der Heidelberger Peterskirche im März 1990 gehalten. Die Wendung vom »Leben, das nicht auf Kosten anderen Lebens lebt« übernehme ich aus einer mündlichen Äußerung des Heidelberger Philosophen R. Wiehl. Sie geht letztlich auf A. Schweitzer zurück vgl. ders.: Aus meinem Leben und Denken, Fischer Taschenbuch 5040, Frankfurt 1980, 120f: »Nun bietet die Welt aber das grausige Schauspiel der Selbstentzweiung des Willens zum Leben. Ein Dasein setzt sich auf Kosten des anderen durch, eines zerstört das andere . Nur in dem denkenden Menschen ist der Wille zum Leben um anderen Willen zum Leben wissend geworden und will mit ihm solidarisch sein. Dies kann er aber nicht vollständig durchführen, weil auch der Mensch unter das rätselhafte und grausige Gesetz getan ist, auf Kosten anderen Lebens leben zu müssen und durch Vernichtung und Schädigung von Leben fort und fort schuldig zu werden ...«

Ist die Kritik des Paulus am Gesetz antijüdisch?
Eine Predigt zum Israelsonntag

(Römer 9,1-5.9,30-10,4)

Ich sage die Wahrheit in Christus, ich lüge nicht – dafür legt mit mir mein Gewissen Zeugnis ab im heiligen Geiste –, daß ich große Traurigkeit und unablässigen Schmerz in meinem Herzen habe. Denn ich wünschte, als ein Verfluchter selber fern von Christus zu sein zum Besten meiner Brüder, meiner Verwandten dem Fleische nach, die ja Israeliten sind, denen die Annahme an Sohnes Statt angehört und die Gegenwart Gottes und die Bündnisse und die Gesetzgebung und der Gottesdienst und die Verheißungen, denen die Väter angehören und von denen Christus dem Fleische nach herstammt. Gott, der da über allem ist, sei gepriesen in Ewigkeit! Amen.
Was sollen wir nun sagen? Heiden nämlich, die nicht nach Gerechtigkeit trachteten, haben Gerechtigkeit erlangt, aber die Gerechtigkeit, die aus Glauben kommt; Israel dagegen, das dem Gesetz der Gerechtigkeit nachtrachtete, ist zu dem Gesetz der Gerechtigkeit nicht gelangt. Warum? Weil [es] nicht aus Glauben [ihm nachtrachtete], sondern wie [wenn sie] aus Werken [käme]. Sie stießen an den Stein des Anstoßes, wie geschrieben steht: »Siehe, ich lege in Zion einen Stein des Anstoßes und einen Felsen des Ärgernisses; und wer an ihn glaubt, wird nicht zuschanden werden.« Ihr Brüder, der Wunsch meines Herzens und mein Gebet zu Gott für sie ist, daß sie gerettet werden. Denn ich bezeuge ihnen, daß sie Eifer für Gott haben, aber nicht mit [richtiger] Erkenntnis. Denn weil sie die Gerechtigkeit Gottes nicht kannten und die eigene geltend zu machen suchten, haben sie sich der Gerechtigkeit Gottes nicht untergeordnet. Denn das Ende (oder Ziel) des Gesetzes ist Christus, zur Gerechtigkeit für jeden, der glaubt.

Alle Predigttexte handeln an diesem Sonntag von Israels Katastrophen und Israels Größe. Auch unser Text. Auf der einen Seite ist Paulus stolz auf sein Judentum: auf die Gegenwart Gottes in der Geschichte Israels, auf der anderen Seite klagt er darüber, daß die meisten Juden den Glauben an Jesus ablehnen – für Paulus eine unbegreifliche Katastrophe, ein Versagen Israels. Paulus trauert über Israel und hofft auf seine Erneuerung durch den christlichen Glauben. Er ist gespalten; und auch wir sind gespalten, aber anders als Paulus. *Wir* trauern darüber, daß das Christentum Israel gegenüber versagt hat, und wir hoffen, daß es sich durch Umkehr von seiner jüdischen Wurzel her erneuert. Im Licht solcher Trauer und Hoffnung wird der Text unheimlich, gerade weil er ein faszinierendes Bild und einen großartigen Gedanken enthält.

Zunächst das Bild: Das Leben ist ein Lauf. Alle Menschen sind unterwegs zu einem Ziel: Gott zu entsprechen. Dies Ziel nennt Paulus Gerechtigkeit Gottes. Juden streben es am klarsten an. Heiden scheinen nicht einmal zu ihm gestartet zu sein. Aber dann kommt etwas Unheimliches in dies Bild hinein. Gott erscheint als Fallensteller. Er legt einen Stolperstein, einen Stein des Anstoßes: Jesus. Ist es nicht heimtückisch, Menschen Steine in den Weg zu legen? Jesus zum Stolperstein zu machen – für Juden, die das große Ziel menschlichen Lebens klarer als alle anderen erkannt haben? Oder ist Jesus vielleicht ein Stolperstein in ganz anderem Sinne, als Paulus meinte – kein Stolperstein für Juden, sondern für Christen. Weil Gott nach christlichem Glauben durch Jesus zugänglich wird, eben darum wird dieser Jesus zum Stolperstein im Dialog mit anderen Religionen, zum Ärgernis zwischen Juden und Christen, zum Anstoß für uns selbst. Wie gerne möchten wir diesen Stein ein wenig abschleifen, die »hohe Christologie« etwas niedriger hängen, damit der christliche Absolutheitsanspruch weniger anstößig wirkt – weniger anstößig nicht nur für die anderen, sondern für uns selbst.

Und nun der Gedanke, der in dies Bild verwoben ist. Paulus formuliert seine Klage über Israels Unglauben mit Worten der Rechtfertigungsbotschaft: Israel sei falsch gelaufen, weil es die Gerechtigkeit Gottes nicht aus Glauben, sondern aufgrund von Werken gesucht habe. Deshalb wurde Jesus zum Stolperstein. Wir wissen: Mit der Erkenntnis, daß nicht Werke den Menschen vor Gott gerecht machen, hat einst die Reformation einen Exodus aus dem Mittelalter eingeleitet. Das war etwas Großartiges: das Aufbrechen eines kirchlichen Herrschaftssystems, das auf der klugen Verwaltung menschlicher Angst basierte. Und es ist nach wie vor etwas Großartiges. Die Rechtfertigungsbotschaft sagt: Die Würde des Menschen ist unabhängig von unseren Handlungen, mit denen wir diese Würde ja oft verraten und verleugnen. Sie ist begründet in einem unantastbaren Ja, das zu jedem Menschen gesprochen wird: zu meinem Leben, zu deinem Leben und besonders zum Leben derer, die wir beide nicht mögen.

Und nun das Irritierende an dieser großartigen Erkenntnis: Sie ist in ihrem Ursprung mit einer Kritik am Gesetz, an der Thora, verbunden, also an dem, was jüdische Identität ausmacht. Im Zentrum protestantischer Identität scheint eine schroffe Abwertung der jüdischen Religion als Werkgerechtigkeit zu stehen. Was unseren Stolz ausmacht, ist gerade die Abwertung dessen, was aus guten Gründen den Stolz von Juden ausmacht. Das ist das Dilemma, in das uns dieser Text stürzt, wenn wir ihn so lesen, wie er weitgehend im Protestantismus gelesen wurde und noch immer gelesen wird.

Aber wollte Paulus so gelesen sein? Wie kam er überhaupt dazu, diese Gedanken niederzuschreiben. Er schreibt in Korinth. Die Korinther hatten ihm einmal bescheinigt, als Redner sei er armselig, als Briefschreiber aber gewaltig. Von diesem Lob beflügelt, will sich Paulus als Schriftsteller in eigener Sache betätigen: Er will mit einem gewichtigen Brief Gerüchte zurechtrücken, er würde das Gesetz (die Thora) auflösen, das Judentum bekämpfen, zwischen Juden und Heiden Unruhe stiften. Korrekturen an solchen Gerüchten waren zweckmäßig angesichts seiner Pläne: Paulus wollte nach Jerusalem reisen, wo die Gemeinde unter Jakobus zu einem relativ friedlichen Verhältnis zur jüdischen Umwelt gefunden hatte – und von da wollte er nach Rom, wo Streit zwischen Juden und Christen erst vor wenigen Jahren zur Vertreibung der Wortführer geführt hatte. Zweifellos: Paulus will nicht als notorischer Störenfried gelten. Er will sein Verhältnis zum Judentum grundsätzlich klären. Er will seine Liebe zu ihm bezeugen – nicht zuletzt, um in Jerusalem und Rom willkommen zu sein.

Die Korinther waren wahrscheinlich sehr stolz auf den von ihnen entdeckten Schriftsteller Paulus. Wahrscheinlich haben sie seinen Brief mehrfach abgeschrieben: eine Kopie für sie selbst, eine für die Gemeinde in Ephesus, eine für die in Rom, eine für Paulus – vielleicht eine für Jerusalem. Und nun stelle ich mir vor, Paulus hätte Antwortbriefe erhalten.

Die erste Reaktion stammt von Rabbi Gamaliel, dem Lehrer des Paulus. Ich lege ihm Worte eines jüdischen Religionsphilosophen aus dem Jahr 1990 in den Mund:

Gamaliel schreibt an Paulus u.a.: »In Deinem Römerbrief hat mich besonders die Vorstellung geärgert, Juden meinten, sie würden durch Taten gerettet, während Christen wissen, daß sie allein durch den Glauben gerettet werden. Wenn ein Jude so denken würde, wie du meinst, dann würde er zu Gott sagen: Erweise mir keine Wohltaten, gib mir nicht mehr, als ich verdiene, aber gib mir auch nicht weniger, als ich verdiene, gib mir genau, was mir zukommt, dann habe ich nichts zu fürchten. Ich bezweifle, daß irgendein Jude je so gedacht hat. Jeder Jude weiß oder sollte wissen: Wenn Gott ihm zahlen würde, was er verdient, nicht mehr und nicht weniger, dann wäre er verloren. Seine einzige Hoffnung hängt von der Gnade Gottes ab. Wenn Gott beschließt, über seine traurige Bilanz hinwegzusehen und ihm Gnade statt Recht zu erweisen, dann hat er Hoff-

nung. Aber sonst gewiß nicht. Wie konntest Du, Paulus, nur ein so ver-
zerrtes Bild vom Judentum als einer Religion der Werkgerechtigkeit entwerfen? Ich habe nur eine Antwort: Du warst so fasziniert von Jesus, so
fixiert auf ihn, daß nichts mit ihm in Wettstreit treten durfte, auch nicht
die Thora. Deswegen mußtest Du die Thora kritisieren.

Du bist wie jemand, der sich nacheinander in zwei Mädchen verliebt.
Deine erste Liebe war das Gesetz. Diese Liebe war echt. Ich weiß es am
besten. Dann kam die zweite Liebe zu Gottes Gnade in Jesus. Und da
machtest Du die Vorgängerin schlecht, um die Nachfolgerin um so mehr
herauszustreichen. Das ist menschlich unreif. Du und Deine Anhänger
werden erst mit sich und Gott versöhnt sein, wenn sie erkennen, wie wertvoll die erste Liebe war.« Soweit Gamaliel (alias Michael Wyschogrod,
Philosophieprofessor in New York).

Die zweite Reaktion stammt von Barnabas, von dem sich Paulus schon
lange getrennt hatte, nachdem sie am Anfang gemeinsam missioniert hatten. Er schreibt:

»Als ich Deinen Römerbrief las, war ich erstaunt, wie Du Dich entwik-
kelt hast. Ich weiß sehr gut, wie das mit Deiner Gesetzeskritik anfing. Da
ging es nicht um die ›Werke des Gesetzes‹ überhaupt, sondern konkret
um zwei, drei Sachen: um Beschneidung, Speisegebote und die jüdischen
Feiertage, also nur um die Gesetze, die Juden und Heiden im Alltag
unterscheiden und trennen. Die wolltest Du aufheben. Du wolltest einen
neuen Typ von jüdischen Gemeinden aufbauen, der für Heiden offen ist –
wo sie so etwas wie ›Ehren-Juden‹ werden konnten.

Aus der Kritik von Teilen des Gesetzes ist bei Dir inzwischen eine
Totalkritik des Gesetzes geworden. Und die wirkt überzogen. Du
schreibst, das Gesetz diene nur dazu, die Sünden zu vermehren. Glaubst
Du im Ernst, das Liebesgebot sei dazu gegeben, um Menschen mehr
sündigen zu lassen? Das ist doch Unsinn! Ich habe nur eine Erklärung
für Deine Entwicklung: Du wurdest angegriffen. Es gab Leute, die wollten für die Heiden in Deinen Gemeinden Beschneidung und Speisegebote wieder einführen. Solange die Thora grundsätzlich galt, konnten
sie sich immer wieder auf sie berufen. Um solchen Versuchen die Basis
zu entziehen, hat sich Deine Kritik an der jüdischen Thora radikalisiert.
Sie mußte insgesamt ungültig sein. Du wolltest so Dein Missionswerk
verteidigen: Deine Gemeinden, in denen Juden und Heiden zusammen
lebten, ohne durch Gesetzesbestimmungen getrennt zu sein. Aus
missionsstrategischen Gründen hast Du das Gesetz mehr in Mißkredit
gebracht, als es das wirklich verdient. Du gibst doch selbst zu, daß es im

Zentrum gut ist. Das Liebesgebot ist auch für Dich die Zusammenfassung aller Gebote. Merkst Du nicht, daß Du Deine Totalkritik am Gesetz nicht widerspruchsfrei durchhalten kannst? Das kommt davon, wenn der Kirchenstratege in Dir den Theologen für seine Zwecke einspannt. Ich hoffe aber, Deine Entwicklung ist noch nicht zu Ende. In diesem Sinne: Barnabas.«

Als dritter meldet sich Jakobus zu Wort, der Leiter der Jerusalemer Gemeinde. Er schreibt:

»Schalom! Dein Römerbrief ist immerhin ein kleiner Fortschritt. Da liest man nichts mehr vom ›endgültigen Zorn Gottes über die Juden‹ wie in Deinem ältesten Brief an die Thessaloniker. Im Gegenteil, jetzt schreibst Du: Ganz Israel wird gerettet. Ausdrücklich betonst Du: Israel ist Gottes Sohn, Gott ist in ihm gegenwärtig, ihm gehören die Bundesschlüsse, es ist unwiderruflich geliebt. Aber ich habe trotzdem ein paar Fragen. Sie betreffen scheinbare Kleinigkeiten. Deine Antwort wäre mir wichtig, um Dich hier in Jerusalem gegen Deine Kritiker in Schutz nehmen zu können. Du schreibst, Israel habe nach dem Gesetz der Gerechtigkeit getrachtet, durch Werke, nicht durch Glauben. Verstehe ich das recht: Das Ziel ist im Prinzip richtig. Das Ziel ist das Gesetz. Nur der Weg dahin ist umstritten. Verworfen wird nicht das Gesetz, sondern die Meinung, man könne es durch menschliches Handeln erfüllen – als könne man je Gottes Willen ganz und gar realisieren. Christentum wäre dann ein neuer Weg zum Gesetz hin – aber nicht vom Gesetz weg. Juden und Christen hätten nach wie vor dasselbe Ziel. Und wenn Du schreibst, Christus sei des Gesetzes TELOS – dann müßtest Du mit TELOS ›Ziel‹ meinen, und nicht ›Ende‹. Aber warum hast Du das nicht ganz deutlich gesagt? Warum nicht?

Weiter sprichst Du von Jesus als Stolperstein. An ihm nimmt Israel Anstoß. Aber später schreibst Du, Israel ist nicht gefallen, sondern nur gestrauchelt. Es ist weiter unterwegs zum Ziel. Verstehe ich das recht: Auch wer an Christus Anstoß nimmt, ist für Dich nicht verloren. Er ist nur gestrauchelt.

Wie gesagt, es wäre gut, wenn Du diese Fragen klärtest, bevor Du Dich hier in Jerusalem blicken läßt. Denn was bisher von Dir zu uns gedrungen ist, klingt manchmal so, als wolltest Du das Judentum überwinden und auflösen und das Gesetz in Mißkredit bringen.« So weit Jakobus.

Als letzter meldet sich Petrus zu Wort, der alte Kontrahent des Paulus. Deshalb beginnt er seinen Brief mit einer besonders freundlichen Anrede:

»Mein lieber Bruder Paulus!
Dein Römerbrief wird bei uns heftig debattiert. Vor zwei Vorwürfen nehme ich Dich gerne in Schutz: Deine Kritik an Gesetz und Judentum ist nicht nur blinde Verabsolutierung Deines neuen Glaubens. Sie ist nicht nur Überhöhung kirchenstrategischer Absichten. Nur vor einem kann ich Dich nicht in Schutz nehmen, vor Dir selbst. Denn was Du über das Judentum schreibst, das bist Du selbst. Das ist Dein Judentum – vor Deiner Bekehrung. Du schreibst, daß Juden ›Eiferer‹ für Gott seien, die in guter Absicht, aber mit falscher Einsicht ihre eigene Gerechtigkeit aufrichten wollen. Genau das hast Du getan! Du warst früher ein schrecklicher Eiferer für das Gesetz – nicht aus Bosheit, sondern mit den besten Absichten. Du schreibst einmal, Du hättest als solch ein Eiferer alle Deine Altersgenossen übertroffen. Da sagst Du ja selbst, daß Dein Eifer eine Ausnahmeerscheinung ist. Dein Judentum ist nicht repräsentativ für alle Juden. In Deinem Römerbrief aber zeichnest Du manchmal, nicht immer, alle Juden nach dem Muster Deiner eigenen Vergangenheit. Deine Kritik am Gesetz ist absolut treffend. Ich finde sie großartig. Ich stimme allem zu – mit einer Einschränkung: Das alles gilt nur für Leute wie Dich. Das alles gilt für Leute, die sich so fanatisch mit ihren Normen und Überzeugungen identifizieren, daß sie abweichende Minoritäten nicht ertragen können. So einer warst Du. Von diesem Fanatismus wurdest Du durch Deine Bekehrung erlöst. Und nun projizierst Du ihn auf alle Juden. Das ist zwar menschlich verständlich, aber es ist trotzdem tief ungerecht.

Weißt Du denn nicht, daß es überall solche Fanatiker gibt? Auch unter Christen. Auch Du warst nicht immer als Christ frei davon. Vor Deiner Bekehrung wolltest Du der Erste im Gesetzeseifer sein, nach Deiner Bekehrung der Erste in der Gesetzeskritik. Deswegen sind wir einmal scharf aneinandergeraten. Ich habe mir deshalb erlaubt, Deinen Text im Römerbrief an einer Stelle abzuwandeln. Er lautet dann so:

›Auch Christen haben nach dem Gesetz der Gerechtigkeit getrachtet und es nicht erreicht. Warum? Weil sie nicht aus Glauben, sondern durch eifernde Werke danach strebten. Daher sind sie am Stein des Anstoßes angestoßen. Der liegt in Zion. Nur wer auf diesen Stein mitten in Israel baut, wird nicht zuschanden. Ich bezeuge euch Christen: Ihr habt Eifer für Gott, aber es ist ein Eifer ohne Einsicht, wenn ihr von eurem Glauben abweichende Minoritäten wie die Juden unter Druck setzt. Diesem Eifer fehlt die Einsicht in das Gesetz Gottes, das im Liebesgebot zusammengefaßt ist. Mit solchem Eifer und Fanatismus sucht ihr nur eure Gerechtigkeit zu errichten, d.h. eure Maßstäbe durchzusetzen, anstatt es Gott zu überlassen, wen er als gerecht beurteilen will. Erkennt doch endlich, daß Christus das Ende des Eifers für das Gesetz, für die Moral und für jede Glaubensüberzeugung ist – und daß erst so das Ziel des Gesetzes, die Liebe, erfüllt wird.‹

Lieber Paulus, ich weiß, Du könntest das noch viel besser formulieren als ich. Es geht mir um die schlichte Einsicht, man solle den Splitter im Auge des Bruders nicht suchen, wenn man im eigenen Auge einen Balken hat. Es wäre gut, wenn Du Deinen heidenchristlichen Anhängern beibringen könntest, das zu bedenken – besonders wenn sie über Juden urteilen.« Soweit Petrus.

Und wie sollen *wir* Paulus antworten? Ich tue es in Form eines Bildes: Das Leben ist nicht nur ein Lauf, es ist ein Examen. Besonders bei uns, an einer Universität, ist es ein Dauerlauf zum Examen. Aber überall gilt: Wir leben nicht nur so dahin, wir müssen ständig Rechenschaft ablegen über das, was wir leisten und tun. Wir werden geprüft. Und so summiert sich das Leben zu einem großen Examen vor der höchsten Prüfungsinstanz. Natürlich haben wir Angst, durchzufallen – und je größer unsere Selbsterkenntnis ist, um so mehr ahnen wir: Wir können nicht bestehen! Die Rechtfertigungslehre des Paulus besteht in einer Änderung der Examensordnung. Sie ist das Neue am Christentum, nicht der Glaube an einen gnädigen Gott oder einen gnädigen Prüfer, den wir mit anderen Religionen teilen. Normalerweise werden am Ende die Leistungen gewogen und das Urteil gefällt. Hier aber erscheint schon vorher ein Bote mit galiläischem Akzent und sagt dir: Du hast bestanden, obwohl du fast in allen Disziplinen des Lebens eingebrochen bist. Natürlich ist das absurd. Für manche ein Ärgernis. Das Examen ist ja noch im Gange, das Leben ist noch im Lauf. Aber wenn du Vertrauen zu dieser Botschaft faßt, dann erlebst du das weitere Examen des Lebens anders.

Dann kannst du freier über Sachen und Probleme reden. Es kommt nicht mehr darauf an, daß du mit Deinen Worten Punkte gewinnst und Eindruck machst. Fehler kannst du offen zugeben und leichter korrigieren. Sie gefährden nicht mehr Existenz und Examen.

Dann kannst du ferner freier mit deinen Mitmenschen umgehen. Keiner kann sich mehr als dein Oberprüfer aufspielen. Keiner dir Angst einjagen. Du hast ja schon bestanden. Aber du kannst auch nicht auf die herabschauen, die im Examen straucheln.

Und schließlich: Du wirst gelassener. Du kannst nicht nur zugeben, daß du viel falsch machst, sondern daß du weite Bereiche des Lebens gar nicht beherrschst, sie kaum kennst. Die Angst, etwas zu verpassen und auszulassen, ist ja heute oft größer als die Angst, zu versagen.

Kurz: Sachlichkeit, Mitmenschlichkeit und Gelassenheit im großen Examen des Lebens – das sind die Früchte des Glaubens, der rechtfertigt. Und was ist mit denen, die nicht glauben? Sie werden nach anderen Examensordnungen geprüft. Und wie immer sie sich verhalten: Wenn du weißt, daß du vor dem höchsten Prüfungsgremium durchgefallen wärest, dann hast du keinen Grund, auf die herabzublicken, die sich nach anderen Examensregeln abmühen und straucheln. Du bist nicht der Prüfer. Sei froh, daß du kein Prüfer bist. Aber du kennst den Prüfer. Und du weißt, daß er es gut mit jedem Menschen meint: mit meinem Leben, mit deinem Leben und vor allem mit dem Leben derer, die anders sind als wir.

Dieser Prüfer ist ein Stolperstein für uns alle. Wir sollten ihn nicht aus dem Wege räumen, sondern ihn dort liegenlassen, wo er liegt: mitten in Israel. Mögen alle über ihn stolpern, die wie Paulus andere wegen ihres abweichenden Glaubens verfolgen. Mögen alle wie Paulus durch ihn zu jenem Glauben kommen, der das Besondere des Christentums ausmacht: Schon jetzt – mitten im Leben, mitten in der Geschichte – bist du freigesprochen. Schon jetzt bist du gerechtgesprochen. Schon jetzt hast du bestanden. Heute schon darfst du das endgültige Urteil Gottes über dich hören. Er sagt ›Ja‹ zu dir.

Und der Friede Gottes, welcher höher ist als unsere Vernunft, bewahre eure Herzen und Sinne in Christo Jesu. Amen.

Diese Predigt wurde am 23.8.1992 in der Heidelberger Peterskirche gehalten. Die Stellungnahme des jüdischen Religionsphilosophen Michael Wyschogrod zu Paulus findet sich in ders.: Die Auswirkungen des Dialogs mit dem Christentum auf mein Selbstverständnis als Jude, in: Kirche und Israel 5 (1990) S.135-147, dort S.141. In der Predigt wird der Text Wyschogrods leicht abgewandelt.

Ehe zwischen Cornflakes und Gott
Eine Traupredigt

___

(Römer 15,7)

___

Darum nehmt einander an, wie Christus euch angenommen hat zu Gottes Lob.

___

Wenn man diesen theologisch volltönenden Spruch hört, ahnt man nicht, auf was für triviale Probleme er sich ursprünglich bezog. In der römischen Gemeinde gab es einen Streit zwischen Gemüse- und Fleischessern, Vegetariern und anderen. Sich gegenseitig annehmen, hieß: die Speisegewohnheiten und Kochphilosophien anderer Menschen zu akzeptieren. Um solch schlichte Dinge geht es auch in der Ehe. Es sind oft nicht die großen Fragen, die in ihr das Leben schwermachen, sondern die kleinen: Ob man nachts mit offenem oder geschlossenem Fenster schläft, ob man die Türen schließt, wer morgens als erster aufsteht und wie man Zahnpastatuben am effektivsten ausquetscht. Die Mahnung: Nehmt einander an, ist in solchen Fällen immer angebracht. Aber sie ist keine Garantie dafür, daß es gutgeht.

Stellen wir uns ein Ehepaar am Morgen seines silbernen Hochzeitstages vor. Es hat zufällig denselben Trauspruch. Heute stellt sie besonders liebevoll die Cornflakes auf den Tisch. Denn seit ihrem ersten gemeinsamen Frühstück nach der Hochzeit hat er immer wieder gesagt: »Wie gut der Tag mit Cornflakes beginnt!« Heute, am 25. Hochzeitstag, aber schlägt er die Hände zusammen und stöhnt: »Kannst du mich nicht wenigstens heute mit deinen Cornflakes verschonen!« Sie fällt aus allen Wolken: »Aber das ist doch deine Lieblingsspeise am Morgen«, sagt sie. Doch er antwortet entschlossen: »Heute ist die Stunde der Wahrheit. Hast du nie gemerkt, daß ich Cornflakes hasse? Aber als du sie mir am Tag nach unserer Hochzeit vorgesetzt hast, da hatte ich noch die unglückselige Predigt unseres Pastors im Ohr: Nehmt einander an!, hatte er gesagt und erklärt, das bezöge sich ursprünglich auf Speisegewohnheiten. Die müsse man beim anderen akzeptieren. Jeder habe hier seine eigene Philosophie. Und ich dachte, du hast eben eine Cornflakes-Philosophie – und die wollte ich akzeptieren, aus lauter Liebe zu dir. Und je mehr es mich Überwindung kostete, Cornflakes zu essen, um so größer erschien mir meine Liebe!« Auch für sie wird der Hochzeitstag zur Stunde der Wahrheit. Denn sie gesteht ihm, daß sie eigentlich schon lange lieber Brötchen als Cornflakes essen würde, aber ihm zuliebe immer darauf verzichtete.

Liebe Gemeinde, wir haben hier eine Predigtkatastrophe mittleren Ausmaßes, die wir unbedingt vermeiden sollten. Deshalb sage ich: Nehmt einander an – aber bitte nicht so! Nehmt einander so an, daß jeder offen zu seinen Wünschen steht und keiner vom anderen erwartet, er werde sie mit telepathischen Fähigkeiten erraten.

Und das führt mich zu einem zweiten Teil des Trautextes. Paulus schreibt nicht nur: Nehmt einander an! Er fügt hinzu: »zum Lobe Gottes«. Auch wer Schwierigkeiten hat, so selbstverständlich von Gott zu sprechen, wie das in einer Kirche geschieht, kann vielleicht unmittelbar nachvollziehen: Der Glaube an Gott schließt die Erkenntnis ein: Wir sind nicht Gott, wir sind Menschen, unvollkommene Menschen. Und das ist wichtig für jede Beziehung und Partnerschaft.

Gott errät, was wir wünschen und wollen, ehe wir es ausgesprochen haben. Aber menschliche Paare und Partner müssen sich ihre Wünsche mitteilen, sonst gibt es den Cornflakes-Effekt. Gott umgibt uns überall. Er steht unbedingt zu uns und hat mit jedem einen unwiderruflichen Bund geschlossen. Aber Menschen können immer nur begrenzt nahe sein, nur begrenzt zu uns stehen, nur begrenzt helfen. Sie sind nicht unbegrenzt belastbar. Wir sollten in unseren Beziehungen von niemandem erwarten, daß er für uns an die Stelle Gottes tritt. Unsere Partner sind immer unvollkommene Menschen.

Vor allem aber sind wir selbst unvollkommen. Keiner, der eine glückliche Ehe geführt hat, wird rückblickend sagen, er sei für die Ehe reif gewesen, als er sie schloß. Keiner wird sagen, er habe je ausgelernt. Es werden immer unvollkommene und unfertige Menschen sein, die eine Ehe schließen und eine Ehe führen. Vor unserer Hochzeit sahen meine Frau und ich einen Film, der hieß: »Die vollkommene Ehe«. Wir sahen ein perfektes Paar. Beide waren schön, beide jung, beide dynamisch, beide erfolgreich, beide gesund. Aber wir haben uns damals gegenseitig versprochen, keine vollkommene Ehe zu führen. Ein merkwürdiges Versprechen am Anfang einer Ehe. Aber es hat uns viel geholfen.

Nehmt einander an zu Gottes Lob – und das heißt: Nehmt einander an als unvollkommene Menschen, als Menschen, die wissen, daß Gott allein vollkommen ist. Aber natürlich ist das auch ein Problem, diese Unvollkommenheit: Wie hält man es mit seiner lebenslänglichen Unvollkommenheit aus – in der Ehe?

Damit komme ich zum dritten Teil des Predigttextes. Paulus sagt nicht nur »Nehmt einander an«, sondern »Nehmt einander an, wie Christus euch angenommen hat zum Lobe Gottes«. Christus hat unvollkommene Menschen angenommen. In diesem Satz steckt das Wichtigste, das ich euch allen heute sagen möchte. Ich habe lange überlegt, wie ich es ausdrücke, daß es euer Herz erreicht, daß es bis dort dringt, wo ihr ganz allein seid mit euch und Gott, dort, wo die Entscheidungen über das Leben fallen. Wieder muß ich euch bitten, eure Phantasie ein wenig spielen zu lassen.

Stellt euch vor, wir wären vor der Schöpfung der Welt bei Gott versammelt. Die Geschicke auf Erden werden verteilt. Jeder erhält seine Rolle. Auch ich erhalte verschiedene Angebote des Lebens.

Beim ersten Angebot sage ich: »Nein, bitte nicht dies enge Leben! Ich möchte die ganze Welt kennenlernen. Ich möchte nicht in so ein kleines Land eingesperrt sein – und wenn es auch ein noch so schönes »Ländle« ist.

Beim zweiten Angebot sage ich: »Nein, bitte nicht dies Leben! Gib mir einen schönen und gesunden Körper. Der Gedanke demütigt mich, daß ich mein Leben lang schwächer als andere sein soll.«

Und auch beim dritten Angebot zucke ich zurück: »Nein, bitte nicht dies Leben mit Menschen, die oft traurig sind. Ich kann es nicht aushalten, wenn andere Menschen in sich versinken, mich durch Schweigen verunsichern, den Kontakt abbrechen.«

Und auch beim vierten Angebot lehne ich ab: »Bitte nicht dies Leben mit ständiger Angst zu versagen. Ich möchte erfolgreich sein wie die andern.«

Ich bekomme natürlich Angst, daß ich die Geduld des Allerhöchsten allzu sehr strapaziere. Aber er ist unbegreiflich gütig. Er sagt: »Wenn du mit all diesen Rollen unzufrieden bist, dann will ich dir zeigen, welche Rolle ich für mich gewählt habe. Vielleicht hilft dir das, dein eigenes Leben zu wählen.«

Und Gott sagt: »Ich werde in einem kleinen Land leben. Meine größte Reise wird mich nicht mehr als 100 km von meinem Geburtsort entfernen. Ich werde ohne Haus und feste Arbeitsstelle sein. Meinen ursprünglichen Beruf werde ich dranstecken. Obwohl ich als Zwölfjähriger viel Begabung zeige, werde ich kein Akademiker sein, vielmehr werde ich einen großen Zorn gegen die Gelehrten entwickeln. Ich werde ein paar Freunde haben, aber sie werden mich im entscheidenden Augenblick verlassen. Ich werde nicht alt werden, sondern als Opfer staatlicher Willkür jämmerlich sterben.«

Ich aber sage: »O, Herr, wie willst du in dieser armseligen Rolle Großes auf Erden bewirken? Wie willst du so die Schöpfung zu ihrem Ziel bringen?«

Und er antwortet: »Ich werde die Menschen davon überzeugen, daß ich sie liebe, weil ich ihnen nahe bin. Ich werde sie durch meine Liebe mehr ändern als durch Macht und Gewalt. Und wenn auch du dein Leben liebst, wirst du es mehr ändern als durch allen Zwang, den du dir antust.«

Ich gebe zu, daß es fast an Verstocktheit grenzt, wenn ich nun sage: »O Herr, in deiner souveränen Freiheit und Liebe fällt es dir leicht, ein so armseliges Leben anzunehmen. Aber ich bin ein unvollkommener Mensch, ein armer Wurm. Ich bin nicht so frei, ich bin nicht so souverän.«

Und er sagt: »Glaube, glaube mir nur – und du wirst Anteil an dieser Freiheit und Souveränität haben.«

Spontan bitte ich: »Dann gib mir wenigstens eine große Portion von diesem Glauben!«

Aber er schüttelt den Kopf: »Du bekommst nur die normale Ausstattung – und auch einen normalen Anteil an Zweifel hinzu. Auch wenn du zufälligerweise in Schwaben geboren werden solltest, glaub nicht dem Gerücht, daß man in diesem Land von Geburt an frömmer ist als anderswo«

Aber da du so kleinmütig bist, habe ich für dich noch eine Hilfe. Ich habe die Schöpfung so eingerichtet, daß Menschen einander wertschätzen und lieben – in Freundschaft und Sympathie, in gemeinsamer Arbeit und gemeinsamer Freizeit. Für dich aber und für viele andere habe ich etwas Besonderes vorgesehen:

Es gibt einen Menschen auf der Welt, der wird dich über alles lieben. Du wirst ihn finden. Und er wird dich finden. Ich werde eure gegenseitige Wahl akzeptieren und eure Beziehung segnen.

Ihr werdet alles gemeinsam haben: Tisch und Bett, Körper und Gedanken, Wohnung und Geld, Brötchen und Cornflakes, Erinnerungen und Pläne, Erfolg und Mißerfolg, Glück und Traurigkeit.

Wenn es dir schwerfällt, dein Leben anzunehmen, – durch seine Liebe ist es angenommen. Sie wird dir helfen, ja zu dir zu sagen. Und wenn es ihm schwerfällt, es zu akzeptieren – deine Liebe wird ihm helfen.

Beide dürft ihr durch eure gegenseitige Liebe Abbild meiner Liebe zu meinen Geschöpfen sein. Beide seid ihr meine Kinder.

Und ich will euch zwei Gaben mitgeben, die euch viel helfen werden: Hoffnung und Humor – Humor, daß ihr über euch lachen könnt, über eure kleinen Mucken, Cornflakes-Katastrophen und eure lebenslange Unfertigkeit.

Liebe Gemeinde,

all das möge euch Gott ins Herz geben: Glaube, Liebe, Hoffnung und ein wenig Humor. Heute fällt es euch vielleicht leichter als sonst, das Leben gut und schön zu finden. Aber ich weiß – an solchen Tagen wie heute spüren auch manche noch tiefer ihre Einsamkeit und Enttäuschung. Niemandem unter uns bleiben dunkle Stunden erspart – und manchmal sind es Jahre, quälend lange Jahre. Euch allen möchte ich darum heute zurufen:

Nehmt euch an, wie Christus euch angenommen hat! In ihm hat Gott gezeigt, daß er nicht bei erträumten und nicht bei vollkommenen Menschen zu Hause sein will, sondern bei real existierenden Menschen, bei Menschen wie dir und mir, bei Menschen wie diesem Paar.

Wenn sie heute ja zueinander sagen, so sprecht dies Ja leise mit – als ein Ja zu ihrer Beziehung, als ein Ja zu eurem Leben, als ein Ja zu euren Mitmenschen. Und selbst, wenn ihr es jetzt nicht spürt: Euer Ja ist Antwort auf ein größeres Ja, das Gott schon immer zu eurem Leben gesprochen hat und bis in alle Ewigkeit sprechen will. Wir hören es oft nicht. Wir verbohren uns in unser Leid, in unser Versagen, unsern Frust und unsere Aggressionen. Aber Gott will mit diesem Ja immer wieder unsere Verhärtungen durchdringen und jedem von uns versichern:

Du bist ein geliebter Mensch, Du bist kostbar und wertvoll, Du bist Gottes Ebenbild, Du bist ein Gedanke Gottes. Euch beiden wünsche ich, daß ihr dies vielstimmige Ja heute spürt, all die Liebe und Freundschaft, die so viele Menschen euch entgegenbringen. Und daß ihr im Rückblick auf eure Hochzeit sagen könnt: Es war ein guter Spruch, den wir ausgewählt haben:

Nehmt einander an, wie Christus euch angenommen hat zu Gottes Lob

---

Und last not least wünsche ich euch, daß ihr nicht erst am 25. Hochzeitstag entdeckt, was ihr eigentlich lieber mögt: Brötchen oder Cornflakes.

Und der Friede Gottes, welcher höher ist als alle unsere Vernunft, bewahre unsere Herzen und Sinne in Christo Jesu. Amen.

Diese Predigt wurde am 1.9.1990 gehalten. Die Geschichte von den Cornflakes habe ich durch mündliche Tradition kennengelernt.

Von den sympathischen Seiten des katholischen Eheverständnisses
Predigt zu einer ökumenischen Trauung

(Römer 15,7)

Nehmt einander an, wie Christus uns angenommen hat

Die Aufforderung des Paulus richtet sich an zwei zerstrittene Gruppen in der römischen Gemeinde: an eine Gruppe, die grundsätzlich kein Fleisch aß, und eine andere, die das Fleischessen fast zur Bekenntnisfrage machte. Es war eine Art Konfessionsstreit. Unser Text ist daher ein ausgezeichneter Trautext für eine konfessionsverbindende Ehe.

Der etwas schwerfällige Begriff »konfessionsverbindende Ehe« bringt eine Hoffnung zum Ausdruck: Daß Ehen wie diese Vorläufer einer umfassenderen Verbindung zwischen den Kirchen sind. Einzelne Christen haben größere Freiheiten, aufeinander zuzugehen als Bischöfe und Synoden. Sie können Grenzen unterwandern, die noch immer zwischen den Konfessionen existieren. Man kann sagen: Vielen katholisch-protestantischen Ehen gelingt besser als den Kirchen, sich gegenseitig anzunehmen, wie Christus sie angenommen hat. Das erste, was ich euch daher wünschen möchte, ist: Führt eure Ehe so, daß sich Bischöfe und Synoden wenigstens in dieser Hinsicht ein Beispiel an euch nehmen können.

Aber auch umgekehrt gilt: Das Verhältnis zwischen katholischer und protestantischer Kirche kann Vorbild für eine Ehe sein, besonders dann, wenn Ehen älter werden. Unbestreitbar ist: Die Kirchen reiben sich an vielen Punkten aneinander. Ein richtiger Protestant wie ich wird immer Schwierigkeiten mit den drei Ps haben: mit Papst, Priestertum und Pille. Und die Schwierigkeiten nehmen heute oft sogar zu, etwa dadurch, daß die protestantischen Kirchen Frauen zu Pastorinnen machen, Frauen jedoch grundsätzlich vom katholischen Priestertum ausgeschlossen sind.

Und umgekehrt wird man auf die Frage, ob denn die protestantischen Kirchen richtige Kirchen sind, auch von progressiven katholischen Theologen noch immer eine Antwort wie von Radio Eriwan hören: »Im Prinzip ja, aber ...«

Wir dürfen uns über die fortbestehenden Grenzen und Probleme daher keine Illusionen machen. Haben wir ein paar Probleme gelöst, tauchen neue auf. Gerade deshalb sollten wir uns freuen, daß wir mit Phantasie und Geduld, Klugheit und Humor Wege gefunden haben, gut miteinander zu leben – daß Gemeinden sich gegenseitig besuchen, daß Pastoren mit Priestern befreundet sind, daß wir heute diesen Traugottesdienst ganz selbstverständlich gemeinsam feiern können. Wir haben gelernt, Gemeinsames zu sehen und auch das Fremde als Bereicherung zu erleben. Wir haben gelernt, uns trotz wunder Punkte gegenseitig anzunehmen.

Eben deswegen kann das Verhältnis zwischen den Konfessionen ein Vorbild für eine Ehe sein. Jedes Ehepaar entdeckt früher oder später die wunden Punkte, bei denen man sich aneinander reibt – und die dann drei ganz andere Ps zur Folge haben:

Zunächst kleine Peinlichkeiten,

dann mittlere Pisakereien,

schließlich die großen Partner- und Pantoffeldramen.

Das beginnt bei Kleinigkeiten, ob man die Heizung bei 18 oder 22 Grad einstellt – und endet bei der Strategie für den Umgang mit der Schwiegermutter.

Das zweite, das ich euch daher wünsche, ist: Findet immer wieder mit Phantasie und Geduld, Klugheit und Humor Wege, um zueinanderzufinden – auch wenn manche Fragen ungelöst bleiben. Meßt das Gelingen eurer Ehe nicht daran, ob es Probleme gibt oder nicht – sondern daran, wie ihr mit diesen Problemen umgeht und wie ihr sie bewältigt.

Entscheidend ist m.E., daß man dem andern nicht nur mühsam verzeiht, daß er anders ist – sondern daß man lieben lernt, worin er anders ist. Das gilt für die Ökumene wie für die Ehe. Ich möchte das an einem Beispiel deutlich machen und spreche dabei ganz persönlich für mich. Ich habe eine heimliche Sympathie für das katholische Eheverständnis – trotz all der Differenzen, die mit den oben zitierten drei Ps zusammenhängen. Ich habe im katholischen Eheverständnis etwas entdeckt, das mich angesprochen hat – und möchte es an euch und an die ganze Gemeinde weitergeben.

Nach katholischem Verständnis ist die Ehe ein Sakrament, etwas, wodurch Gott seinen Geschöpfen Heil vermittelt und ihnen hilft, daß ihr Leben erfüllt wird und gelingt – jetzt und in Ewigkeit. Hier ist ein Ort, wo Gott den

Menschen nahe ist. Protestanten meinen dagegen, daß Gott überall in der Welt nahe ist – im Beruf ebenso wie zu Hause, beim Windelnwaschen und Kochen ebenso wie in Büro und Fabrik. »Die Ehe ist ein weltlich Ding«, sagt Luther; und er meint damit, daß Gott uns in ihr so nah und so fern ist wie überall in unserem Leben.

Ich denke hier im Prinzip ganz und gar protestantisch, aber ich habe drei Entdeckungen bei unseren katholischen Freunden gemacht.

Die erste Entdeckung: Gott ist zwar überall anwesend. Man kann daher keine Stelle im Leben als besonders »heilig« ein- oder ausgrenzen. Aber Gott läßt sich nicht überall in gleicher Weise finden. Wir finden ihn eher dort, wo sich zwei Menschen in Liebe zusammentun – als dort, wo sie im Streit auseinandergehn. Wir finden ihn dort, wo zwei Ehepartner einander rückhaltlos ja sagen – so daß man spürt: Dies Ja ist ein Echo des großen Jas, das Gott zu seiner Schöpfung sprach, als er sagte: »Und siehe, es war alles sehr gut«. Wir finden ihn dort, wo zwei Ehepartner einander annehmen, obwohl der eine krank wird, eine Krise durchmacht, unglücklich wird. Wir finden ihn dort, wo gelebt und nicht nur gepredigt wird: Nehmt einander an, wie Christus euch angenommen hat. Denn Christus hat keine erträumten Menschen angenommen, sondern wirkliche Menschen, Menschen wie dich und mich, Menschen wie dies Paar. Wenn Sakrament alles ist, wodurch Gott hilft, daß das Leben erfüllt und seine Nähe erfahrbar wird – dann verstehe ich ohne weiteres, warum man die Ehe als Sakrament betrachten kann, als etwas Heiliges und Heilsvermittelndes. Und darum wünsche ich euch: Erfahrt auch eure Liebe als etwas Heiliges – als etwas, das in einer größeren Liebe geborgen ist, die uns im Mutterleib umfängt und im Tod noch umschließt.

Und nun meine zweite Entdeckung: Das Sakrament der Ehe umfaßt nach katholischem Verständnis auch die sexuelle Vereinigung als Ausdruck gegenseitiger Zuneigung. Diese Zuneigung ist Zweck in sich selbst. Niemand darf den anderen zum Mittel machen. Niemand darf ihn zum Zweck des Genusses instrumentalisieren oder zum Zweck der Karriere oder zum Zweck des Kinderkriegens. Liebe und Zuneigung haben ihren Zweck in sich selbst. Nur so können wir für unsere Kinder einen Raum schaffen, in dem auch sie sich um ihrer selbst willen akzeptiert fühlen. Das gelingt am besten dort, wo sich auch die Eltern gegenseitig akzeptieren – um ihrer selbst willen, so wie sie sind, mit Haut und Haaren, mit ihrem ganzen Körper, mit Gesten und Zärtlichkeiten. Denn das ist die Sprache, die auch Kinder schon früh verstehen. Und es ist eine Spache, die wir noch bis ins hohe Alter verstehen, wenn uns andere Sprachmittel schon nicht mehr zugänglich sind: die Sprache des Körpers. Darum wünsche ich euch: Erfahrt eure Liebe als etwas, das den ganzen Leib umfaßt – nicht nur jetzt, wo ihr jung seid, sondern ein ganzes Leben lang. Nehmt einander an, wie Christus euch angenommen hat, das heißt auch: Laßt euren Körper zur Sprache der Liebe werden. Werdet ein Fleisch, wie die Bibel sagt. Denn auch Gott ist in Christus Fleisch geworden und hat so seinen Geschöpfen seine Liebe gezeigt.

Und nun meine dritte Entdeckung. Protestanten kritisieren oft die Trennung von Priestern und Laien im Katholizismus. Aber wenige wissen, daß diese Trennung in der Ehe ein Stück aufgehoben ist. Die Ehepartner spenden sich das Sakrament der Ehe gegenseitig. Sie rücken in die Rolle des Priesters. Sie üben ein Stück allgemeines Priestertum. Wenn sie sich vor dem Altar Liebe und Treue versprechen, so ist der Priester nur ihr Assistent, nicht mehr. Und mehr noch: Wenn sich Ehepartner das Sakrament der Ehe spenden, dann handeln sie gleichberechtigt. Es gibt hier keinen Unterschied zwischen Mann und Frau. Es fallen all jene Unterschiede weg, die wir in unseren tatsächlich gelebten Ehen nur mühsam überwinden – auch in Korrektur jahrhundertealter christlicher Vorstellungen. Gerade deshalb sei betont: Die Auffassung der Ehe als Sakrament stellt beide Ehepartner gleichberechtigt nebeneinander und macht sie zum Subjekt des Handelns aneinander. Darum wünsche ich euch: Erfahrt euch in eurer Ehe als gleichwertige Partner – und das besonders dann, wenn sich herausstellen sollte, daß es Ungleichheiten gibt, daß der eine in mancher Hinsicht schwächer ist als der andere, weniger Geschick hat oder weniger erfolgreich ist. Gerade dann bewährt sich diese grundsätzliche Gleichberechtigung der Ehepartner vor Gott, die unabhängig von eurem Geschick und Können gegeben ist und an der niemand rütteln darf.

Vielleicht versteht ihr jetzt, warum ich eine Sympathie für das katholische Eheverständnis habe. Ich habe hier etwas sehr Lebensbejahendes, Warmherziges und Menschliches gefunden: Daß eine Ehe etwas Heiliges ist, daß sie auf der Sprache des Körpers basiert und auf der Gleichwertigkeit der Partner beruht. Alle drei Züge hängen eng mit dem Verständnis der Ehe als Sakrament zusammen. Protestanten mögen diese Auffassung nicht teilen, aber sie können teilen, was in ihr zum Ausdruck kommt. Wir können hier voneinander lernen.

Denn das wünsche ich euch vor allem: Lernt voneinander. Verzeiht dem andern nicht nur, daß er anders ist, sondern versucht, gerade dies andere zu lieben und es als Bereicherung zu erfahren. Das gilt für die Ökumene. Das gilt für die Ehe. Das gilt erst recht für eine ökumenische Ehe. Ihr habt hier eine besondere Chance. Ihr werdet sie ergreifen, wenn ihr eurem Trautext folgt:

Nehmet einander an, wie Christus uns angenommen hat.

Wenn ihr dies tut, so wird der Friede Gottes eure Herzen und euer Haus erfüllen, und ihr werdet etwas Licht in eine Welt bringen, die oft sehr dunkel und kalt ist. Amen.

Diese Traupredigt wurde am 8.9.1990 gehalten. Meine Interpretation des katholischen Eheverständnisses orientiert sich an den humaneren Varianten katholischer Ehelehre. Daß man die enge Verbindung von Sakrament und Sexualität auch primär durch den Zweck der Kindererzeugung begründen kann, ist mir bekannt. Aber von der biblischen Grundlage des katholischen Eheverständnisses her (Eph 5,22-33 – die Vulgata übersetzt dort in 5,32 »Geheimnis« mit sacramentum), schlägt immer wieder die Ausrichtung der sexuellen unio auf die Liebesgemeinschaft von Mann und Frau durch: Von Kinderzeugung ist in Eph 5,22-33 nämlich nirgendwo die Rede. Ich brauche Differenzen im protestantischen und katholischen Eheverständnis nicht zu betonen, z.B. die unterschiedliche Haltung zur Scheidung.

Wenn die Masken fallen
Protestantischer Aschermittwoch nach der Wende?

(2 Korinther 3,16-18)

Sobald sich ... einer dem Herrn zuwendet, wird die Hülle entfernt. Der Herr aber ist der Geist, und wo der Geist des Herrn wirkt, da ist Freiheit. Wir alle spiegeln mit enthülltem Angesicht die Herrlichkeit des Herrn wider, und werden so in sein Ebenbild verwandelt, von Herrlichkeit zu Herrlichkeit, durch den Geist des Herrn.
(Einheitsübersetzung)

Heute, am Aschermittwoch, fallen die Masken. Heute werden die Hüllen entfernt. Was sichtbar wird, ist manchmal der Katzenjammer des Alltags. Aber mit jeder Maske, die fällt, ist eine Hoffnung verbunden: Daß die Wahrheit zutage kommt – auch wenn sie bitter ist.

Ich erinnere mich, wie wir in unserer christlichen Jugendgruppe an Karnevalstagen wegfuhren – weit weg von den Orten, wo Menschen hinter Masken den Ausstieg aus dem Alltag probierten. Uns erfüllte ein protestantischer und puritanischer Stolz: Daß wir es nicht nötig hatten, uns hinter Masken zu verstecken, um unser eigentliches Leben zu finden. Sich ohne Selbsttäuschung dem eigenen Leben zu stellen, nicht in die Scheinfreiheit einer Maske zu fliehen – das war die Botschaft zum Karneval, die ich in meiner Jugend oft gehört habe.

In einer zweiten Phase meines Lebens bekam ich Zweifel: Ob nicht dieser Puritanismus meiner Heimat selbst nur eine Maske war? Eine etwas lustlose Maske aus strengen Anforderungen an eine rationale Lebensführung! Ob unkompliziertere Zeitgenossen – Katholiken und andere Weltkinder – nicht gerade dieser lustlosen Maske für ein paar Tage entrinnen wollten: der Maske der Gewohnheit, der Pflicht und der Disziplin? Kam in diesem Ausbruch aus dem Alltag nicht auch ein Stück Wahrheit zutage? Ein Stück inneres Chaos, das zum Leben gehört – und das sich gutbürgerlichen Normen entzieht? War das nicht erst Freiheit? Manche moderne Selbstentfaltungskultur ist in der Tat ein chronischer Karneval.

Und noch später, in einer dritten Phase meines Lebens, ging mir auf: Auch solche Selbstentfaltung ist oft nur Entfaltung nach Schablone. Schon die eigene Biographie wird nach Schema F umgedichtet: Am Anfang stand die heimliche Vergewaltigung des Kindes durch Erziehung und Religion, die das Kind natürlich nicht durchschaute. Aber dann kam der Augenblick der großen Erleuchtung, durch die du dich dem Zugriff all dieser dunklen Mächte entzogen hast. Der Funke der Erkenntnis (der »Gnosis« würde man in der Frühzeit des Christentums sagen) war in dich geflogen, und du erkanntest, daß du ein freies Wesen bist. Du erwachtest aus tiefer Trunkenheit. Aber auch das ist nur Erleuchtung nach einem alten mythischen Muster. Machen wir uns nichts vor. Wir reißen uns zwar immer wieder alte Masken ab. Aber am Aschermittwoch fallen nicht alle Masken. Sie werden nur ausgetauscht: die Maske des Karnevals gegen die Maske des Alltags.

Und deshalb frage ich heute zuletzt: Wer bin ich eigentlich, hinter allen Masken und Rollen, die ich gelernt habe? Hinter der Rolle meines Berufs als Lehrer, wo man immer so unheimlich positiv sein muß? Auch das kann Maske sein! Hinter der Rolle meiner linksliberalen Überzeugungen, die auch nicht mehr ganz auf der Höhe der Zeit sind? Auch sie können zur Maske werden. Hinter meiner Rolle als Bürger, Theologe, Kollege, Vater und Freund? Wer bin ich? Oder gibt es hinter all diesen Rollen nur ein gähnendes Loch? Ein Nichts?

Unser Text enthält dazu eine wichtige Botschaft. Was du hinter allen Masken, Hüllen und Rollen bist, das ist, was Gott in dir sieht: sein Ebenbild, Ebenbild des undurchdringlichsten Geheimnisses der Wirklichkeit. Von diesem Geheimnis Gottes kannst du dir kein Bild machen. Und deshalb kannst du dir auch von dir selbst kein Bild machen. So wenig wie von Gott selbst. Du kennst dich selbst nicht. Aber du bist erkannt. Was du eigentlich bist, das ist, was in dir Echo und Antwort auf Gottes Ruf ist. Antwort auf seinen Ruf: Wo bist du, Adam?

Ich glaube, daß dieser Ruf Gottes in Jesus an jeden Menschen geht. Etwas vom Licht Gottes leuchtet in ihm in einer dunklen Welt auf. Durch ihn erhalten alle eine Chance, sein Licht widerzuspiegeln.

Und deswegen bin ich heute mit dem Puritanismus meiner Herkunft versöhnt. Gewiß, er hat mich von der Poesie des Karnevals ferngehalten. Aber er gab mir etwas Poetischeres mit auf den Weg: die Geschichten von Israel, Jesus und Paulus, die Geschichte eines langen Dialogs mit Gott. Und er gab mir damit das beste Gegenmittel zu dem, was die Gefahr jedes Puritanismus ist: dem Moralismus. Der verblaßt angesichts der Geschichten von Jesus, der sich den Gestrandeten und Gestrauchelten zuwandte.

So daß ich bis heute zwei Motive in mir spüre, wenn es um Masken und Demaskierung geht: Moralismus und Antimoralismus.

Beide sind in mir lebendig, wenn ich an die große Demaskierung denke, die heute in Deutschland vor sich geht: an die Offenlegung der Stasi-Akten.

Da ist mein puritanischer Moralismus: Alle Masken müssen fallen. Die bitterste Wahrheit ist besser als die Lüge. Und es werden noch viele bittere Wahrheiten ans Licht kommen. Bittere Wahrheiten für uns Protestanten. Vielleicht wird der Slogan von 1968 »Unter den Talaren Muff von tausend Jahren« einmal gutmütig wirken – verglichen mit dem neuen Slogan »Unter den Talaren Gift von 40 Stasi-Jahren«. Aber die Wahrheit muß heraus. Besser ist es, wir Christen wirken selbst dabei mit, als daß wir uns diese Auseinandersetzung mit der Wahrheit von außen aufnötigen lassen. Dann wird sich auch herausstellen, wie viel Mut und Tapferkeit in diesen 40 Jahren geschehen sind. Und manche Verdächtigungen werden korrigiert werden müssen.

Gleichzeitig gibt es in mir einen kräftigen Antimoralismus: Was immer hinter den Masken erscheint: es sind Menschen wie wir. Jeder von ihnen ist ein Ebenbild Gottes, in jedem will sich Gott widerspiegeln. Auch dem Schuldigen will Gott eine Chance geben, seine Würde wiederzugewinnen. Jedem IM. Jedem Pastor, der sich in Schuld verstrickt hat. Auch jedem Verfolger und Unterdrücker.

Unser Text, der von der Entfernung aller Hüllen spricht, gibt uns dazu einen Hinweis. Paulus sagt hier nämlich auch etwas über sich selbst. Wenig später schreibt er an die Korinther, wie ihm die Herrlichkeit Gottes aufgegangen ist. Er spricht von seiner Bekehrung. Er spricht davon, daß ein Licht in seinem Herzen aufstrahlte. Er spricht davon, wie von seinem Herzen die Hülle genommen wurde. Er sah Christus als Ebenbild Gottes. Und wurde aus einem Verfolger zu einem, der sich auf die Seite seiner Opfer stellte. Er hatte einst die Kirche demoralisieren und zerstören wollen. Aber ihn traf der Ruf Gottes. Er wurde ein anderer. Damals wurde ihm die Maske von seinem Leben gerissen. Damals begegnete er der schmerzlichen Wahrheit über sich selbst.

Heute, am Aschermittwoch, sollten wir bejahen, daß die Masken fallen. Und wir sollten allenfalls bedauern, daß sie nicht überall fallen. Was käme bei uns nicht alles an Unrat heraus, wenn alle Akten des Staates und des Verfassungsschutzes öffentlich zugänglich würden!

Aber halten wir uns immer das Bild des Paulus vor Augen: Wenn selbst aus Paulus, dem Verfolger, ein Werkzeug der Liebe Gottes geworden ist – was kann aus ehemaligen IMs, aus Stasileuten, aus SED-Mitgliedern noch alles werden! Vergessen wir nicht: Es ist menschlich, sich zu verfehlen. Aber es ist unmenschlich, jemandem die Chance zur Umkehr zu nehmen.

Die äußere Freiheit wurde in ganz Deutschland unter günstigen Bedingungen geschaffen. Aber wir stehen in Gefahr, diese Freiheit den Menschen wieder zu nehmen, wo wir ihnen die Freiheit zur Umkehr nicht lassen.

Das können wir aus unserem Text lernen: Wenn jemand umkehrt, dann fällt die Maske. Dann wird der Geist der Freiheit lebendig. Und selbst wer ein beschädigtes Ebenbild Gottes war, wird neu verwandelt in Gottes Bild. Er wird aus einem geduckten Menschenkind wieder zum Ebenbild seiner Herrlichkeit.

Diese Predigt wurde am 4.3.1992 im Mittwochmorgengottesdienst in der Heidelberger Peterskirche gehalten. Ende 1991 war das Buch von G.Besier / S.Wolf: »Pfarrer, Christen und Katholiken. Das Ministerium für Staatssicherheit der ehemaligen DDR und die Kirchen« erschienen und hatte eine lebhafte Diskussion über die Rolle der Evangelischen Kirche in der DDR ausgelöst. Ich habe diese Predigt bewußt so gelassen, wie ich sie damals formuliert habe. Die Diskussion ist weitergegangen. Die Befürchtung, die Kirche sei fest in den Griffen des »Stasi« gewesen, hat sich m.E. als unbegründet erwiesen: Manche Verdächtigungen mußten korrigiert werden, wie ich damals hoffte.

Die Kleinkriege des Alltags
und die Sehnsucht Gottes nach dem Menschen

(Jakobus 4,1-10)

---

*Woher kommen die Kriege bei euch, woher die Streitigkeiten? Doch nur vom Kampf der
Leidenschaften in eurem Innern. Ihr begehrt und erhaltet doch nichts. Ihr mordet und seid
eifersüchtig und könnt dennoch nichts erreichen. Ihr streitet und führt Krieg. Ihr erhaltet
nichts, weil ihr nicht bittet. Ihr bittet und empfangt doch nichts, weil ihr in böser Absicht
bittet, um es in eurer Leidenschaft zu verschwenden. Ihr Ehebrecher, wißt ihr nicht, daß
Freundschaft mit der Welt Feindschaft mit Gott ist? Wer also ein Freund der Welt sein will,
der wird zum Feind Gottes. Oder meint ihr, die Schrift sage ohne Grund: Eifersüchtig sehnt
er sich nach dem Geist, den er in uns wohnen ließ. Doch er gibt noch größere Gnade;
darum heißt es auch: Gott tritt den Stolzen entgegen, den Demütigen aber schenkt er seine
Gnade.*

*Ordnet euch also Gott unter, leistet dem Teufel Widerstand; dann wird er vor euch
fliehen. Sucht die Nähe Gottes; dann wird er sich euch nähern. Reinigt die Hände, ihr
Sünder, läutert euer Herz, ihr Menschen mit zwei Seelen! Klagt und trauert und weint!
Euer Lachen verwandle sich in Trauer, eure Freude in Betrübnis. Demütigt euch vor dem
Herrn; dann wird er euch erhöhen.*
(Einheitsübersetzung)

Woher kommen die Konflikte unter euch? Woher der Streit? Diese Frage
stellt der Text an uns. Er fragt nicht: Warum gibt es so viel Streit in der
Welt? Er fragt nach dem Streit in der Gemeinde, unter uns. Er will keine
theoretische Antwort, sondern eine praktische: Er will uns dazu bringen,
unsere Konflikte neu zu sehen und anders zu bewältigen.

Befremdlich bei dieser Frage ist die Ausweitung auf Mord und Totschlag.
Plötzlich hören wir den Vorwurf: »Ihr mordet und streitet«. Das fällt so aus
dem Rahmen der Kleinkriege in der Gemeinde heraus, daß manche meinen: Hier hat ein Abschreiber ein paar Buchstaben vertauscht. Hier wurde
aus griechisch Neid »Mord«, aus phthoneite ein phoneuete. Wie immer es
war: Die Entwicklung vom Neid zum Mord geschieht leider nicht nur auf
Papier und Papyrus, sondern oft genug auch in der Realität. Die Bosheit,

die sich in den Kleinkriegen des Alltags verbraucht, muß ja nur ein wenig koordiniert, muß gegen ein Ziel oder eine Gruppe von Menschen gerichtet werden – und schon wird aus alltäglichem Vorurteil Mord und Totschlag. Wir erleben es fast jede Woche – mitten in unserem Land.

Die Frage ist also berechtigt: Woher kommen die Konflikte unter euch? Schwierigkeiten macht die Antwort des Jakobusbriefes. Er reduziert das Problem auf ein großes ENTWEDER-ODER, das er in drei Varianten seinen Hörern einhämmert.

Das erste ENTWEDER-ODER klingt sehr theologisch: Gott oder die Welt – das ist die Alternative. Freundschaft mit der Welt ist Feindschaft mit Gott.

Das zweite ENTWEDER-ODER klingt mythologisch: Gott oder der Teufel – das ist hier die Frage. Ordnet euch Gott unter und widersteht dem Teufel, so lesen wir.

Das dritte ENTWEDER-ODER klingt psychologisch, aber dennoch etwas altmodisch: Gott oder die Leidenschaften. Oder genauer: Demut oder Leidenschaft. Ursache des Streits zwischen den Menschen sei letztlich der Streit der Leidenschaften im Menschen.

Der Jakobusbrief will von uns eine Entscheidung gegen die Welt, gegen den Teufel, gegen die Leidenschaften. Wobei diese drei dunklen Größen ineinander verschwimmen. Er sagt weiter: Diese Entscheidung erfordert Trauerarbeit. Loslösung von vielem, was uns etwas wert ist. Abschied von Lachen und Freude in der Welt. Und was verheißt er dafür? Er verheißt die Nähe Gottes. Nähert euch Gott, und er wird sich euch nähern. Demütigt euch, und er wird euch erhöhen – d.h. in seine Nähe bringen.

Soweit meine Kurzfassung des Textes. Und jetzt frage ich euch: Ist das nicht arg sektiererisch? Dort die böse Welt – hier die Gemeinde! Dort der Satan – hier Gott! Dort die Leidenschaften – hier die Demut! Ist das nicht Schwarz-Weiß gemalt?

Und weiter: Ist dieser Text nicht lebensfeindlich? Freundschaft mit Gott auf Kosten dessen, was in der Welt Lachen und Freude ist.

Wahrscheinlich lebt das Christentum heute nach einem ganz anderen Text: Glaube an Gott – das bedeutet in moderner Zeit Freundschaft mit der Welt, zumindest ein freundschaftliches Verhältnis zur Schöpfung. Glaube an Gott – das bedeutet das Ende ihrer Verteufelung. Glaube an Gott – das bedeutet zumindest eine große Leidenschaft – die Leidenschaft, zu leben und nicht gelebt zu werden. Der Text des Jakobusbriefs aber klingt zunächst ganz anders.

Weil ich den Jakobusbrief liebe, möchte ich euch auch diesen Text nahebringen. Und dazu erzähle ich, wie Klein-Jakob ein Freund der Welt wurde – ganz im Sinne dessen, was im Brief des großen Jakobus »Freundschaft der Welt« genannt wurde.

Klein-Jakob hat lernen müssen, was es heißt: »Ihr begehrt und erlangt doch nicht. Ihr seid neidisch und eifersüchtig, und könnt doch nichts erreichen.« Er hat es gelernt, als seine kleine Schwester geboren wurde. Da wurde er neidisch auf das Baby, das durch Säugen, Baden, Wickeln und Wiegen so viel Zuwendung empfing – während er sich plötzlich mit sehr viel weniger begnügen mußte. Damals entdeckte er eine erfolgreiche Strategie, um dennoch etwas zu erlangen – nach dem Motto:

Wenn ich was nicht bekommen kann,

dann fange ich zu quengeln an.

Denn so ist das in der Welt: Wer am längsten nervt, kriegt am Ende doch was.

Einen weiteren Fortschritt brachte der Kindergarten. Hier kam Klein-Jakob beim Kampf ums Spielzeug mit Quengeln nicht weiter. Erfolgreicher war ein direkter Puff, sicher in Susis Seite plaziert. Susi lief schreiend zur Erzieherin. Und für Klein-Jakob gab es eine Lektion zum Thema: »Du darfst nicht hauen!« Beim nächsten Streit ums Spielzeug verpaßte ihm Susi dafür zur Revanche einen kräftigen Tritt. Jetzt lief er heulend zur Erzieherin und beschwerte sich: »Die Susi haut!« Da wurde er belehrt: »Aber Jakob, warum wehrst du dich nicht?« Und so lernte er die Strategie, seine Püffe so zu dosieren, daß sie unterhalb der Heulschwelle blieben – auf daß die Erzieherin nicht eingeschaltet wurde. Damit hatte er, wie man das in unserer akademischen Sprache nennt, eine der wichtigsten Grundregeln sozialer Durchsetzungskompetenz internalisiert, nämlich die Regel:

Was du nicht willst, das man dir tu,

das füg dosiert dem andern zu.

Und noch ein dritter Lernschritt war zu tun, um ein Freund der Welt zu werden. Susi ließ sich auf Dauer nicht von kleinen Püffen beeindrucken. Da begann Klein-Jakob zu verhandeln: »Gib mir bitte das Auto. Du kriegst auch zwei Gummibärchen dafür:« Und er flüsterte ihr ins Ohr: »Gestern hat mir Erna das Auto für ein Gummibärchen abgetreten. Aber weil du es bist und weil wir uns so gut vertragen, kriegst du zwei Gummibärchen. Aber das bleibt unser Geheimnis.« Das mit Erna war natürlich frei erfunden. Und so lernte er die dritte Grundregel dieser Welt:

Was man mit Bosheit nicht erreichen kann,

das fängt man besser diplomatisch an.

Wir wurden alle wie Klein-Jakob sozialisiert. Neben dem offiziellen Lernprogramm der Rücksichtnahme und der Fairneß haben wir das inoffizielle Lernprogramm des Quengelns, der dosierten Bosheit und der diplomatischen Tricks erlernt. Und so wurden wir, was der Jakobusbrief »Freunde der Welt« nennt: Freunde einer Welt des Quengelns, in der am meisten kriegt, wer am meisten nervt. Freunde einer Welt der dosierten Bosheit: Wer geschickt innerhalb der Regeln seine Püffe verteilt, der setzt sich durch. Freunde einer Welt der Diplomatie, die den andern übers Ohr haut.

Klein-Jakob wurde größer. Er erkannte, daß nicht nur der Kindergarten, sondern die ganze Welt ein Gerangel um Lebenschancen ist. Nicht nur um Spielzeug, sondern um alles, um Essen und Kleidung, Besitz und Status. Einer seiner Lehrer auf der Schule gab ihm einen tröstenden Gedanken mit: Diese Welt des Gerangels ist nicht alles. Ein Stück Brot wird zwar immer kleiner, je mehr man es aufteilen muß. Aber eine Erkenntnis wird um so größer, je mehr man sie unter Menschen verbreitet. In der Welt des Geistes, der Kunst und Wissenschaft – da hört der Verteilungskampf um Lebenschancen auf.

Daher zog Jakob mit großen Erwartungen an die Universität – der Pforte zur Welt des Geistes. Er hörte eine Vorlesung über Ethik. Aber anstatt seine eigenen Erkenntnisse zu verbreiten, polemisierte der Dozent heftig gegen die Irrtümer anderer – besonders gegen die Irrtümer einer sogenannten »Kultmann-Schule«. Jedes Mal, wenn er ein Buch aus dieser Schule besprach, bewegte er sich vom Pult zum Papierkorb, machte eine Geste des Zerreißens – und schon landete das vorgestellte Buch mit all seinen Irrtümern im akademischen Papierkorb. Auch hier schien die Regel zu herrschen: »Was du nicht willst, das man dir tu, das füg dosiert (und manchmal ungeniert) dem andern zu.«

Jakob weiß nun: In der Welt des Geistes herrschen mit kleinen Abänderungen dieselben Regeln wie im Kindergarten. Deshalb setzte er seine Suche nach einer Welt jenseits der Alltagskriege und Verteilungskämpfe fort. Dabei verirrte er sich auch in den Universitätsgottesdienst. In ihm wurde zufällig über Jakobus 4 gepredigt.

Der Prediger war gerade dabei, die drei großen ENTWEDER-ODER des Jakobusbriefs zu erklären. Er begann, wie das bei modernen Predigern üblich ist, mit der Psychologie – also mit der Alternative: Demut oder Leidenschaften. Er entschuldigte sich für das altmodische Wort »Demut«. Es bedeute so viel wie: freiwillig eine niedrige Position einnehmen. Und dann sagte er:

Alles kommt darauf an, wem man das sagt. Sagt man es denen, die ohnehin ganz unten stehen – oder denen, die oben sind. Im Jakobusbrief sind die Adressaten eindeutig: Vorher ist von Lehrern die Rede, die sich auf ihre Weisheit etwas einbilden; nachher von Großkaufleuten, die gewinnbringende Geschäfte planen – aber vergessen, daß sich alle Pläne in Rauch auflösen können. Zu den Kleinen und Niedrigen aber sagt der Jakobusbrief: »Wer niedrig ist, der rühme sich seiner Höhe« (1,9). Denn in der Gemeinde des Jakobus gilt das Liebesgebot. Das verpflichtet alle gleich zu behandeln, ohne Ansehen der Person. Wer niedrig und geduckt ist – er soll in der Gemeinde erhöht werden. Er soll Selbstachtung gewinnen. Wer aber groß und reich und gelehrt ist, der soll sich in Demut üben.

Ist der Text also gar nicht an uns adressiert? Mitnichten. Wir wollen zwar nicht reich sein, aber doch gerne um eine Gehaltsstufe reicher als die anderen! Wir wissen, daß Gelehrsamkeit nicht alles ist, aber wir wollen zumindest etwas gelehrter als die anderen sein! Und geraten wir deshalb nicht immer wieder aneinander? Uns allen sagt der Text: Wenn ihr von manchen Zielen Abschied nehmt, dann werdet ihr freier im Alltagskrieg.

So viel leuchtet ja ein: Den Verlust von Geld kann der leichter verarbeiten, der überzeugt ist: Geld ist nicht alles. Eine schlechte Zensur kann besser verkraften, wer nicht nur mit Worten beteuert: Zensuren sind nicht alles. Und natürlich fällt es leichter, auf den Traum von einem bunten und genial-künstlerischen Leben zu verzichten, wenn man zu der Einsicht kommt: Auch graue Mäuse leben gut.

Ich weiß: Das alles ist für viele unter uns nicht das Problem. Deswegen füge ich hinzu: Manchmal geht es auch darum, Abschied zu nehmen von der Sehnsucht nach Harmonie. Gerade unter lieben Christenmenschen ist sie verbreitet. Aber sie verschärft oft die Konflikte. Sie setzt den jeweiligen Konfliktpartner dem moralischen Vorwurf aus: Du bist der große Störenfried.

Der Abschied von all diesen und vielen anderen Sehnsüchten und Wünschen fällt uns allen schwer. Deshalb hat der Jakobusbrief recht, wenn er Trauerarbeit verlangt: Euer Lachen verkehre sich in Weinen und eure Freude in Traurigkeit.

Wohlgemerkt: Das ist zu denen gesagt, die lachen; zu denen, die in Freude leben; zu denen, die im Gerangel des Alltags oben stehen. Was aber sollen wir denen sagen, die sich als hilflos erleben? Zu denen, die traurig sind? Zu denen, die unten stehen?

Hier möchte ich das zweite ENTWEDER-ODER ins Spiel bringen: Gott oder Teufel. Natürlich müssen wir den Teufel entmythologisieren. Der Teufel, das ist die Welt, erfahren als verführerische Versuchung zu Streit und Konflikt – entweder als Lust mitzumischen, oder als Versuchung, resigniert sich selbst aufzugeben. Widerstehen wir dieser Versuchung, dann weicht der Teufel von uns. Nähern wir uns Gott, dann nähert sich Gott uns. Das heißt: Wir sind kein Schlachtfeld zwischen zwei Fremdmächten. Wir sind ihnen nicht hilflos ausgeliefert. Die Entscheidung liegt bei uns. Erst unsere Unterwerfung unter ihn macht den Teufel zum Teufel. Erst unser Glaube macht Gott zu Gott.

Wenn ich die Mythologie einmal in den Alltag übertragen darf, so möchte ich die Frage: Wann hat dich der Teufel am Wickel? so beantworten: Wenn du morgens im Bett liegst und dir sagst, es ist ja alles so maßlos traurig. Ich werde untergebuttert, übers Ohr gehauen. Ich bin nichts wert. Ich kann mich nicht durchsetzen. – Doch, du kannst. Du kannst, wenn du dich erst einmal gegen diese Stimme durchgesetzt hast. Widerstehe dieser Stimme, und sie hört auf, dich von innen her anzunagen. Stopf dem Satan das Maul – und er verzieht sich. Luther empfahl in solchen Lebenslagen einen kräftigen Furz. Aber diese lutherische Furztherapie ist natürlich kein Allheilmittel.

Entscheidend ist vielmehr das dritte ENTWEDER-ODER: Gott oder die Welt. Und dies ENTWEDER-ODER gilt für alle: für die, die oben stehen, und für die, die ganz unten sind. Der Jakobusbrief ist nicht so naiv zu meinen, schon der Glaube an Gott sei ein Standpunkt jenseits der Konflikte. Er sagt zwar: »Ihr streitet und führt Krieg und habt nichts, weil ihr nicht (zu Gott) betet.« Aber Beten oder Bitten, wie es in der Übersetzung heißt, allein bringt's nicht. Denn er fährt fort: »Ihr betet und empfangt trotzdem nicht, weil ihr in böser Absicht betet – nämlich um das Erbetene für eure Leidenschaften zu verwenden.« Schon der Jakobusbrief weiß: Man kann Glauben und Religion mißbrauchen, um im Verteilungskampf der Welt besser dazustehen. Man kann das Gebet anpreisen, um für den Alltagskampf fit zu werden. Man kann Spiritualität suchen, – mit Meditationsübungen und mentalen Tiefenbohrungen –, um sich innerlich abzuhärten für den Alltagskrieg der Welt.

Denen, die sich von diesem Alltagskrieg packen lassen – mit und ohne religiöse Verbrämung – denen ruft Jakobus zu: Ihr Ehebrecher! Ihr verletzt den Geist Gottes, der in euch wohnt. Gemeint ist nicht der Heilige Geist, sondern der Geist, den Gott Adam einhauchte und der den Menschen zum Ebenbild Gottes macht. Der Jakobsbrief zitiert hier eine unbekannte Schrift mit den Worten: »Eifersüchtig sehnt sich Gott nach dem Geist, den er in uns wohnen ließ.« Eifersüchtig sehnt er sich nach seinem Ebenbild. Voll Angst ist er, weil sein Ebenbild in der Welt beschädigt werden kann. Weil es verloren zu gehen droht, wenn ihr euch in den Alltagskrieg um Macht, Besitz und Bildung stürzt. Eifersüchtig ist er. Denn er will, daß wir uns als sein Ebenbild verhalten – und nicht als Ebenbilder von Affen. Die rangeln um Futter und Hierarchie – manchmal mit direkter Gewalt, manchmal mit Diplomatie. Und sie tun es mit Genuß und Ausdauer. Ihr aber seid Menschen, die ihr in all euren Konflikten zugleich auch über den Konflikten stehen sollt – so wie Gott über ihnen steht, wenn er seine Sonne aufgehen läßt über Gute und Böse, Gerechte und Ungerechte, Freunde und Feinde, über große und kleine Affen. Ihr seid Ebenbild dieses Gottes.

Dieser Gott ist kein leidenschaftsloser Gott. Er sehnt sich nach euch, weil ihr zu gut seid, um in den kleinen und großen Kriegen der Welt unter die Räder zu kommen. Er ist scharf auf euch. Er hat viel investiert in euch. Eben deshalb kann er euch helfen, über eure Leidenschaften die Kontrolle zu gewinnen – über eure Ziele, Wünsche und Sehnsüchte. Erst dann seid ihr wirklich eins mit euch. Erst dann seid ihr ungespalten. Denn das ist das große Leitbild im Jakobusbrief: Ein Mensch zu sein, der nicht »zwei Seelen« hat. Ein Mensch zu sein, der ungespalten lebt.

Denn woher kommen die Konflikte unter euch? Woher der Streit? Letztlich daher, daß ihr im Konflikt mit euch selbst lebt – weil euer Habenwollen, eure Wünsche, eure Konkurrenzgefühle euch entzweien mit euch selbst.

Es scheint, als hätte ich unseren Jakob aus den Augen verloren. Aber das ist nicht der Fall. Vielleicht bist du ja so ein Jakob (oder eine Jakoba). Vielleicht hast du im Alltag gerade gesiegt – mit einer erfolgreichen Mischung von Quengeln, kleiner Bosheit und Diplomatie. Dann werde nicht hochmütig. Niemandem bleibt es erspart, Abschied von seinen Träumen und Wünschen zu nehmen.

Vielleicht aber hast du im Alltagskrieg der Welt gerade einen kräftigen Puff abbekommen. Und du bist noch voll Groll. Das ist nicht schlimm. Keiner geht souverän durch die Kleinkriege des Alltags. Aber du sollst wissen: In dir ruht Gottes Geist, Gottes Lebenskraft. Diese Kraft hilft dir im Gerangel und Getriebe der Welt zu leben – anstatt von ihr, von der Welt und ihrem Gerangel, gelebt zu werden.

Beide aber sollt ihr wissen: Gott sehnt sich nach euch. Er sehnt sich nach euch beiden. Er sehnt sich nach dem Geist, den er in euch hat wohnen lassen!

Und der Friede Gottes, welcher höher ist als alle unsere Vernunft bewahre unsre Herzen und Sinne in Jesus Christus. Amen

Predigt in der Peterskirche in Heidelberg vom 4.7.1993 – am Ende eines Semesters, in dem ich einige höchst unerfreuliche »Kleinkriege« erlebte.

Musik – ein Gleichnis Gottes
Predigt zu einem Musikgottesdienst

(1 Korinther 4, 1-5)

So soll man uns ansehen: als Diener Christi und Haushalter über Geheimnisse Gottes. Nun verlangt man im übrigen von den Haushaltern [nur], daß einer treu erfunden werde. Mir aber ist es etwas ganz Geringes, daß ich von euch gerichtet werde oder von einem menschlichen [Gerichts-]Tage; doch auch ich selbst richte mich nicht – denn ich bin mir nichts bewußt, aber darum bin ich nicht gerechtgesprochen, vielmehr ist es der Herr, der mich richtet. Darum richtet nicht vor der Zeit, bis der Herr kommt, der auch das Verborgene der Finsternis ans Licht bringen und die Ratschläge der Herzen offenbar machen wird; und dann wird das Lob einem jeden zuteil werden von Gott.

Vivaldi: Das große Gloria

Die Situation des Paulus, wie sie im Predigttext erscheint, ist uns vertraut: Paulus steht vor dem Tribunal seiner Gemeinde. Er versteht sich als Verwalter der Geheimnisse Gottes. Seine Gegner aber sagen: Paulus hat unlautere Motive. Nicht Gott, sondern Menschlich-Allzumenschliches werde in seiner Verkündigung offenbar. Der Angeklagte räumt ein: Ich bin mir zwar keiner unlauteren Motive bewußt, aber deswegen nicht im Recht. Denn ich durchschaue mich nicht. Ich durchschaue nicht, was unbewußt in mir vorgeht. Nur Gott durchschaut es. Nur vor seinem Tribunal wird das Verborgene des Herzens offenbar.

In der modernen Welt stehen wir jederzeit vor einem Tribunal. Es ist das Tribunal der Vernunft. Alles müssen wir vor ihm rechtfertigen: unsere Erkenntnisse, Handlungen, Gewohnheiten, unser Fühlen und Glauben. Das ganze Leben wurde tribunalisiert, alles einem Erklärungszwang unterworfen. Vor allem die Religion, die heute ins Gerede gekommen ist genauso wie zu seiner Zeit Paulus: Hinter den Geheimnissen Gottes, so lautet die Anklage, stecke Menschlich-Allzumenschliches, etwas uns selbst Unbewußtes. Sie sei unser Produkt, das wir als göttliches Geheimnis vernebeln.

Vor diesem Tribunal der Vernunft muß sich heute alles rechtfertigen. Auch das scheinbar Unproblematische, auch das Schöne, auch die Musik. Die Musik aber hat sich bisher leichter behaupten können als die Religion. Obwohl auch sie schwer zu rechtfertigen ist. Denn wozu ist sie nütze? Welche Wahrheit vermittelt sie? Was beweist sie schon? Vor dem Tribunal der Vernunft muß sie die Antwort schuldig bleiben – es sei denn, sie greift zur einzig erfolgreichen Verteidigungsstrategie – nämlich demonstrativ zu sagen: Es muß im Leben etwas geben, das sich nicht rechtfertigen muß. Etwas, das keinen Nutzen bringt. Und was gerade deswegen ein Gleichnis ist für das, was uns von allem Rechtfertigungszwang befreit.

Als ich Theologie studierte, haben wir in langen Diskussionen den Glauben vor dem Tribunal unserer Vernunft überprüft. Ich erinnere mich an eine Diskussion über Gott. Es ging um die Frage, ob Gott Person sei, die sich nur durch ihr Wort erschließt, oder eine Art Systemeigenschaft des Universums oder gar eine Erfindung unserer Phantasie. Damals schockierte ich einen meiner alten Lehrer mit der These: Gott ist wie Musik, von außen betrachtet eine Systemeigenschaft von Wellen und Frequenzen, aber wenn man sich ihr mit seinem ganzen Inneren öffnet, eine mächtige Stimme, die mich anspricht und ergreift – ich weiß nicht wie. Mein Lehrer hat damals entsetzt die Hände gehoben. So etwas dürfe man doch nicht sagen: Gott eine Musik? Nein – um Gottes willen, nein! Mein alter Lehrer möge mir verzeihen, wenn ich heute solche Häresien von der Kanzel herab verbreite – und dazu den Rahmen eines Musikgottesdienstes nutze, wo ich sicher bin: Das Gloria von Vivaldi wird selbst die härteste hier anwesende Orthodoxie inzwischen weich und milde gestimmt haben.

So bleibe ich denn bei meiner Jugendthese und formuliere sie in altersüblicher Weise nur etwas vorsichtiger: Musik ist kein Gleichnis für Gott, aber sie kann ein Gleichnis für Gott werden. Wenn ich den Glauben an Gott vor dem Tribunal der Vernunft verteidigen müßte, so würde ich auf jeden Fall die Musik als Zeugin dabei haben wollen. Mein Plädoyer lautet so:

Ihr meint, daß hinter den Geheimnissen Gottes nur menschliche Erfindung steckt? Hört euch doch diese Musik an! Sie ist zweifellos von Menschen erfunden und von Menschen gemacht. In jedem gelungenen Stück steckt unendlich viel Mühe und Arbeit. Aber wenn es gelungen ist, dann sind die Spuren von Arbeit und Mühe getilgt. Die Disziplinierung der Finger, der Hände, des Atems – all das zielt darauf, diese Disziplinierung vergessen zu machen. Obwohl Musik zweifellos von uns gemacht, hergestellt und produziert wird, erleben wir sie in ihrer gelungenen Form als eine Art »Offenbarung«. Sie öffnet eine eigene Welt. Und wir rätseln wie bei der Religion darüber: Was hat sich da geöffnet? Sind es die unbewußten Tiefen unseres Herzens? Oder die Tiefe der Wirklichkeit – eine objektive Macht, die uns ergreift, ohne daß wir sie begreifen?

Es besteht kein Zweifel: Beide, Religion und Musik, sind von Menschen gemacht. Doch wenn wir uns auf sie einlassen, dann erleben wir in ihnen die Begegnung mit einer rätselhaften Wirklichkeit, die wir nicht gemacht haben. Wobei diese Wirklichkeit in der Religion eine andere ist als in der Musik. Aber es besteht zumindest eine formale Verwandtschaft. Und wegen dieser Verwandtschaft kann jede Musik zu einem Gleichnis für Gott werden. Besonders die Musik im Gottesdienst. Sie hat das Besondere, daß sie nicht nur zu einem Gleichnis für Gott werden kann, sondern zu solch einem Gleichnis werden *will* – zu einem Gleichnis für Gottes Zuspruch und Anspruch, für seinen Trost und seine Forderung. Beides möchte ich verdeutlichen.

Was den Trost angeht, so darf ich etwas von meinem Erleben von Musik erzählen. Es gibt ein Musikstück von Johannes Brahms, das ich immer wieder höre, wenn Bitterkeit und Kränkung das Leben emotional zu vergiften drohen – sei es bei anderen Menschen, denen ich begegne, sei es bei mir selbst. Am Anfang klagt eine verirrte Altstimme durch düstere und schaurige Töne hindurch darüber, daß manche ins Abseits des Lebens geraten. Die Worte stammen von Goethe. Er hat sie nach der Begegnung mit einem tief unglücklichen Menschen geschrieben:

> Aber abseits wer ist's?
> Ins Gebüsch verliert sich sein Pfad,
> Hinter ihm schlagen
> Die Sträuche zusammen,
> Das Gras steht wieder auf,
> Die Öde verschlingt ihn.
>
> Ach, wer heilet die Schmerzen
> Des, dem Balsam zu Gift ward?
> Der sich Menschenhaß
> Aus der Fülle der Liebe trank!
> Erst verachtet, nun ein Verächter,
> Zehrt er heimlich auf
> Seinen eignen Wert
> In ungnügender Selbstsucht.

Auch unter uns sind heute Menschen, die mit diesem Problem kämpfen: wunderbare und wertvolle Menschen, die doch nicht ihren eignen Wert wahrhaben wollen. Menschen, die sich ins Abseits zu verlieren drohen, weil sie gekränkt sind. Weil sie zu vieles als Verachtung erlebt haben –

und nun ihrerseits verachten. Sagt man ihnen: Das hast du wirklich gut gemacht, dann hören sie nur die Nachricht heraus: Und sonst mache ich alles miserabel. Muntert man sie auf: Du siehst heute so jung aus, dann denken sie: Und sonst bin ich eine alte Schachtel? In uns allen hockt so ein unglücklicher Mensch, der in Gefahr steht, sich ins Abseits des Lebens zu verlieren.

Nachdem nun die Altstimme in jenem Stück von Brahms lange einsam geklagt hat, setzt der Chor in hellem C-Dur ein und begleitet die Solostimme mit folgendem Gebet:

Ist auf deinem Psalter,
Vater der Liebe, ein Ton
Seinem Ohre vernehmlich,
So erquicke sein Herz!
Öffne den umwölkten Blick
Über die tausend Quellen
Neben dem Durstenden
In der Wüste!

Die Altstimme stimmt in diesen Choral mit ein. Manchmal löst sie sich vom Chor und mischt ihre Traurigkeit in dessen Zuversicht. Aber sie ist nicht mehr allein. Sie ist eingeflochten in die vielen Stimmen der Gemeinde.

Was ich mit diesem Beispiel sagte, gilt für alle Musik im Gottesdienst. Alle unsere Musik, all unser Gesang ist Fürbitte für andere, ist Fürbitte auch für dich, auch ohne Worte und Absicht. Wir singen und musizieren hier, um dir zu versichern: Du bist nicht allein mit deinem Leid. Und du sollst wissen: Keiner ist ohne Leid. Wenn wir unser Leben aufrichtig vor dem Tribunal unserer Vernunft überprüfen, dann muß jeder bekennen: Es gibt einen schmerzlichen Widerspruch zwischen dem, was wir gewollt, und dem, was wir getan haben. Es gibt einen Widerspruch zwischen unserer Sehnsucht nach Glück und den Enttäuschungen des Lebens. Aber eben darum bitten wir dich jetzt: Stimm trotzdem ein in das Lob Gottes. Laß wenigstens deine Klage von unserem Lob begleitet sein. Du stehst hier nicht vor dem Tribunal der Vernunft, die dein Leben an strengen Maßstäben mißt. Du steht auch nicht vor dem Tribunal von Menschen, die alles besser wissen, was du krumm und schief gemacht hast. Du bist in einer Gemeinde, die Gottes Lob verkündet und das Gloria singt. Weil Gott die einzige Instanz ist, die endgültig und für immer Ja sagt zu deinem Leben, die einzige Instanz, die uns von allem Rechtfertigungszwang befreien kann. Eine Instanz, die ich nir-

gendwo deutlicher verspüre als dort, wo ich das Leben unbedingt beja-
he, obwohl ich es nicht rechtfertigen kann.

Musik kann so zu einem Gleichnis für Gottes Zuspruch werden –
aber sie ist zugleich ein Gleichnis für Gottes Anspruch, für seine Forderung an uns.

Du bist vielleicht in diesen Gottesdienst gekommen, um nur die Musik zu
hören. Und nicht die Predigt. Das ist ein ehrenwertes Motiv. Du bist willkommen. Aber jetzt bekommst du trotzdem noch etwas anderes zu hören:
Du sollst nicht nur die Musik genießen, du sollst selbst Musik machen. Es
gibt keinen Gottesdienst, in dem nicht jeder zum Mitsingen aufgefordert
wird. Du kannst nicht sagen: Ich bin doch zu unmusikalisch. Das gilt bei
uns nicht. Denn nichts gibt dem Gesang in der Kirche so sehr seine
unverwechselbare Färbung und Schönheit als die vielen falschen Töne.
Und wenn man jemand mit lauter Stimme falsch singen hört, so merkt
man um so mehr: Es kommt von Herzen. Die Orgel fängt schon alles auf.
Auch deine falschen Töne.

So ist es im ganzen Leben. Gott ist wie eine gewaltige Musik. Aber es
ist eine Musik, der man nicht zuhören kann, ohne zum Mitspielen enga-
giert zu werden. Das Thema ist vorgegeben. Deine Mitspieler hast du dir
nicht ausgesucht. Die Musik hat schon begonnen. Aber sie ist noch nicht
vollendet. Es fehlt ein Ton. Es fehlt dein Ton, deine Stimme. Und auch
dein Ton wird nicht der letzte sein. Weil man solche Erfahrungen mit
Musik (besonders mit der Musik Gottes) so schwer in Worte kleiden kann,
darf ich noch einmal ein Gedicht zitieren. Es stammt von Wilhelm Lehmann. Es ist ein Naturgedicht.

> Die Winterlinde, die Sommerlinde
> blühen getrennt -
> in der Zwischenzeit, mein lieber Sohn,
> geht der Gesang zu End.
> ...
> Ein Regen fleckt die grauen Steine,
> der letzte Ton
> fehlt dem Goldammermännchen zum Liede,
> Sing du ihn, Sohn.

Wenn du, wie in diesem Gedicht, die ganze Schöpfung als verborgene
Musik Gottes verstehst, dann weißt du: Es fehlt immer der letzte Ton.
Du mußt ihn selbst hinzufügen. Aber auch du bringst nicht den Abschluß.
Manchmal setzen die Söhne überzeugender fort, was wir begonnen ha-
ben.

Einer meiner Söhne ist z.Zt. in Südafrika. Er wollte Sozialarbeit in einem schwarzen Township bei Johannesburg machen. Er kam in eine Welt, in der neue Hoffnungen wach geworden sind – aber zugleich die Gewalt immer mehr zunimmt. Er erlebte Morde und Morddrohungen, die ihn hindern, seine Arbeit in dem geplanten Umfang zu tun. Aber er erlebte auch einen Priester, der trotz der gegen ihn gerichteten Morddrohungen jeden Tag in solch ein Township fährt, um gegen Haß, Gewalt und Hoffnungslosigkeit zu kämpfen.

Gehört auch das zur großen Musik Gottes? Es gehört dazu. Wir sind mitverantwortlich dafür, wie sie weitergeht. Wir sind mitverantwortlich dafür, was aus den schrillen Tönen des Hasses und den verzerrten Stimmen der Gewalt in Südafrika, in Jugoslawien, im Nahen Osten – und bei uns zu Hause wird.

Aber – so könnte jemand sagen – paßt das noch ins große Gloria? Es paßt. Denn mitten in diesem Gloria heißt es: »Wir sagen dir Dank, Jesu Christe, der du die Sünden der Welt trägst, erbarm dich unser!« Mitten in der großen Musik dieser Welt, in ihrem Zentrum steht die schrille Dissonanz des Kreuzes. Und wer im Hören dieser Musik bis zu dieser Stelle gekommen ist, der kann spätestens von dieser Stelle an die Musik nicht mehr so weitergenießen wie vorher, der weiß, daß er unlösbar mit denen verbunden ist, die heute unter den Sünden der Welt zusammenbrechen. Der weiß, daß er unwiderruflich mit dem verbunden ist, der unter den Sünden der Welt zusammengebrochen ist – um sie zu überwinden. Das ist unser Auftrag, sein Thema in vielen Variationen fortzuführen.

Werden wir so vor dem Tribunal unserer Vernunft bestehen? Werden wir so freigesprochen werden vor dem Tribunal Gottes – jenem Tribunal, dessen Umrisse noch immer hinter dem Gerichtshof unserer Vernunft erkennbar sind? Der Predigttext, der von diesem Tribunal Gottes spricht, endet in auffälliger Weise. Der Richter verurteilt niemanden. Er teilt einem jeden sein »Lob« zu.

Das ist nicht unsere Sache. Unsere Sache ist es, das Lob Gottes zu singen. Wenn aber Gott in seinem Tribunal Musik zuläßt und unser Lob annimmt, dann hat sich ja schon alles verändert. Ein Gerichtssaal voll Musik ist kein Gerichtssaal mehr. Es ist ein Konzertsaal geworden. In dem wird niemand verurteilt. Dann, wenn wir die Wirklichkeit nicht mehr nach dem Bilde eines gigantischen Tribunals erleben, sondern als eine große Musik – eine Musik, die die schrillsten Dissonanzen einbezieht, eine Musik, die uns aus Hörern zu Mitspielern macht, eine Musik, die

niemanden vom Mitspielen ausschließt – dann haben wir Anteil an seiner
Wirklichkeit, dann sind wir selbst ein Teil dieser Wirklichkeit, die nicht
gerechtfertigt werden muß und nicht gerechtfertigt werden kann, weil sie
allein die Macht hat, alles zu rechtfertigen und auch die unvollkommenste
Musik unseres Lebens zu einem guten Ende zu führen.

Dann wird Wirklichkeit, was am Anfang des Gloria steht: Gloria in
excelsis Deo et in terra pax hominibus bonae voluntatis. Ehre sei Gott in
der Höhe und auf Erden Frieden den Menschen des guten Willens.

Dieser Friede Gottes, der höher ist als alle unsere Vernunft, bewahre
eure Herzen und Sinne in Christo Jesu. Amen.

Diese Predigt wurde in der Peterskirche in Heidelberg am 15.12.1991 gehalten. Vor und
nach der Predigt wurde A. Vivaldis großes »Gloria« aufgeführt. In der Predigt zitiere
ich aus J.W. Goethe »Harzreise im Winter«, in Goethe Werkausgabe, Frankfurt 1981,
Bd.1, S.71-74. Die Strophen 5-7. des Gedichts wurden vertont von J. Brahms als »Alt-
rhapsodie« op. 53. Das Gedicht von W. Lehmann findet sich in W. Fchsc (Hg.): Deutsche Lyrik der Gegenwart, Stuttgart 1957, S.151 (= Erstveröffentlichung). Mein Sohn
hat seine Erfahrungen in Südafrika verarbeitet in einer Schrift; vgl. Gunnar Theißen:
Die Sicherheitskräfte, de Klerk und der geheime Krieg. Soziale und politische Gewalt
in Südafrika, Ev.- Missionswerk in Deutschland (Hg.), Hamburg 1992.

Kunst als Zeichensprache des Glaubens
Theologische Meditationen zu den Heidelberger Fensterentwürfen von Johannes Schreiter

Die Heidelberger Universität veranstaltet hin und wieder Tage der offenen Tür. Alle Institute sind geöffnet und versuchen, etwas von ihrer Arbeit für jedermann verständlich vorzustellen. Manchen fällt das leicht. Die Naturwissenschaften haben wunderbare Apparate, mit denen man nicht nur forschen, sondern auch spielen kann. Ein anderes Institut kann ein Exemplar der Dissertation unseres Bundeskanzlers vorweisen. Wir Theologen sind dagegen immer in Schwierigkeiten. Ich habe schon in Kommissionen gesessen, die sich darüber den Kopf zerbrachen, wie man in kurzer Zeit anschaulich und sichtbar machen kann, was Theologie ist, vor allem was Theologie heute ist: ein spannendes existenzielles und intellektuelles Abenteuer, beschäftigt mit den zeitlosen Fragen menschlichen Lebens. Seit einiger Zeit weiß ich, was wir zeigen könnten: Die Heidelberger Fensterentwürfe von Johannes Schreiter. An ihnen kann man m.E. studieren, was Theologie ist – ihre Größe und ihre Aporien, ihre Chancen und Ausweglosigkeiten. Mit Theologie meine ich dabei nicht nur, was heute an Theologie tatsächlich getrieben wird. Ich meine, was Theologie sein könnte. Kunst ist auch in diesen Fenstern unserer Reflexion voraus und wird von ihr nachträglich nur annäherungsweise eingeholt.

Lassen Sie mich zunächst erzählen, wie mir der Gedanke gekommen ist, anhand dieser Fenster deutlich zu machen, was Theologie ist.

Mein erster Eindruck von den Fensterentwürfen war zwiespältig. Der Gesamtentwurf war damals noch nicht bekannt, nur einzelne Fensterentwürfe lagen vor. Was mich störte, war die immer wiederkehrende Verwendung der Schrift: in Zitaten, Buchstaben und Manuskriptseiten. Es fehlten mir die bildhaften Elemente im eigentlichen Sinn, z.B. die Andeutung eines menschlichen Gesichts oder ein Symbol wie das Kreuz. Natürlich sagte ich mir: Du bist Exeget, den ganzen Tag damit beschäftigt, die »Schrift« auszulegen. Diese Schrift ist dein Lebenselement. Und sie steht im Zentrum protestantischer Frömmigkeit. Warum sollte das sogenannte »Schriftprinzip« nicht künstlerisch gestaltet werden? Theologisch und intellektuell hatte ich keine Einwände. Aber in meinem Herzen sagte ich mir: Vielleicht hat der Künstler einfach Grenzen. Vielleicht verwendet er dieselbe Idee immer wieder, weil er keine andere Idee hat. So wie es Wissenschaftler gibt, die in ihren Aufsätzen immer wieder dieselbe Idee variieren, also wissenschaftliches Recycling treiben, so mag es auch Künstler geben, die eine gute Idee immer wieder verwenden wie ein Thema mit vielen Variationen.

Meine Vorbehalte wurden überwunden, als ich zum ersten Mal eine Beschreibung des Gesamtentwurfs sah. Mir ging auf: Was mir zunächst als »Armut an Ideen« erschienen war, war in Wirklichkeit eine Idee mit großem inneren Reichtum. Das Programm, nach dem die Bilder entworfen wurden, umfaßt ganz bewußt alle Zeichensysteme, alle Notationsformen, die der Mensch entwickelt hat. Sprache und Schrift haben unter ihnen einen privilegierten Platz, so wie sie in unserer Religion einen privilegierten Platz haben. Aber daneben begegnen andere Zeichensprachen:

Computerausdrücke

Chemische Strukturformeln für Styropor und Penicillin

Mathematische und physikalische Formeln wie $E = mc^2$

Musiknoten und -partituren

Landkarten

Baupläne (von Kirchen)

Verkehrszeichen

Fernsehbilder

eine Wetterkarte

Kurven wie das Elektrokardiogramm

Und dazu immer wieder Schrift – oder Schriften, Hinweise auf philosophische und poetische Werke, Bibelzitate, Verheißungen, Gebete. Das alles in vielen Sprachen. Hier liegt zweifellos eine bewußte Absicht vor. Alle Zeichensprachen sollen zur Geltung kommen. Die Fenster sollen eine beeindruckende »semiotische Symphonie« sein, d.h. eine Komposition mit Hilfe verschiedener Zeichensprachen.

Sie fragen mit Recht: Was hat das mit Theologie zu tun? Wären die Heidelberger Fensterentwürfe nicht besser für ein Institut für Semiotik oder Linguistik geeignet, wenn man einmal die Lehre vom Zeichen als Grundlagenwissenschaft der Linguistik ansieht? Meine Behauptung ist: Sie sind durch und durch Theologie, ja, sie sind ganz großartige Theologie.

Ich möchte das klarmachen, indem ich ein Gleichnis wähle. Stellen Sie sich vor, Sie seien auf eine einsame Insel verschlagen – sei es durch Schiffbruch, sei es im Zuge einer Expedition. Die Insel scheint wild und unbewohnt zu sein. Sie ziehen ins Innere der Insel. Da entdecken Sie auf dem Boden ein regelmäßiges Dreieck, aus Steinen gelegt. Sie erkennen sofort: Das ist ein Zeichen, und damit sagen Sie gleichzeitig:

1. Dahinter steckt die Absicht, etwas mitzuteilen oder zu etwas aufzufordern.

2. Sie sind nicht allein auf der Insel. Es müssen noch andere intelligente Lebewesen da sein – Menschen.

Voraussetzung ist nur, daß Sie eine Konfiguration ganz normaler Dinge finden, die als Ganzes unwahrscheinlich und einfach ist – und sich durch diese Einfachheit und Unwahrscheinlichkeit von einem weniger geordneten Hintergrund abhebt.

Angenommen es käme außer Ihnen ein so intelligentes Lebewesen wie eine Ratte vorbei. Ich wähle die Ratte, weil uns psychologische Experimente heute von einer gewissen Rattenebenbildlichkeit des Menschen überzeugt haben. Diese Ratte sieht dieselben Steine. Aber sie kann sie nicht als Zeichen deuten. Allenfalls könnte man die Ratte durch »klassisches Konditionieren« dahingehend dressieren, daß das Dreieckszeichen für sie zum Auslösesignal für ein bestimmtes Verhalten wird: Etwa für Nahrungssuche, indem man Steindreiecke regelmäßig mit Speck ausstattet.

Soweit das Gleichnis. Nun sein theologischer Sinn: Wir kommen alle in diese Welt wie auf eine fremde Insel. Wir wissen nicht, ob wir allein sind in diesem riesigen Kosmos. Aber beim Durchstreifen der Welt fallen einigen sensiblen Menschen »Zeichen« auf, unwahrscheinliche Konfigurationen normaler Dinge. Ja, diese Menschen erleben die ganze Welt als Zeichen und Gleichnis für etwas anderes, für Gott. Sie ahnen, daß sie in dieser Welt nicht allein sind. In ihr ist eine überlegene, unbegreifliche »Intelligenz« am Werk. Alles ist ein Zeichen, das auf sie weist. Andere sehen dieselben Konstellationen – aber erleben sie nicht als Zeichen. So werden moderne Menschen, die von der Rattenebenbildlichkeit des Menschen überzeugt sind, es schwer haben, diese Welt als Zeichen zu erleben. Wer dagegen von seiner Gottebenbildlichkeit überzeugt ist, wird überall Zeichen finden, die auf Gott weisen. Glaube ist »Zeichensensibilität«. Glaube ist eine so große Zeichensensibilität, daß sogar die Wirklichkeit als Ganzes zum Zeichen werden kann – auf dem Hintergrund eines nur vorgestellten möglichen Chaos, ja, auf dem Hintergrund des Nichts, aus dem alles erschaffen wurde. Dem Glauben wird selbst die schlichte Tatsache, daß etwas existiert und nicht nichts existiert, zum Zeichen für eine Macht, die aus dem Nichts das Sein schafft.

Es ist unter Theologen umstritten, ob diese »Zeichensensibilität« im Grunde bei jedem Menschen vorhanden, aber oft verschüttet, überlagert und unterentwickelt ist – oder ob sie dem Menschen durch besondere Widerfahrnisse – durch Offenbarung – geschenkt wird. Es ist ein Vorteil der Kunst, daß sie nicht vor solche Alternativen stellen muß. Die Heidelberger Fensterentwürfe reden nicht über Zeichen, sie stellen sie dar. Und der Grundgedanke ist: Alle Zeichensysteme, die der Mensch konstruieren und dechiffrieren kann und mit denen er die Wirklichkeit abbildet – alle Zeichensysteme weisen auf Gott. Alle weisen auf die Ewigkeit. Und ebenso gilt umgekehrt: Wo Gott zum Menschen spricht, da bedient er sich menschlicher Zeichensysteme, der Sprache der Bibel und der Religionen, und der Mensch antwortet mit Lob und Dank, Klagen und Bitten.

In den Langhausfenstern finden wir vor allem die erste Bewegung: Menschliche Zeichensysteme werden transparent für Gottes Wirklichkeit. Im Chor begegnet die entgegengesetzte Bewegung: Gott spricht den Menschen an – und er antwortet in seinen mannigfachen Sprachen.

Das *Medizinfenster* – wohl das bekannteste der Fensterentwürfe, das auf dem Frankfurter Kirchentag 1987 ausgestellt wurde – ist ein gutes Beispiel für die Transparenz menschlicher Zeichensysteme. Dargestellt sind die Herzschläge eines Embryos und eines Sterbenden. Das Elektrokardiogramm wird zum Symbol für das menschliche Leben und seine Endlichkeit. Wir werden meist in einer Klinik, umgeben von Medizin, geboren. Und meist sterben wir in ihr. Hier wird unsere moderne Erfahrung von Endlichkeit dargestellt und verarbeitet. Im Schatten unten rechts stand in früheren Entwürfen eine chemische Formel. Es ist die Formel für Penicillin. Sie steht auf einem Hintergrund, der farblich an die Brandspuren des Papiers erinnert, die den Tod darstellen. Ich verstehe das so: Penicillin – eines der wirksamsten Medikamente, die unsere durchschnittliche Lebensdauer verlängert haben – kann uns letztlich vor dem Sterben nicht bewahren. Moderne Medizin kann uns helfen, länger zu leben – ja, auch intensiver zu leben, und das ist etwas ganz Wunderbares. Aber sie macht gerade deshalb die Erfahrung von Endlichkeit und Sterblichkeit um so spürbarer. Dies Leben ist nun im Fenster eingegrenzt von zwei blauen Flecken. Oben erkennen wir das Sternchen, das allgemein bekannte Zeichen für eine Geburt. Ihm entspricht das Kreuz am Ende des EKGs. Mit dem Tod hört der Herzschlag auf. Aber die Linie ist nicht zu Ende. Im Gegenteil, sie verbreitert sich als blaue Linie und geht auf in einen wunderbaren Streifen »blau«, der erst jenseits des EKGs beginnt. Es ist nicht schwer, dies zu deuten. Wir kommen aus Gottes Hand und kehren in sie zurück. Das Blau weist jeweils auf die elementare Grenzsituation von Geburt und Tod. Die blaue Farbe führt unseren Blick daher unwillkürlich zum Geburtskreuz zurück – oben auf einer höheren Ebene, über dem EKG. Und jetzt fällt Ihnen vielleicht auf, daß die Herzkurve des Embryos nicht auf beigem Hintergrund steht, sondern direkt auf rotem Hintergrund. Soll damit angedeutet werden: Die Entstehung des Lebens ist Symbol eines neuen Lebens jenseits des Todes, von dem wir so wenig wissen wie die Embryos im Mutterleib von dem Leben wissen, das sie erwartet (M. Luther)? Und sagt dies Bild nicht noch mehr? Über dem ganzen Leben steht die Verheißung der Wiedergeburt – einer Wiedergeburt schon jetzt, mitten im Leben!

Dies EKG-Fenster ist ein wunderbares Symbol unseres Lebens, unseres Lebens zwischen Geburt und Grab. Durch ein paar Buchstaben »4. September 1965« erhält es noch einmal eine neue Dimension: Es ist das Sterbedatum Albert Schweitzers. Damit wird eine neue Botschaft gesandt: Bei unserem Leben zwischen Geburt und Grab ist nicht die physische Existenz entscheidend, sondern, was wir in diesem Leben getan haben. A. Schweitzer hat ein erfülltes Leben gelebt – im Dienst der Wissenschaft, der Theologie, der Mission, der Kunst – aber vor allem im Dienst des leidenden Mitmenschen. Und so fragt man sich unwillkürlich vor diesem Fenster: Was machst du mit deinem Leben? Was machst du mit der Zeit zwischen Geburt und Grab? Was ist dein Leben wert, wenn du nicht etwas für die Geringsten unter deinen Geschwistern getan hast? Freilich fällt mir auch die jüdische Anekdote ein: »Vor dem Ende sprach Rabbi Sussja: In der kommenden Welt wird man mich nicht fragen: Warum bist du nicht Mose gewesen? Man wird mich fragen: Warum bist du nicht Sussja gewesen.« Zweifellos: Nicht jeder kann Albert Schweitzer sein. Aber jeder kann er selbst sein.

Ich kann gut verstehen, warum man dies Medizinfenster für den Kirchentag von Berlin 1989 als Bildsymbol für das Kirchentagsmotto »Unsere Zeit in Gottes Händen« gewählt hat. Das geschah gewiß nicht, um die in Heidelberg zu ärgern, die so vehement gegen diese Fenster protestiert haben, sondern weil dieses Fenster überzeugend und gelungen ist. In den Einladungen zum Kirchentag findet man eine Karte mit einer Abbildung des Fensters und einem kurzen meditativen Text:

Mein Herz schlägt! Ich lebe!
Woher komme ich? Wohin gehe ich?
Was ist der Sinn meines Lebens?

Ob es mir recht ist oder nicht:
Gott umfaßt mein Leben mit seiner Treue.

Geburt und Tod, jeder Tag und alle Zeit
sind in deinen Händen.

Erfülle die Zeit, die du mir gibst, Gott,
mit Vertrauen und Mut,
mit Hoffnung und Liebe.

Noch einen kurzen Blick sollten wir auf das *Biologiefenster* tun. Es zeigt
die Grundstruktur des Lebens überhaupt, die sogenannte Doppelhelix, be-
stehend aus DNS und RNS, aus Desoxyribonucleinsäure und Ribonuclein-
säure. Hier wird nicht das unverwechselbare einzelne Leben dargestellt,
sondern die Formel des Lebens überhaupt. Wir alle haben teil an einem
riesigen Lebensstrom. Dies Leben ist als Ganzes bedroht. Die Brandspuren
am Rande des Papiers zeigen das. Zwei Dinge seien hervorgehoben. Einmal zeigt die Spirale eine Bewegung von unten nach oben. Dieser Richtungssinn kommt dadurch zustande, daß das Papier oben abbricht, während es
unten einen festen Rand hat. Jeder spürt: Diese Lebensformel geht noch
weiter, müßte eigentlich bis ins Rot des oberen Maßwerkes hineinreichen.
Und weiter: Die Doppelhelix scheint sich für ihren roten Untergrund zu
öffnen. Der rote Hintergrund wird mitten im Leben sichtbar. Da Rot die
Farbe göttlicher Wirklichkeit ist – man denke nur an das Medizinfenster –,
darf man das wohl so verstehen: In der Grundstruktur des Lebens wird die
Sprache des Schöpfers vernehmbar. Viele sehen zwar im Leben nur eine
unwahrscheinliche Organisation von Materie und Molekülen. Für den Glauben aber leuchtet Gottes Wirklichkeit durch die Grundstruktur des Lebens
hindurch. Der ganze Lebensstrom ist unterwegs zu Gott. Ja, das ganze Leben vom Pantoffeltierchen bis zum homo sapiens ist für mich ein Prozeß
von trial and error auf dem Weg zu Gott, eine immer wieder korrigierte
Hypothese, die Gott zu entsprechen sucht. Und dieser Prozeß ist in uns
zum Bewußtsein seiner selbst gelangt. Stellvertretend für alles Leben haben wir Verantwortung für diesen Lebensstrom, in dem wir selbst stehen.
     So viel zu den menschlichen Zeichensystemen, die in den Fens-
terentwürfen zu Hinweisen auf Gott werden. Wir haben hier gewis-
sermaßen eine »Theologie von unten«. Die Gesamtkomposition der Fensterentwürfe zeigt, daß die andere Bewegung, die Bewegung von oben
nach unten – von Gottes Wort zur Antwort des Menschen – dieser Bewegung von unten nach oben vorhergeht.

Schauen Sie noch einmal den Grundriß an. Im linken Chor sind Fenster
geplant, die Zeichen darstellen, durch die Gott den Menschen anspricht:

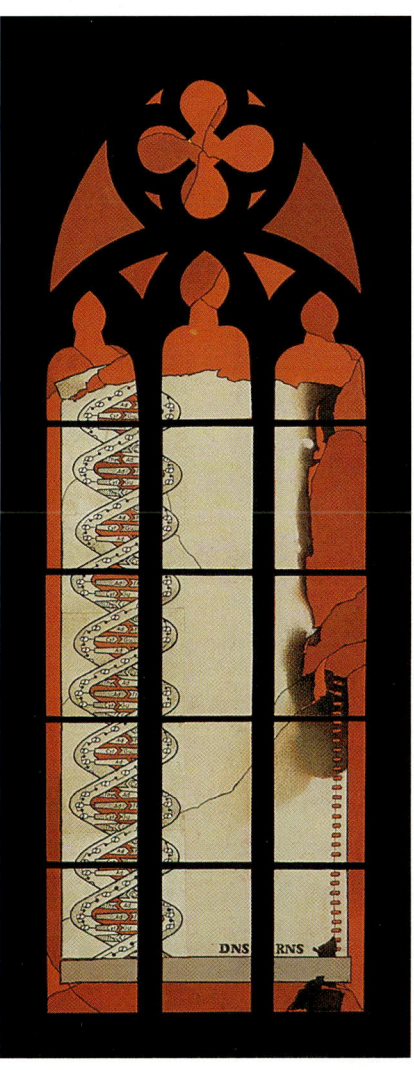

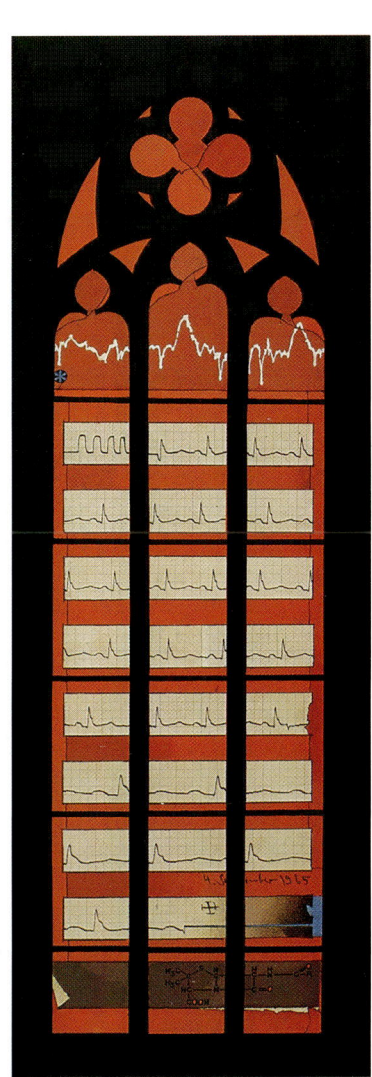

Biologiefenster
(166 x 490 cm)

Medizinfenster
(166 x 582 cm)

Chorfenster

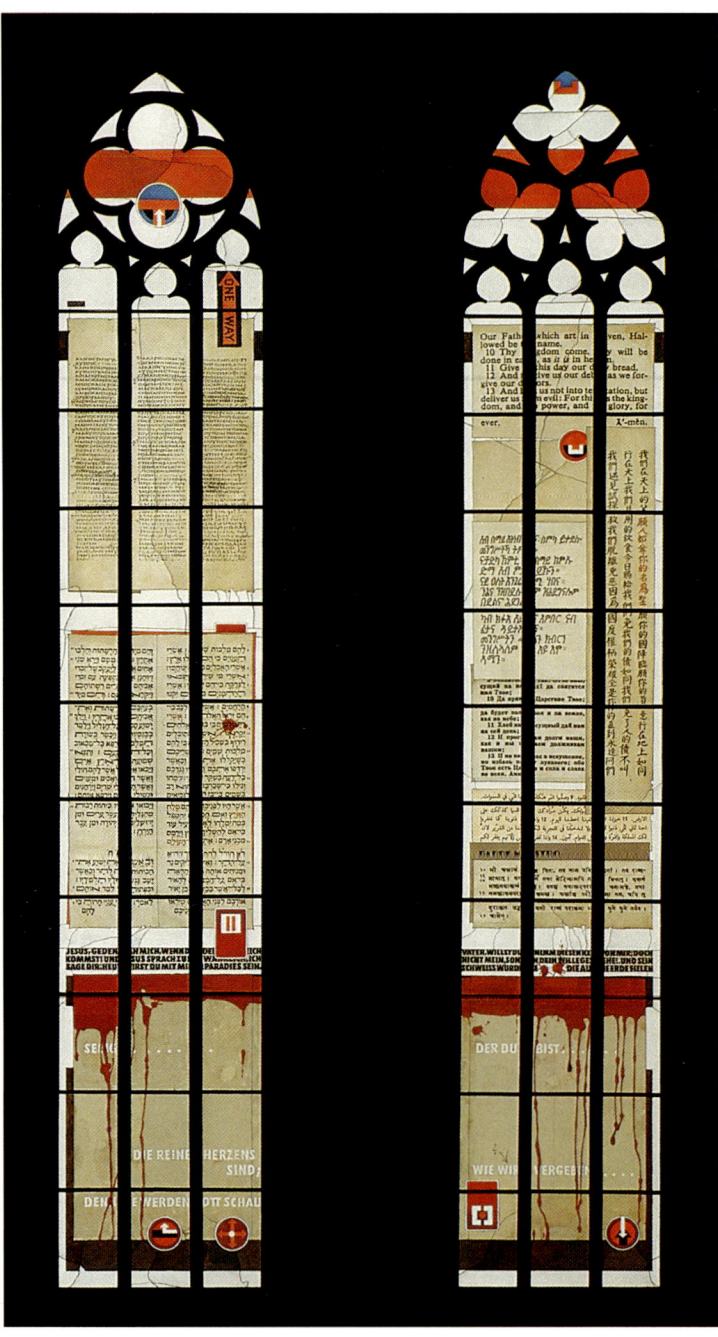

Fenster der
Seligpreisung
(202 x 1.224 cm)

Vater-Unser-
Fenster
(202 x 1.224 cm)

Bildprogramm der Fensterentwürfe von Prof. Joh. Schreiter
für die Heiliggeistkirche Heidelberg

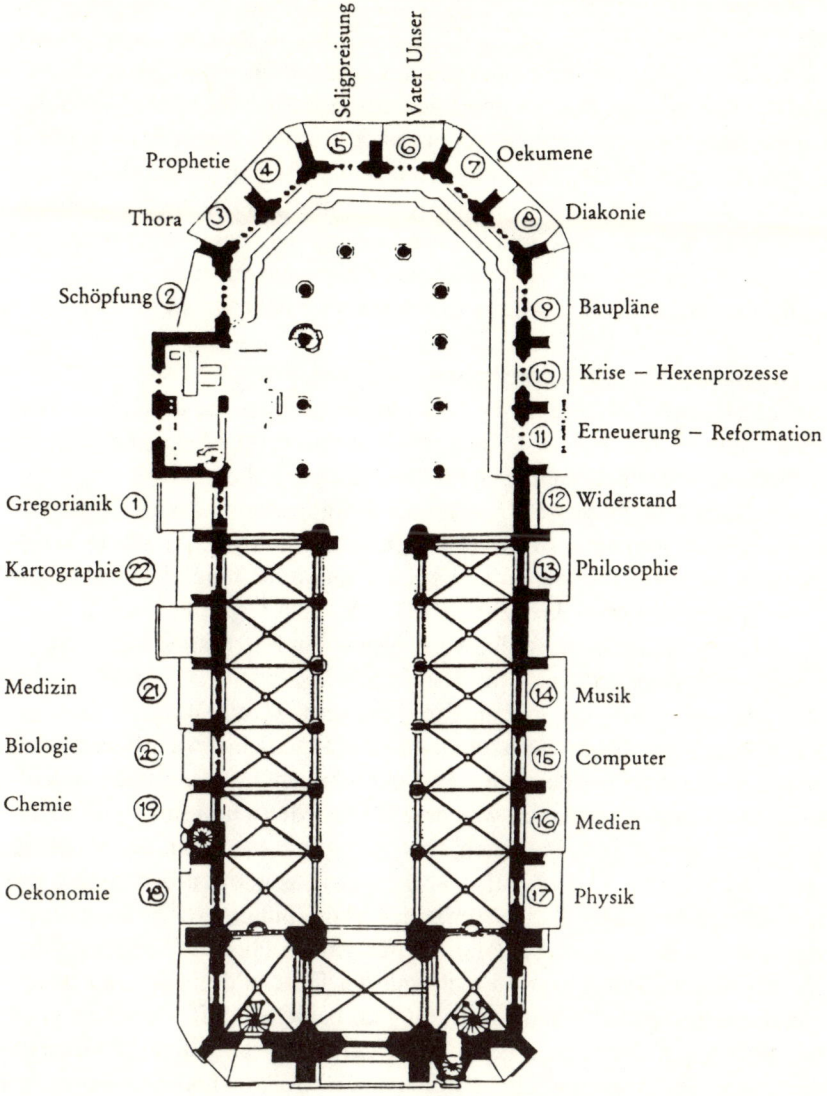

Schöpfung, Thora und Propheten, die Seligpreisungen – d.h. der Zuspruch Gottes an den Menschen. Im rechten Chor wird dagegen die Antwort des Menschen dargestellt:

Zu dieser Antwort gehört an erster Stelle das Gebet im Vaterunserfenster, dann die Ökumene – die Vielzahl der Kirchen und Religionen auf dieser Welt, die Diakonie, d.h. die Hilfe für Schwache und Beeinträchtigte, schließlich die Kirche als Ort des Gottesdienstes in Form von Synagoge, Katakombe und Kirche. Die Ambivalenz aller menschlichen Antworten auf Gottes Anrede wird dadurch unterstrichen, daß ein Fenster den Krisen gewidmet ist (den Religionskriegen und der »Kriminalgeschichte des Christentums«), ein anderes der ständigen Erneuerung, der ecclesia semper reformanda. Im Zentrum aber steht im Chor das Nebeneinander der beiden mittleren Fenster. Sie wollen wir etwas eingehender interpretieren.

1. Das Fenster der Seligpreisungen

Manche Fensterentwürfe haben Aspekte, die unmittelbar zugänglich sind – und andere, die sich erst durch Interpretation (gegebenenfalls durch zusätzliche Informationen) erschließen. So auch dies Fenster. Auf den ersten Blick erkennbar ist für jeden die Seligpreisung: »Selig ..., die reinen Herzens sind, denn sie werden Gott schauen« (Mt 5,8). Diese Seligpreisung ist eng verbunden mit einer anderen Verheißung, mit der Verheißung Jesu an den mitgekreuzigten »Räuber«. Dieser bittet Jesus:

»Jesus, gedenke an mich, wenn du in dein Reich kommst!

Und Jesus sprach zu ihm: Wahrlich, ich sage dir:

Heute wirst du mit mir im Paradiese sein« (Lk 23,42f).

Die Kombination beider Verheißungen – die allgemeine in der Bergpredigt an jeden, die individuelle an den Mitgekreuzigten – ist m.E. hoch bedeutsam. Der Räuber am Kreuz war gewiß kein Mensch »reinen Herzens«, aber auch ihm gilt Jesu Zuspruch. Das ermöglicht es, diesen Zuspruch auf jeden zu beziehen – auch auf uns, die gewiß zögern zu behaupten, ein reines Herz zu haben. Zwischen beiden Verheißungen sehen wir nun einen Streifen Blut. Einzelne Blutstropfen rinnen über die Seligpreisung. Hier wird angedeutet, warum nicht nur der Unschuldige, der, der reinen Herzens ist, die Verheißung Jesu auf sich beziehen darf – sondern auch der Schuldige, der Gescheiterte. Dies wird nach christlichem Glauben durch das Kreuz ermöglicht. Die Fensterentwürfe widersprechen deutlich jeder Tendenz, die Verkündigung Jesu von seinem Geschick zu trennen. Etwa nur die Verkündigung der Sündenvergebung zu übernehmen, aber die Versöhnung durch das Kreuz als überholte Vorstellung ad acta zu legen. Wir werden in diesen Fensterentwürfen nicht mit einer »modernen

Theologie« konfrontiert, die verlegen die großen Bilder des Glaubens um-
zuinterpretieren versucht. Vielmehr werden sie zum Sprechen gebracht.
Diese Theologie ist eher »konservativ«. Sie will christliche Identität mitten in unserer Zeit bewahren.

Relativ leicht deutbar sind ferner die wie Verkehrszeichen wirkenden
Piktogramme. Es sollen Gebotszeichen sein: Orientierungen für den Menschen. Beginnen wir unten rechts: Dort weist ein rundes Zeichen in alle
vier Richtungen. Soll damit gesagt sein: Dem Menschen ist von Gott die
Freiheit gegeben, in alle Richtungen aufzubrechen – wohin er will? Er hat
auch die Möglichkeit, sich von Gott weg zu begeben. Und er tut es auch.
Aber er kann diese Freiheit auch ganz anders nutzen: Er kann sie nutzen,
um in alle Welt zu gehen, um Jesu Wort zu allen Völkern zu bringen.
Schon das nächste Zeichen etwas weiter links bringt ein neues Element:
Der Mensch kann seine Richtung ändern. Er kann umkehren, um sich auf
den Weg »nach oben« zu begeben. Die Verheißung lenkt ihn in eine neue
Richtung. Das nächste rechtwinklige Zeichen verbindet das untere Drittel
des Fensters mit dem oberen Drittel. Es ragt noch in den Dialog zwischen
Jesus und dem Räuber hinein. Vielleicht soll es beide – Jesus und den
Räuber – auf einem gemeinsamen Weg nach oben darstellen. Aber auf-
schlußreich ist: Der Richtungssinn ist noch offen. Man kann die parallel-
len Zeichen als Wege interpretieren, die in beide Richtungen begehbar
sind. Das wird anders beim oberen Zeichen – wieder einem Zeichen, das
verschiedene Felder des Fensters verbindet. Hier wird eindeutig gesagt:
»One way« – nur eine Richtung gibt es, die nach oben. Gemeint ist Jesus,
der selbst der Weg, die Wahrheit und das Leben ist, wie das Johannesevangelium sagt. Im Maßwerk oben finden wir dann erneut ein rundes
Zeichen, diesmal mit blauer Farbe. Wir erinnern uns an das Blau im Medizinfenster. Hier wird angedeutet, daß das Ziel erreicht wird: Die Schau
Gottes. Denn unter diesem Leitgedanken steht das Fenster: »Selig sind,
die reinen Herzens sind, denn sie werden Gott schauen.«

Zu den beiden Manuskripten in der Bildmitte braucht man ein paar
Informationen. Es handelt sich um eine griechische Handschrift des Neu-
en Testaments, den sog. Codex Sinaiticus. Abgebildet ist die Seite mit
den Seligpreisungen der Bergpredigt. Darunter finden wir dieselben Seligpreisungen in hebräischer Sprache. Das ist hochinteressant. Das Neue
Testament ist uns nämlich auf antiken Codices gar nicht in Hebräisch
überliefert. Aber wir wissen: Die Sprache Jesu selbst war Hebräisch (oder
Aramäisch). Hinter dem Griechischen des Neuen Testaments steht in den
Evangelien eine (wahrscheinlich) aramäische Überlieferung. Der Fen-
sterentwurf bringt hier auf eine ganz schlichte Weise zum Ausdruck, daß

die Geschichte Jesu ein Teil der jüdischen Geschichte ist. Wir sind uns heute mehr denn je bewußt, daß das ganze Christentum eine jüdische Wurzel hat. Das wird hier in elementarer Weise zum Ausdruck gebracht – so wie es M.Chagall in seiner Weise zum Ausdruck gebracht hat, wenn er Jesus immer wieder in Verbindung mit verfolgten und leidenden Juden darstellte. Die Fensterentwürfe J.Schreiters wirken auf mich wie eine christliche Antwort auf die großartige Kunst des Juden Chagall. Man denke auch an das Fenster, wo Baupläne von Kirche und Synagoge nebeneinander ihren Platz finden sollen.

Vielleicht ist Ihnen aufgefallen, daß in dem hebräischen Text ein vereinzelter Blutstropfen zu sehen ist. Er steht mitten in der Seligpreisung der Friedensstifter. Soll damit zum Ausdruck gebracht werden, daß Jesus selbst der ist, der Frieden gemacht hat – zwischen Juden und Heiden »durch sein Kreuz«, wie es im Epheserbrief heißt (Eph 2,14-16)? Soll daran erinnert werden, daß die Verheißung den Verfolgten gilt? Oder sollen unsere Gedanken auf die unheilvolle Geschichte des christlichen Antijudaismus gelenkt werden? Hier gibt es viele Möglichkeiten. Und ich glaube, wir sollten unsere Gedanken in verschiedene Richtungen ziehen lassen. Denn die Fenster sind als Ganzes wie jene Fenster mit Schriftstücken, deren Text durchbrochen ist. Manche ärgert das. Aber darin steckt ein Hinweis an uns: Wir müssen als Betrachter selbst die Zeilen ergänzen, wir dürfen den Sinn des Dargestellten selbst finden; und oft gibt es mehrere Lesarten!

2. Das Vaterunser-Fenster

Werfen wir nun einen Blick auf das zweite Fenster, das die Antwort des Menschen im Gebet darstellt. Auch hier ist manches leicht deutbar. Wir erkennen sofort die Vaterunserbitte: »Vergib uns unsere Schuld, wie auch wir vergeben unsern Schuldigern«. Und wieder ist diese Bitte, die zusammen mit dem Vaterunser in der Bergpredigt überliefert wurde, mit einer Szene aus der Passionsgeschichte verbunden, nämlich mit der Gethsemaneszene. Im Spruchstreifen über dem blutigen Rot lesen wir:

»Vater, willst du, so nimm diesen Kelch von mir; doch nicht mein, sondern dein Wille geschehe... Und der Schweiß wurde (wie Blutstropfen), die auf die Erde fielen« (Lk 22,42.44). Der Künstler hat die Blutstropfen als rote Kleckse mitten in die Schrift hineingestellt.

Die Verbindung beider Gebete – des Gebets Jesu und des Vaterunsers – geschieht ganz bewußt. Denn das Vaterunser setzt mit einem Relativsatz ein: »DER DU BIST« – Die Anrede »VATER« muß man sich aus dem darüberstehenden Gethsemanegebet ergänzen. Und wieder wird durch das herabströmende Blut dargestellt, was für den christlichen Glauben der Grund der Sündenvergebung ist: das Kreuz Christi. Der unvermittelte Einsatz der Bitte durch die relativische Umschreibung »DER DU BIST« regt aber noch zu weiteren Gedanken an. Das »DER DU BIST« tritt ja jetzt an die Stelle der Anrede. Gott wird angeredet, als der, der schlechthin existiert. Der bibelkundige Betrachter wird sofort an die alttestamentliche Selbstoffenbarung Gottes am Dornbusch denken. Dort stellt sich Gott vor als »ICH BIN, DER ICH BIN« (2Mos 3,14). Mit diesem Namen spricht er Mose an. Der im Vaterunser Angeredete erscheint so als derselbe Gott, der sich in der Geschichte Israels erschlossen hat. Daß diese Bezüge nur in der deutschen Übersetzung möglich sind, nicht im griechischen Urtext des Vaterunsers, sei am Rande erwähnt, spielt aber für die Interpretation keine Rolle.

Betrachten wir nun die Piktogramme. Wieder stellt das Zeichen rechts unten die Situation des Menschen dar, diesmal aber nicht seine Möglichkeit, in alle Richtungen gehen zu können – sondern seinen Konflikt, veranschaulicht durch zwei gegeneinander gerichtete Pfeile. Gemeint ist der Widerspruch zwischen Gottes Willen und menschlichem Willen – ein Widerspruch, der auch im Gethsemanegebet zum Ausdruck kommt: »Nicht mein Wille geschehe, sondern dein Wille«, heißt es dort. Das andere rechteckige Zeichen steht nicht zufällig unter den Worten »WIE WIR«. Es zeigt möglicherweise zwei Menschen, die sich gegenseitig vergeben haben. Sie sind – als offene Klammern – einander zugewandt, wie Hände, die sich öffnen. Aber entscheidend ist: Die Öffnung der Klammer weist hier noch nicht nach oben. Diese Öffnung nach oben findet sich erst im Zeichen im oberen Drittel des Fensters – Symbol für den Empfang göttlicher Vergebung. Schließlich begegnet dieselbe nach oben geöffnete Klammer noch einmal am oberen Ende des Maßwerks. Es bildet jetzt zusammen mit der Rosettenspitze einen Pfeil. Die blaue Farbe deutet an: Hier ist der Weg zu Ende. Hier ist das Ziel nahe.

Der größte Teil des Fensters wird durch Abbildungen des Vaterunsers in sieben Sprachen eingenommen:

Englisch – als lingua franca unserer Welt ganz oben,

Eritreisch,

Russisch,

Chinesisch,

Arabisch,

Spanisch,

Sanskrit.

Mit diesen Sprachen sind alle Kontinente vertreten: Europa, Asien, Afrika, Amerika und Australien. Aber nicht nur das. Bewußt wurden die Sprachen der alten Hochreligionen ausgewählt: Sanskrit steht für den Hindu-

ismus, Chinesisch für Buddhismus und Konfuzianismus, Arabisch für den
Islam. Das Judentum wurde schon im linken Fenster repräsentiert. Es hat
als Vermittler der Verheißung eine Sonderrolle. Die Antwort des Menschen auf diese Verheißung geschieht nach der Aussage des Fensters in
vielen Sprachen, ja sogar in vielen Religionen. In der Tat ist das Vaterunser ein Gebet, das auch viele Nichtchristen mitsprechen können.

3. Das Verhältnis zwischen den Fenstern

Beide Fenster sind eng aufeinander bezogen. Das sei noch einmal deutlich gemacht. Beide Fenster durchzieht ein Spruchband. Dabei fällt auf:
Wenn das Grundthema des linken Fensters die Verheißung Jesu an den
Menschen ist und das Grundthema des rechten die Antwort des Menschen – so wird in diesem Spruchband dieses Gegenüber aufgehoben.
Denn im linken Fenster erscheint auch der Räuber mit seiner Bitte; mitten
in den Seligpreisungen erhebt der unselige Verbrecher am Kreuz seine
Stimme. Ebenso im rechten Fenster: Jesus selbst wird hier als Betender
dargestellt. Er, der die Verheißung formuliert und an den Menschen aus-
richtet, erscheint nun selbst auf der Seite des Menschen – als ein Mensch
in Angst und Todesnot.

   Diese Verbindung zwischen linkem und rechtem Fenster wird durch
das durchlaufende Blutband unterstrichen. Sowohl die Verheißung wie
die Antwort des Menschen wird durch das Leiden Christi ermöglicht.
Dieser Blutstreifen hat einen eindeutigen Richtungssinn: Die Blutstropfen laufen nach unten. Sie sind dabei so gestaltet, als seien sie durch eine
große Erschütterung erfaßt worden, der ihren »natürlichen« Lauf nach
unten hemmt – ein Hinweis nicht nur auf das Erdbeben bei der Kreuzi-
gung, sondern auf die Erschütterung, die jedes Leid verursacht. Aber selbst,
wenn man dies nicht unmittelbar wahrnimmt, erfaßt man die Bewegung
»nach unten«. Eine direkte entgegengesetzte Bewegung geht von den Piktogrammen aus. Sie weisen von unten nach oben. Sie weisen auf einen
zweiten roten Streifen – als hätte sich Blut in Segen verwandelt und
Schmerz in Schönheit. Achten Sie darauf, daß auch die nach oben wei-
senden Zeichen alle die rote Farbe des Blutes aufweisen.

   Schließlich sei noch auf die gemeinsame Klammer zwischen beiden
Fenstern hingewiesen. Zuspruch Jesu und Antwort des Menschen sollen
eng zusammen gesehen werden. Beides gehört zueinander. Diese Klammer ist im Grunde dasselbe Element, das auch in drei Piktogrammen des
rechten Fensters begegnet: drei Zeichen, die mir anzudeuten scheinen,
daß Vergebung den Abstand zwischen Gott und Mensch überbrückt – und
ebenso den Abstand und die Feindschaft zwischen den Menschen.

Die Blutstropfen im Chorfenster repräsentieren auf eine zurückhaltende Art das Kruzifix, das in allen Kirchen steht. Gewohnheit läßt uns diese Kruzifixe kaum als das wahrnehmen, was sie sind: Darstellungen eines gequälten und gefolterten Menschen. Wenn in diesem Fenster nur Blutstropfen dargestellt werden, so spricht uns die Abweichung vom Gewohnten viel stärker an als die direkte Abbildung von Schmerz und Qual. Jesus ist in dieser indirekten Form gegenwärtiger als sonst. Er ist nicht als Bild, er ist als Wort präsent. Er wirkt in der Kirche durch seine Worte: durch die Seligpreisungen und das Vaterunser. Dies Wort wird morgens von der im Osten aufgehenden Sonne durchleuchtet. Es wirft sein Licht bis in die blutverschmierten Tiefen menschlichen Lebens. Es gibt Orientierung und weist nach oben – auf Gott hin.

Vielleicht verstehen Sie jetzt, warum ich meine, daß die Heidelberger Fensterentwürfe durch und durch theologisch sind. Diese Symphonie mit menschlichen Zeichensprachen hat nur ein einziges Thema: den Menschen vor Gott und Gottes Wort an den Menschen. Diese Fenster stellen eine großartige Zeichenmusik zu Ehren Gottes dar, eine Zeichenmusik, in der die Dissonanzen menschlichen Lebens in gewaltigen Akkorden erklingen, aber das Licht der Versöhnung – in dem wunderbaren warmen Rot – bis in alle Abgründe dringt. Hier kann man lernen, was Theologie ist. Daher könnte ich mir gut vorstellen, daß wir bei einem Tag der offenen Tür mit ihrer Hilfe veranschaulichen, was wir in der theologischen Fakultät eigentlich treiben wollen. Wenn wieder einmal eine Kommission sich den Kopf zerbrechen muß, wie sie für die Öffentlichkeit, für Abiturienten oder auch Studienanfänger klarmachen kann, was Theologie ist, so könnte man diese Fenster zeigen. Diese Fenster wären eine große Hilfe, darüber in ein Gespräch zu kommen. Falls Sie einmal in der Heilig-Geist-Kirche betrachtet werden könnten, so würde ich mit Studenten von unserem nahe gelegenen Theologischen Seminar dorthin gehen. Man könnte auf eine sehr einfache Weise klarmachen, daß man Theologie nicht studieren kann, wenn man die Kirche nicht auch von innen erlebt. Von außen mögen manche ›Fenster‹ kaum wirken. Von innen betrachtet aber leuchten sie in den wunderbarsten Farben auf – wie diese Fensterentwürfe von Johannes Schreiter.

1981 wurde der Künstler Johannes Schreiter damit beauftragt, für die Heilig-Geist-Kirche in Heidelberg neue Fenster zu entwerfen. Nach intensiven Gesprächen in einem Arbeitskreis legte er folgendes Konzept vor: »Sämtliche Fenster sollen die Palette der von uns Menschen entwickelten Notationsformen der letzten 2000 Jahre querschnitthaft festhalten. Den Sinn der baulichen Struktur aufgreifend, bot sich mir für Schiff und Chor folgendes Kontrastprogramm: Im Chor, wo ich die Dokumente vor einem weißen Hintergrund anordne, werde ich die Entwicklung der christlichen Idee von ihren Anfängen bis hin zur dialektischen Theologie Bultmanns oder zur Widerstandstheologie Bonhoeffers ausbreiten. Ausgehend von der Bergpredigt bzw. den Seligpreisungen in den beiden mittleren Chorfenstern, sollen Themen gewählt werden, die einerseits für die Erhaltung, wie auch die Gefährdung der christlichen Lehre von Bedeutung waren... Als Pendant dazu werde ich im Schiff der Kirche Dokumente darstellen, die für das geistige, wissenschaftliche, politische und verkehrstechnische Profil unseres Jahrhunderts repräsentativ sind, und zwar auf rotem Grund.« (zit.n. A. Mertin: Der Heidelberger Fensterstreit. Ein bürgerliches Trauerspiel in fünf Akten, in: A. Mertin/H. Schwebel (Hg.): Kirche und moderne Kunst. Frankfurt 1988, 99-112, dort S. 101. Eine Darstellung und Interpretation aller Fensterentwürfe findet sich bei H. Gercke: Die Heidelberger Fensterentwürfe von Johannes Schreiter, Heidelberg 1987.) 1984 wurden der Öffentlichkeit das Bildprogramm und erste Entwürfe vorgestellt. Eine heftige Debatte entzündete sich: Die Fenster wurden als wissenschaftsfeindlich, provokativ, intellektualistisch abgelehnt. Ihnen fehlte die biblische Glaubens- und Bildersubstanz usw. Dennoch entschied sich der Ältestenkreis der Heilig-Geist-Kirchengemeinde mit knapper Mehrheit im Juni 1986 für die Entwürfe, der Kirchengemeinderat aller Heidelberger Evangelischen Kirchengemeinden entschied jedoch am 23.6.1986 negativ. Die Befürworter der Entwürfe gaben jedoch nicht auf. Sie erhielten u.a. Unterstützung dadurch, daß das Medizinfenster für den Evangelischen Kirchentag 1987 in Frankfurt verwirklicht und als Darstellung des Kirchentagsmottos »Meine Zeit steht in deinen Händen« für den Kirchentag in Berlin 1989 gewählt wurde. Eine dreiteilige Vortragsreihe in Heidelberg sollte die Diskussion versachlichen. In diesem Rahmen wurden meine Meditationen zu den Fensterentwürfen am 10.5.1989 in der Heilig-Geist-Kirche zusammen mit Betrachtungen meines Kollegen Theo Sundermeier zum ganzen Bildprogramm vorgetragen. In der anschließenden Diskussion nahm ich auch zum »Fensterstreit« mit folgendem Votum Stellung:

Nachdem klar ist, daß ich die Fensterentwürfe von Johannes Schreiter befürworte, möchte ich zum Streit um sie kurz Stellung nehmen. Dabei geht es mir darum, sowohl um Verständnis für die zu werben, die diese Fenster ablehnen – als auch um Verständnis für die, die sie befürworten. Denn die bisherigen Entscheidungen fielen in einer unglücklichen Gesprächsatmosphäre.

Ich verstehe die Furcht, in der bedeutendsten Kirche Heidelbergs könne es zu Eingriffen kommen, die deren Charakter irreversibel verändern. Diese Stadt hat zwei Weltkriege ohne Zerstörungen überstanden; um so bedauerlicher sind viele mißlungene Modernisierungen, die ihr Bild unwiderruflich verändert haben. Auch wenn manche Umgestaltung gelungen ist, so haben wir doch lernen müssen, daß wir oft zu schnell verändert haben. Generell gilt für unsere Zeit: Je schneller sich die vertraute Lebenswelt ändert, um so mehr hängen wir an vertrauten Anblicken, Gestalten und Formen. Kirchen sind in jeder Stadt architektonische Ruhepunkte. Sie ändern sich nicht, während sich alles um sie herum verändert. Sie garantieren ein Stück bleibender Lebenswelt – selbst für die, die Kirchen nicht mehr als Gottesdiensträume betreten. Aber man muß bedenken, daß wir unsere vertraute Lebenswelt auch verlieren, wenn wir sie zum »Museum« machen. Tradition wirkt nur in die Gegenwart, wenn sie belebt wird. Die Heilig-Geist-Kirche ist Versammlungsort einer Gemeinde, die in der Gegenwart den christlichen Glauben vertritt. Diese Gemeinde will nicht in einem Museum leben – und erst recht nicht selbst zum Museum werden. Sollte man nicht mehr Verständnis für sie haben, wenn sie diese Fenster für ihre Kirche wünscht?

Für viele ist nun gerade die Modernität dieser Fenster ein Problem. Die Fenster thematisieren unsere moderne Welt, zu der wir ein gebrochenes Verhältnis haben: Wir leben von Wissenschaft, Verkehr, Medizin, Computern, aber wir distanzieren uns gleichzeitig innerlich von ihnen. Diese emotionale Selbstdistanzierung unserer Kultur von ihren eigenen Grundlagen ist Folge dessen, daß wir unsere eigene Kultur als problematisch erleben. Kirche und Christentum sind für manche gerade deshalb wichtig, weil sie als vormoderne Inseln in eine problematische moderne Welt hineinragen. Daß ausgerechnet diese Moderne in ihrer ganzen Ambivalenz in den Fensterentwürfen in einer Kirche präsent werden soll, muß solche Menschen irritieren. Dafür habe ich Verständnis. Aber auch in diesem Punkt erlebe ich die Fenster anders. Gerade durch ihre moderne Thematik helfen sie uns zu einer selbsttäuschungsfreien Annahme unserer eigenen Lebenswelt. Die Zweideutigkeit dieser Lebenswelt wird nicht verschwiegen. Sie wird aufgedeckt, ja oft provokativ enthüllt. Aber sie wird ästhetisch gestaltet. Die Freude über die ästhetische Wahrnehmung der Wahrheit versöhnt mit dem Schmerz, den die Wahrheit verursacht. Die Erhellung unserer Lebenswelt vom Zentrum christlichen Glaubens her ermöglicht Selbstannahme ohne falsche Illusionen über die Abgründe, mit denen wir leben.

An dritter Stelle sei darauf hingewiesen, daß die Fensterentwürfe noch nicht an eine vorgegebene Tradition des Wahrnehmens, Sehens und Gestaltens anknüpfen können. Wie wichtig das Wiedererkennen des Vertrauten für die ästhetische Wahrnehmung ist, weiß jeder aus der Musik. Erst das Wiedererkennen des Themas in allen seinen Variationen läßt ein Musikstück deutlich erleben. Die Schreiter'schen Fenster bieten etwas Neues, das wir so noch nie in Kirchenfenstern gesehen haben. Deshalb können wir uns bei ihrer Beurteilung nicht auf schon bestehende Maßstäbe des Urteils stützen, sondern müssen diese Maßstäbe erst in Auseinandersetzung mit dem Kunstwerk neu entwickeln. Daher die große Unsicherheit in der Beurteilung. Es ist gar nicht anders zu erwarten, als daß wir auf eine große Bandbreite des Urteils stoßen – auch bei Menschen, die sich ihr Leben lang mit Kunst beschäftigt haben und viel von Kunst verstehen. Ich halte das für ganz normal. Aber es ergibt sich daraus folgendes Problem: Ästhetisch beurteilt, ist Kunst, die sich nicht am Anerkannten und Bewährten orientiert, von hohem Wert. Originalität ist in der Kunst ein wichtiges Kriterium der Bewertung. Für Entscheidungsprozesse, die auf einem Konsens aufbauen müssen, ist aber Originalität eine Belastung. Denn »Tradition« heißt das, was Konsens herstellt, ohne ständig neu ausgehandelt zu werden. Meine Schlußfolgerung ist die: Große Kunst wird notwendig immer umstritten sein – auch wenn nicht jede umstrittene Kunst groß ist. Wenn wir in einer Kirche überhaupt große Kunst – und keine kirchliche Konventionalkunst – haben wollen, dann müssen wir ein Klima der Toleranz schaffen. Denn es wird notwendigerweise immer eine deutliche Minderheit geben, die zu anderen Urteilen kommt als die Mehrheit. Das gilt für die vorliegenden Fensterentwürfe – aber auch für jeden Alternativentwurf.

Noch einmal sei betont: Wer die Fenster ablehnt oder keinen Zugang zu ihnen findet, ist weder beschränkt, böswillig oder verbohrt. Konträre Urteile sind möglich. Aber möglich sind auch Lernprozesse. Weil ich oft gefragt werde, warum ich mich für die Fenster einsetze, obwohl der Entscheidungsprozeß vorerst abgeschlossen ist, sei ausdrücklich betont: Große Kunst braucht Zeit, bis ihre Botschaft gehört wird. Mangelnder Respekt vor demokratischen Entscheidungen ist es nicht, wenn man eine Mehrheitsentscheidung gegen diese Fenster nicht als endgültig akzeptiert. Im Gegenteil.

Demokratie besteht darin, daß Mehrheiten sich ändern können. Die unterlegene Minorität hat das Recht, weiterhin für ihre Überzeugung einzutreten; denn niemand weiß, ob sie nicht die sachlich angemessenere Entscheidung getroffen hat. Demokratie ist eine institutionalisierte Form, Entscheidungen korrekturfähig zu gestalten.

Außerdem sollte man einräumen: Der erste Entscheidungsprozeß lief unter ungünstigen Verhältnissen ab: Es ist nicht gelungen, ein Klima von Toleranz und Verständnis herzustellen. Um dies Klima müssen wir uns noch bemühen. Erst dann sind sachliche Entscheidungen möglich.

Ferner sei betont: Die Vertreter der Heilig-Geist-Kirchengemeinde haben für die Fenster votiert. Die Entscheidung war knapp, aber gültig. Die Befürworter der Fenster haben sich in dieser Gemeinde inzwischen deutlich vermehrt. Der jetzige Ältestenrat würde sich mit großer Mehrheit für die Fenster aussprechen. Ich habe Verständnis dafür, daß sich diese Gemeinde von anderen Gruppen »kolonialisiert« fühlt. Andere haben gegen die Fenster entschieden.

Schließlich sollte ich noch einen Grund nennen, der mich veranlaßt hat, noch einmal für die Fenster zu votieren. In der Diskussion über sie sind Absicht und Aussage der Fenster manchmal grob entstellt worden. Sie wurden als »untheologisch« und »wissenschaftsfeindlich« bezeichnet. Mit solchen Feststellungen ist dem Künstler Unrecht getan worden. Das sehen auch viele so, die Vorbehalte gegen die Fenster haben. Es ist m.E. eine Frage der Fairneß, daß dem Künstler aus Heidelberg signalisiert wird: Bei ruhiger Betrachtung der Fenster lassen sich solche Urteile nicht aufrecht erhalten.

Nach allem ist offen, ob diese Fenster einen Ort in der Heilig-Geist-Kirche finden werden. Für mich steht aber schon jetzt außer Zweifel, daß sie ihren Ort in der Geschichte der kirchlichen Kunst gefunden haben und daß bei einer wachsenden Zahl von Menschen ihre Botschaft gehört und verstanden wird.

Gerd Theißen

Argumente für einen kritischen Glauben

Oder: Was hält der Religionskritik stand?
3. Auflage. 130 Seiten. Kt.
[3-579-05036-2] KT 36

Gerd Theißen benutzt die moderne Religionskritik als
Instrument, um den christlichen Glauben auf seine
Gültigkeit und Wahrheit zu überprüfen.

Wolf-Rüdiger Schmidt

Der Mann aus Galiläa

Neue Spuren des historischen Jesus?
Mit Interviews mit Schalom Ben-Chorin,
Elisabeth Schüssler-Fiorenza und
Gerd Theißen.
2. Auflage. 160 Seiten Kt.
[3-579-01426-9] GTB 1426

Die historische Jesusforschung ist durch neue
archäologische Funde und theologische Erkenntnisse
zu höchst interessanten Einsichten und neuen
Bewertungen des Mannes aus Galiläa und der
frühen Jesusbewegung gelangt. Das auf dem Hintergrund zweier Fernsehdokumentationen entstandene
Buch trägt zur Klärung der Frage bei, welche
geschichtliche Gestalt sich hinter dem Wander-
prediger aus Nazareth verbergen könnte.

Chr. Kaiser
Gütersloher
Verlagshaus

Gerd Theißen

Der Schatten des Galiläers

Historische Jesusforschung in
erzählender Form.
13. Auflage. 271 Seiten. Kt.
[3-579-01834-5]

Gerd Theißen entwirft in erzählender Form ein Bild
von Jesus und seiner Zeit, das sowohl dem Stand
der Forschung entspricht als auch für die Gegenwart
verständlich ist. Er wählt diese Form, um Erkenntnisse und Argumente auch Lesern nahezubringen,
die keinen Zugang zu historischen Studien haben.
Die Rahmenerzählung ist fiktiv: Ein junger Jude,
Andreas, wird von Pilatus dazu erpreßt, Material
über neue religiöse Bewegungen in Palästina zu
sammeln. Dabei stößt er auf Jesus. Er reist hinter
ihm her und rekonstruiert aus Erzählungen über
Jesus ein Bild von ihm. Verkündigung und Geschick
Jesu werden so aus der Perspektive eines jüdischen
Zeitgenossen dargestellt und im Rahmen der religiösen und sozialen Welt des Judentums verständlich
gemacht. Die Erzählung ist so gestaltet, daß nicht
nur Ergebnisse, sondern auch der Prozeß des
Forschens dargestellt werden.

Chr. Kaiser
Gütersloher
Verlagshaus

Gerd Theißen

Die offene Tür

Biblische Variationen zu Predigttexten.
2. Auflage. 188 Seiten. Kt.
[3-579-03008-6]

Für Gerd Theißen bedeutet predigen, die Tür zu
einem Dialog mit Gott öffnen; ihn anstoßen, erhellen
und verwandeln, indem man den Dialog fortsetzt, der
in der Bibel seinen Niederschlag gefunden hat.
Der große Bilder- und Erzählschatz der Bibel hilft
dazu.

Bilder und Erzählungen sind selbst offene Türen.
Sie können gleichzeitig existentielle, soziale und
universale Zusammenhänge des Lebens erhellen und
in eine Zeichensprache für Gott verwandeln.

Die Texte von Gerd Theißen sind Variationen des
biblischen Bilder- und Erzählschatzes durch Abwandlung von Motiven, Wechsel der Perspektiven, Spie-
gelung in anderen Texten. Sie sind ›Nachdenkliche
Predigten‹, und sie wollen Stoff zum Nachdenken
geben.

Chr. Kaiser
Gütersloher
Verlagshaus

Gerd Theißen

Biblischer Glaube
in evolutionärer Sicht

220 Seiten. Kt.
[3-579-01938-4]

Das Buch enthält den Versuch, den biblischen
Glauben im Lichte evolutionstheoretischer Kategorien
zu interpretieren. Der Autor will vor allem diejenigen
ansprechen, die sich mit dem Widerspruch zwischen
wissenschaftlicher Welt- und Selbstverständnis und
religiösem Glauben nicht abfinden möchten.

Soziologie der Jesusbewegung

Ein Beitrag zur Entstehungsgeschichte des
Urchristentums.
6. Auflage. 115 Seiten. Kt.
[3-579-05035-4] KT 35

Urchristliche
Wundergeschichten

Ein Beitrag zur formgeschichtlichen Erforschung der synoptischen Evangelien.
6. Auflage. 319 Seiten. Kt.
[3-579-04478-8]

Chr. Kaiser
Gütersloher
Verlagshaus